APRENDE A SER UN LÍDER COMO JESÚS

11 principios que te ayudarán a

SERVIR, INSPIRAR Y PREPARAR A OTROS

BOYD BAILEY

EDITORIAL
PORTAVOZ

La misión de *Editorial Portavoz* consiste en proporcionar productos de calidad —con integridad y excelencia—, desde una perspectiva bíblica y confiable, que animen a las personas a conocer y servir a Jesucristo.

Traducción: Ricardo Acosta

Las cursivas en los versículos bíblicos son énfasis del autor.

EDITORIAL PORTAVOZ
2450 Oak Industrial Drive NE
Grand Rapids, Michigan 49505 USA
Visítenos en: www.portavoz.com

ISBN 978-0-8254-5898-9 (rústica)
ISBN 978-0-8254-6799-8 (Kindle)
ISBN 978-0-8254-7621-1 (epub)

4 5 edición / año 28 27 26 25

Impreso en los Estados Unidos de América
Printed in the United States of America

«Según Proverbios 13:20: "El que anda con sabios, sabio será". He estado con Boyd Bailey durante más de veintiocho años, lo que definitivamente me ha hecho más sabio. Lo he seguido en su papel como esposo, padre, líder, pastor y amigo. Su éxito en cada uno de estos roles refleja su incesante búsqueda y aplicación de aquello de lo que escribe: sabiduría. ¡Te encantará este libro!».

Andy Stanley, North Point Ministries

«Durante años una de mis primeras lecturas en las mañanas corresponde a Boyd Bailey. Wisdom Hunters [Buscadores de sabiduría] es un nombre apropiado para el ministerio de alguien tan lleno de la sabiduría del Señor. Lee *Aprende a ser un líder como Jesús* y lo verás».

Johnny Hunt, pastor de First Baptist Woodstock, Georgia

«Conozco a Boyd Bailey durante años, y desde hace mucho tiempo lo considero un hombre de gran sabiduría y excelente consejo. Cuando supe que estaba escribiendo un libro sobre liderazgo (específicamente sobre el liderazgo vivido y enseñado por Jesús), me emocioné. Supe que la obra debía ser una lectura obligatoria. ¡Y por supuesto que lo es! Profundamente basado en las Escrituras, y lleno de historias y ejemplos personales, esta obra proporciona gran conocimiento e instrucción para todo aquel que busca ser un líder sabio, alguien que se esfuerza por liderar como Dios quiere que lo haga. Si deseas motivar y desarrollar a los tuyos en tal forma que los anime y rete a dar lo mejor para sí mismos, para tu organización y para Dios… ¡lee este libro!».

Paul Trotti, coronel retirado del ejército estadounidense
y presidente de To the Top Leadership, LLC

«Todos hemos leído muchos libros sobre liderazgo, y a veces seguimos sintiendo un vacío en liderar bien. Boyd ha escrito una obra maestra que nos conduce al ejemplo y guía exclusivo: ¡Jesús! Este libro es un tesoro que volveré a leer. Me brindó nuevas perspectivas y una comprensión más profunda con relación a la sabiduría de guiarme bien a mí mismo y guiar bien a los demás. Gracias, Boyd».

Dan Glaze, gerente nacional de relaciones
de National Christian Foundation

«El libro de Boyd contiene más que principios o la típica lista de tareas. Tiene verdades únicas y significativas sobre cómo adquirir y aplicar sabiduría en el liderazgo. Aprendí que la sabiduría es mejor que la riqueza, que es más que un deseo, que está disponible y esperando, que la encontramos por donde caminamos y, sobre todo, ¡que la sabiduría funciona! Podemos pedirla, buscarla, recibirla y crecer en ella. Es una bendición que no debemos perder. Recomiendo encarecidamente este libro para tu lista de lectura».

Randy Thrasher, director de operaciones de National Christian Foundation

«Me honro en llamarme amigo de Boyd. ¡Este libro da en el blanco! Con emotiva claridad Boyd describe principios eternos que son inspiradores para el líder del siglo XXI».

David Deeter, contador público de Fraizer-Deeter

«He apreciado durante muchos años la sabiduría de Boyd, y este último libro es necesario para todos los que deseamos dirigir sabiamente. Me desconcierta que nadie que yo conozca haya escrito una obra con una perspectiva tan completa sobre sabiduría en el liderazgo. Las historias son maneras maravillosas de ilustrar principios, y me gusta cómo Boyd cuenta historias de su trayectoria personal, ¡que hacen que los principios cobren vida!».

Bill Williams, Haggai Institute

«Mi versículo favorito sobre liderazgo es Salmos 78:72: "[David] los apacentó conforme a la integridad de su corazón, los pastoreó con la pericia de sus manos". Las cualidades no solo del corazón sino también de las manos son de igual importancia en el liderazgo. Boyd lo ha demostrado durante años tanto en su vida como en su familia y profesión. En este libro comunica con perspicacia las cualidades del corazón y las manos que reflejan el modo en que Jesús dirigió, cualidades que incorporadas a nuestra vida pueden transformar nuestras habilidades para liderar».

Shane Williamson, presidente y directora ejecutiva de FCA

«Siempre ando buscando verdades sobre liderazgo que sean oportunas y eternas; principios que sean relevantes para el momento en que vivimos y que funcionen dondequiera que vayamos. Esto es lo que Boyd Bailey nos ha ofrecido en este libro. A medida que lo leas encontrarás sabiduría sana que puedes practicar hoy día. Las perspectivas son un reflejo de la vida de Boyd. Te recomiendo este libro».

Tim Elmore, fundador de GrowingLeaders.com

«Hace varios años reconocimos que el éxito de nuestra familia de empresas aumentaría y caería según fuera el liderazgo, por lo que debíamos ser intencionales en cuanto a reverdecer y crecer, o de lo contrario maduraríamos y nos pudriríamos. El libro de Boyd es un plan de acción que todos debemos seguir, y del que debemos aprender sobre cómo guiar al estilo de Jesús. Liderar como Jesús te permitirá tener la mayor influencia en tu compañía, clientes, socios, personal y amigos. Hablarás de este libro y lo volverás a leer a menudo, y será para ti una bendición que no debes perderte».

Jimmy Rousey, director de Family of Companies,
First Southern Bancorp y UTG

«Jesús preparó a doce hombres que influyeron en el mundo. Al hacerlo les enseñó a reconocer sus propias debilidades humanas. A pesar de estas luchas, les enseñó a dirigir. Boyd desglosa las características que Jesús valoró más en un líder. Con sus perspectivas y narraciones, sus escritos siguen evocando energía espiritual. Estos principios son tan pertinentes hoy día como lo fueron hace dos mil años. Este libro es un "recurso constante" sobre liderazgo. Proverbios 2:6 declara: "Jehová da la sabiduría, y de su boca viene el conocimiento y la inteligencia"».

Jack McEntee, director jubilado de Nth Degree

«Boyd es seguidor y estudiante de Jesucristo. Ha tomado los principios de liderazgo que Jesús enseñó y los ha puesto en un libro de lectura obligatoria sobre liderazgo. He pasado tiempo con Boyd y he observado y aprendido el modo en que como siervo líder aplica estos principios en su familia, ministerio y negocios. Boyd, gracias por la influencia que has tenido en mi vida».

Sonny Newton, ejecutivo jubilado de Chick-fil-A

«No encontrarás un libro como este sobre liderazgo. A medida que Boyd habla de una vida de no solo buscar o atesorar sabiduría, sino de luchar resuelta y constantemente por aplicarla en cada aspecto de la vida, observarás que cada página está impregnada con autenticidad. Por tanto, este no es un libro para leerlo a toda prisa. Léelo lentamente y en oración. Tus relaciones con tu Maestro y con tus seres más cercanos no volverán a ser las mismas».

Doug Ditto, director de inversiones del First Southern National Bank

«Santiago 1:5 establece: "Si alguno de vosotros tiene falta de sabiduría, pídala a Dios... y le será dada". Si buscas sabiduría para liderar, pídesela a Dios y mira lo que Él te muestra en estas páginas de Boyd Bailey».

Cliff Robinson, vicepresidente de operaciones de Chick-fil-A

«Como líder joven deseaba rodearme de la sabiduría de aquellos de generaciones anteriores. Durante varios años oí hablar de un hombre llamado Boyd Bailey y comencé a observar la influencia significativa que su mentoría estaba teniendo en los líderes jóvenes a mi alrededor. Deseé convertirme algún día en uno de los pocos afortunados bendecidos con encuentros personales con este líder. Finalmente, esa esperanza se hizo realidad cuando Boyd empezó una tutoría personal conmigo y con la junta directiva del instituto K-12 que yo dirigía. Muchos hablarán de sabiduría, pero pocos vivirán realmente esos principios dadores de vida. Boyd Bailey es un hombre que habla y camina en la senda de la sabiduría porque lo hace en los caminos de nuestro Salvador Jesucristo, este Jesús que "se ha convertido para nosotros en sabiduría enviada de Dios". Ojalá todos fueran tan bendecidos como para escuchar el conocimiento y la voz de sabiduría de Bailey. *Aprende a ser un líder como Jesús* lo hace posible».

Daniel Cline, vicepresidente de la asociación Catalyst Conferences

«Solo si lees la introducción de este excelente libro sabrás que vale la pena leerlo. Hazte esta pregunta de tres partes: "¿Necesitas con urgencia la dirección del Espíritu Santo, la sabiduría del Padre y el aliento del Hijo?". Bueno, si es así, entonces este libro será como una bocanada de aire fresco y un sorbo de agua fría para tu alma. Lo leí de principio a fin, ¡y creo que gasté varios resaltadores! Creo que he leído la mayoría de las obras anteriores de Boyd, y esta es la mejor… ¡hasta ahora! Mi recomendación es que no leas este libro a solas ni de corrido. Agarra un capítulo a la vez y mastícalo por un tiempo; esto es más un banquete que un libro. Está lleno de verdad y te dará dirección, sabiduría y ánimo. Así que consigue uno o dos amigos que te acompañen, se sienten juntos, se sirvan una taza de café y disfruten *Aprende a ser un líder como Jesús*».

David Wills, National Christian Foundation

«Sinceramente creo que nunca ha habido un mejor ejemplo de liderazgo que Jesús. En *Aprende a ser un líder como Jesús*, Boyd Bailey amplifica las cualidades de Cristo de una forma que reta, pero también te anima a ver lo que es posible en tu propio liderazgo. ¡A través de las páginas de las Escrituras, y de cómo otros han seguido el ejemplo del liderazgo de Cristo, descubrirás tu potencialidad para hacer lo mismo!».

Tami Heim, presidente y director de Christian Leadership Alliance

A mi amigo Randy Thrasher, quien lidera como Jesús
y me estimula tanto a mí como a muchos otros a hacer lo mismo.

Reconocimientos

Un agradecimiento especial para Paul Trotti padre, ¡un verdadero hombre que le gusta hacer cosas varoniles y ama a Jesús! Admiro tu servicio a Dios y a la nación con la División Aérea 82 en Panamá y la Tormenta del Desierto, y tu inversión en cadetes de West Point como profesor de ética mientras eres un editor experto. El Señor te usó para darme claridad cuando estas páginas no eran más que una niebla. ¡Sí señor!

Un saludo para Andy Stanley, mi amigo y pastor que me inspira e instruye en aprender a ser un líder como Jesús.

Gracias al equipo de Wisdom Hunters por amar como Jesús: Rita Bailey, Bethany Thoms, Gwynne Mauffet, Shanna Schutte, Rachel Snead, Rachel Prince, Tripp Prince, Susan Fox y Josh Randolph.

Gracias a National Christian Foundation por la oportunidad de alcanzar y restaurar a cada persona por medio del amor de Cristo, y reunir recursos al inspirar generosidad bíblica.

¡Estoy agradecido con nuestro grupo comunitario por su autenticidad! La vida es el doble de bendecida y la mitad menos difícil debido a ustedes: Betsy y Bill Chapman, Alison y Bill Ibsen, Aria y Josh Randolph, Jodi y Andy Ward y, más que nadie, a mi querida Rita Isbill Bailey.

Chicos de rendición de cuentas Finishing Well, gracias por las profundas conversaciones tipo «submarinismo» en lugar de charlitas de «buceo superficial»: Frank Bell, Woody Faulk, Mike Kendrick y Scotland Wright.

Los clubes del libro, ustedes son los mejores. Matinal: David Deeter, Nathan Deeter y Mike Davis. Clásicos: Larry Green, Bill Ibsen y Bill Williams. Virtuales: Dan Brown, Greg James y Greg Mauldin.

Estoy agradecido con nuestra familia por ser de gran apoyo: Rita, Rebekah, Todd, Hudson, Harrison, Marshall, Rachel, Tripp, Lily, Emmie, Charlie, Bethany, J. T., Weston, Anna y Tyler.

Gracias Paul Trotti, Susan Fox y Michael Jaffarian por la edición experta de ustedes.

Gracias a la junta directiva de Wisdom Hunters por su amor, sus oraciones y su responsabilidad: Cliff Bartow, Andrew Wexler y John Hightower. Consejeros: Debbie Ochs y Cliff Bartow.

Gracias a Harvest House Publishers por su visión y apoyo para este libro: Bob Hawkins, Aaron Dillon, Gene Skinner, Terry Glaspey, Ken Lorenz, Kathy Zemper y Brad Moses.

Sobre todo, agradezco a Jesús, de quien estoy aprendiendo a ser un líder.

Contenido

Prólogo

En casi cuarenta años como directora he conocido toda clase de líderes. Desde los que les gusta llamar la atención hasta los que permiten que otros brillen. Cuando me convertí en directora de Popeyes Louisiana Kitchen, Inc., me propuse ser ejemplo y enseñar una clase diferente de liderazgo. El secreto que descubrí y del que hablé en mi libro, *Dare to Serve* [Atrévete a servir], es que los líderes más extraordinarios son «tan *valientes* para llevar a las personas hacia un destino atrevido, pero tan *humildes* para servir a los demás durante el viaje».

Boyd Bailey es esa clase de líder.

En *Aprende a ser un líder como Jesús*, Boyd explora los once rasgos de carácter que hacen de Jesús el patrón de oro para el liderazgo de siervo, empezando con la humildad. Su motivadora narrativa y relevante enseñanza muestran al lector el modelo de liderazgo de Jesús a través del servicio.

La autoridad de Boyd en preparar a los lectores para seguir los pasos de Jesús viene de su propio servicio humilde y de un compromiso diario de vivir dedicado a seguir a Cristo.

No hay mejor momento que este para tomar la decisión de servir con humildad y liderar con valor a fin de influir en tus relaciones, tu familia, tu empresa, tu ciudad y tu mundo.

Cheryl Bachelder,
ex directora de Popeyes Louisiana Kitchen, Inc.

Introducción:
Donde el verdadero liderazgo empieza

Aprender a dirigir como Jesús es un viaje de por vida que empieza con humildad. «Es mejor decir: "Estoy aprendiendo", que decir: "He aprendido"», palabras sabias y humildes del doctor Charles Stanley, que habló conmigo y con varios miembros del personal de la iglesia First Baptist de Atlanta a finales de la década de los ochenta. Cuando yo era un pastor joven, este líder veterano me ayudó a entender cómo seguir al Señor Jesús a medida que continuaba mi aprendizaje y crecimiento. Por ejemplo, no digas: «He aprendido a ser un líder paciente». Di: «Estoy aprendiendo a ser un líder paciente». Esto me recuerda ser un líder humilde, enseñable y en constante crecimiento que está siempre en urgente necesidad de la gracia de Dios.

Este libro es para líderes que, al igual que yo, necesitan con urgencia la dirección del Espíritu Santo, la sabiduría del Padre y el ánimo del Hijo. Es para líderes que están aprendiendo a seguir bien a Jesús. Aprender a dirigir como Jesús es una instrucción de por vida. Nunca nos graduamos del instituto de liderazgo de Cristo, pero avanzamos a medida que nos volvemos estudiantes más sabios a través de nuestras luchas, fallas y éxitos.

«Di a la sabiduría: Tú eres mi hermana, y a la inteligencia llama parienta» (Proverbios 7:4).

Los líderes sabios son aprendices. Si dejan de aprender, dejan de liderar sabiamente. Los líderes que aprenden a hacer las preguntas correctas obtienen las respuestas más precisas y toman las decisiones más sabias. ¿Cómo puedo quitarme del medio y ayudar al equipo a tener éxito? ¿Cómo puede nuestra organización integrar y mantener las mejores prácticas, para ir de lo bueno a lo mejor? El Señor anhela derramar sabiduría en corazones fervientes y humildes.

¿Qué es en sí la sabiduría?

Santiago, el hermano de Jesús, experimentó de primera mano las sabias palabras y acciones del Señor, y definió la sabiduría de este modo: «La sabiduría que es de lo alto es primeramente pura [sin contaminación moral y espiritual], después pacífica [cortés y considerada], amable, benigna [y dispuesta a escuchar], llena de misericordia y de buenos frutos, sin incertidumbre ni [farisaica] hipocresía [ni engaños egoístas]» (Santiago 3:17). *Aprende a ser un líder como Jesús* es un enfoque claramente cristiano de la vida y enseñanza de Jesucristo. Otras tradiciones tienen algunas ideas útiles que personalmente respeto, ¡pero la sabiduría del Dios todopoderoso no puede superarse!

«Dijo luego Josafat al rey de Israel: Yo te ruego que consultes hoy la palabra de Jehová» (1 Reyes 22:5).

Sabiduría de lo alto

¿No habría sido maravillosamente esclarecedor e inspirador preguntarle a Steve Jobs antes de su muerte acerca de su más grande creación: el Apple iPhone? En serio, si quisiéramos entender por completo este invento que cambió el mundo, Steve sería la persona lógica a quien preguntarle. ¿En qué pensaba? ¿Qué motivó este diseño? ¿Cuál era su visión?

De la misma forma, para entender la vida y el liderazgo, ¿por qué no buscar primero sabiduría de parte del Señor de la creación, quien nos creó a ti y a mí? ¿No tiene sentido que el Dios que moldeó nuestras mentes nos enseñe a pensar? ¿O que Aquel que armonizó miles de millones de células en nuestros cuerpos nos ayude a cuidarlos? ¿O que del Dios que integró nuestras emociones en nuestros corazones, almas y espíritus aprendamos a sentirlas y expresarlas? La sabiduría de nuestro Creador nos hace más como Él. Nos volvemos como Aquel a quien más amamos.

Uso correcto del conocimiento

El profético predicador bautista y prolífico escritor Charles Spurgeon definió la sabiduría como «el uso correcto del conocimiento. Saber no es ser sabios. Muchos hombres saben mucho, y eso los convierte en los tontos más grandes. No hay tonto más tonto que un tonto que sabe.

Pero saber cómo usar el conocimiento es tener sabiduría».[1] Por tanto, mi objetivo en este libro no es presentar más conocimiento que solo contribuye a hacer tontos educados. Más bien, me propongo presentar correctamente conocimiento de las Escrituras, historias, principios e instrucción sobre hábitos exitosos, para que nos ayuden a convertirnos en lo mejor que podemos ser en los diversos papeles de nuestra vida.

No es un libro tipo «11 pasos fáciles para el liderazgo»

Aprende a ser un líder como Jesús no tiene que ver con soluciones sencillas ni con evitar luchas. Tampoco muestra cómo nuestras decisiones perfectas nos protegen de todas las pruebas y tentaciones. Al contrario, tiene que ver con once cualidades del carácter que influyen en otros y dejarán un legado perdurable mucho después que nos hayamos ido. Estas cualidades inspiran la clase de sabiduría que permite a los líderes tomar las mejores decisiones bajo las peores circunstancias.

Hoy día hay muchos libros sobre liderazgo, escritos por personas de una amplia gama de profesiones: militares, empresarios, periodistas, académicos y líderes de ministerios. El propósito de este libro es explorar el ingrediente más esencial del liderazgo: la sabiduría. ¿Qué mejor recurso para enseñar liderazgo sabio que las Santas Escrituras, los escritos que revelan los caminos del liderazgo de nuestro Padre celestial, el Espíritu Santo y nuestro Señor Jesús? *Aprende a ser un líder como Jesús* ofrece ideas, experiencias, guía, historias y referencias bíblicas para enseñar las once cualidades esenciales para convertirnos en líderes cristianos sabios, que son las siguientes:

Humildad

Del mismo modo que una «droga no adictiva» es el punto de entrada para otros males, la humildad es el punto de inicio para las otras diez cualidades analizadas en estas páginas. Humildad incluye preferir a los demás antes que a nosotros mismos y ceder a sus necesidades por sobre las nuestras. Con ella aprendemos y crecemos por el bien del reino y no por el bien de nuestros propios reinitos.

---

1. Charles Spurgeon, «The Fourfold Treasure», mensaje dado la noche del jueves 27 de abril de 1871, en Metropolitan Tabernacle. Ver http://www.romans45.org/spurgeon/sermons/0991.htm.

Amor

El amor es posiblemente la característica máxima, ya que es el mandato número uno de Cristo. Sus atributos, según los agrupan las Santas Escrituras, son convincentes:

> El amor es sufrido, es benigno; el amor no tiene envidia, el amor no es jactancioso, no se envanece; no hace nada indebido, no busca lo suyo, no se irrita, no guarda rencor; no se goza de la injusticia, mas se goza de la verdad. Todo lo sufre, todo lo cree, todo lo espera, todo lo soporta. El amor nunca deja de ser (1 Corintios 13:4-8).

Rendición de cuentas

Mejoramos cuando otras personas participan en nuestras vidas. Formo parte de un grupo de otros cuatro hombres llamado Finishing Well. Nos reunimos cada mes para profundizar en nuestras conversaciones, en lugar de quedarnos en la superficie. Lo llamamos submarinismo en vez de buceo superficial. Nuestro deseo es ayudarnos mutuamente a ver los problemas que se avecinan y hacer ajustes a fin de evitar decisiones tontas. Rendir cuentas da permiso a otros para meter la nariz en nuestros asuntos.

Relaciones

Las personas que permiten que otras las pongan sobre un pedestal o, peor aún, que ellas mismas se pongan sobre un pedestal, sufren de orgullo y están en posición de caer. Solo es cuestión de tiempo. Sin embargo, quienes eligen intimidad sobre aislamiento son verdaderamente ricos. Tener comunión nos prepara para entender de veras a otras personas y ayudarles de la mejor manera.

Disposición de aprender

A veces mientras más conocimiento tenemos, menos sabemos realmente. Cuando renunciamos a aprender, morimos… tal vez no por fuera, pero por dentro nuestras almas se marchitan. Benjamín Franklin lo declaró muy bien: «Ser ignorante no es tan vergonzoso como no estar dispuesto a aprender». Somos sabios si siempre miramos alrededor y aprendemos de la gente que Dios pone en nuestras vidas. Los líderes con disposición de aprender pasan toda la vida aprendiendo a dirigir como Jesús.

Disciplina

Discípulo y *disciplina* son palabras similares. Es más, no podemos convertirnos en discípulos de Jesucristo sin alguna medida de disciplina. No se trata de servidumbre, sino de deleite. Eric Liddell ejerció un nivel raro de disciplina física como atleta olímpico, pero un nivel mucho más raro de disciplina espiritual como cristiano y misionero. Esta famosa cita es de la película *Carros de fuego,* acerca de la integridad espiritual y el talento atlético de Liddell: «Dios me hizo veloz. Y cuando corro, siento su placer». La disciplina, motivada por la gracia, nos permite correr toda la vida nuestra carrera con placer santo.

Gratitud

Agradecer al Señor por el regalo de la salvación a través de su Hijo Jesús es el fundamento de la gratitud. Nunca deberíamos olvidar la sublime gracia de Dios que nos salva del pecado, nos libera del pecado y en última instancia nos librará del pecado y la muerte. La gratitud nos acerca a Dios. Nada es más repelente que un alma ingrata y murmuradora, y nada es más atractivo que una actitud de agradecimiento. ¡Anhelamos pasar tiempo con almas agradecidas y esperamos que sus actitudes alegres se nos peguen!

Generosidad

No recuerdo nunca haber visto a una persona generosa que no esté gozosa. La generosidad lleva a una vida realmente viva. La codicia lleva a una vida como la de la esposa de Lot: un pilar de sal corrosiva que se funde lentamente en un olvido poco atractivo. Para mi nueva temporada de vida de nido vacío, mi versículo lema es Proverbios 11:25: «El alma generosa será prosperada; y el que saciare, él también será saciado».

Perdón

¿Por qué perdonar? Porque Dios nos ha perdonado en Cristo. Debemos perdonar a los demás por causa de Dios. Perdón es libertad: libertad para el perdonador y una oportunidad de libertad para el perdonado. De lo contrario solo torturamos nuestras almas con juegos mentales de vengarnos de nuestro agresor. La ira no resuelta consume nuestra propia paz y alegría, así como las de aquellos en nuestra estela relacional. La cruz de Cristo nos obliga a perdonar a los demás de la misma manera en que Él nos ha perdonado.

Motivación

«¿Cómo te das cuenta de que alguien necesita ánimo? Si esa persona está respirando», declaró Truett Cathy, el fundador de Chick-fil-A. La vida cotidiana nos roba el ánimo a todos, por lo que cada día tenemos la oportunidad de reavivar el ánimo en corazones agotados y de aceptar ánimo de otros. Motivar nos ayuda a continuar, sabiendo que no estamos solos.

Fidelidad

«Bien, buen siervo y fiel» es el elogio que los seguidores de Cristo esperan oír de su Maestro. La fidelidad no siempre es divertida, pero cuando todo se ha dicho y hecho, es muy satisfactorio saber que hemos dado lo mejor para nuestro Señor. ¿Qué espera nuestro Padre celestial de nosotros? Espera que demos lo mejor, que confiemos en Él con los demás, y que descansemos en Él.

Espero que hayas disfrutado estos aperitivos de cada una de las once cualidades de los líderes sabios. Ofreceremos verdades más amplias a medida que avancemos en este libro.

¿Cómo adquirir sabiduría para dirigir como Jesús?

> Si alguno de vosotros tiene falta de sabiduría [para ser guiado a través de una decisión o circunstancia], pídala a [nuestro benevolente] Dios, el cual da a todos abundantemente *y* sin reproche, y le será dada. Pero pida [sabiduría] con fe, no dudando nada [sobre la disposición divina de ayudar]; porque el que duda es semejante a la onda del mar, que es arrastrada por el

> viento y echada de una parte a otra. No piense, pues, quien tal haga, que recibirá [absolutamente] cosa alguna del Señor. El hombre de doble ánimo es inconstante en todos sus caminos [en todo lo que cree, siente o decide] (Santiago 1:5-8).

> Mas por él estáis vosotros en Cristo Jesús, el cual nos ha sido hecho por Dios sabiduría, justificación, santificación y redención (1 Corintios 1:30).

¿Cómo adquirimos sabiduría? La respuesta corta es pedirla a Dios a través de su Hijo Jesucristo. Podemos estar agradecidos con Jesús por mostrarnos una vida que buscaba sabiduría de su Padre celestial. Nuestro Salvador se aislaba para estar con el Omnisciente y escuchar cómo avanzar por fe. Cristo Jesús se convirtió en sabiduría de Dios para nuestro bien. En Cristo tenemos la sabiduría de Dios, y a medida que aprendemos a amar a quienes nos rodean, nos convertimos en siervos sabios del Señor. ¡Por su gracia somos transformados en líderes sabios como Jesús!

Los líderes sabios tienen cualidades en común

Al ser cofundador y líder de una empresa dinámica, y después de haber asesorado, aconsejado y adiestrado individualmente a más de mil líderes comerciales y ministeriales en los últimos veintidós años, he visto lo que funciona y lo que no en la vida de un líder. Estas once cualidades caracterizan a aquellos pocos que son líderes de líderes. Por la gracia de Dios encarnan la sabiduría en el liderazgo.

En mi propia experiencia como líder he tenido el placer de servir en entornos seguros en que me animaron a tomar riesgos y aprender de mis equivocaciones. Un amigo me dijo en cierta ocasión: «Boyd, mientras escribes, lideras y hablas de tus debilidades y luchas, nunca te faltará contenido». Y vaya que tenía razón. Este libro se basa en ideas y lecciones de fracasos, adversidades y enseñanzas aprendidas por mí mismo y por otros.

Liderar como Jesús no es vivir de un modo en el trabajo, de otro en casa y de una forma totalmente distinta en la iglesia. Nuestro llamado es a liderar como Jesús en todo contexto, de modo que la gente pueda ver coherencia en seguir a Cristo en nuestras actitudes, acciones y conversaciones. Nuestras vidas fieles y nuestra humilde sabiduría nos califican como líderes dignos de seguir.

Ninguno de nosotros es un líder perfecto, pero en medio de nuestras imperfecciones somos sinceros, sensibles y reales. A pesar de todo dejamos de lado el control y confiamos totalmente en el Señor. También confiamos en otros y los preparamos para que crezcan como líderes.

¿Qué requiere entonces Dios de quienes aspiran a ser líderes sabios como Jesús? «Él [Dios] te ha declarado lo que es bueno, y qué pide Jehová de ti: solamente hacer justicia, y amar [además de practicar diligentemente] misericordia [compasión], y humillarte ante tu Dios [dejando de lado toda sensación de importancia o de justicia propia]» (Miqueas 6:8).

Mi oración es que permanezcas en el proceso de aprender a liderar como Jesús, y que a medida que leas estas historias y reflexiones en las Escrituras, integres sabiamente estas once cualidades a tu liderazgo.

Un estudiante de Jesús,

Boyd Bailey

Roswell, GA

Nota: ¡Te beneficiará en gran manera pensar en las preguntas que aparecen al final del libro y actuar al respecto!

Capítulo uno

Humildad

No hagan nada por rivalidad ni orgullo. Sean humildes y cada uno considere a los demás como más importantes que sí mismo.

Filipenses 2:3, PDT

El orgullo nos hace artificiales, la humildad nos hace reales.

Thomas Merton

Jesús fue humilde

El cual, siendo en forma de Dios, no estimó el ser igual a Dios como cosa a que aferrarse, sino que se despojó a sí mismo, tomando forma de siervo, hecho semejante a los hombres; y estando en la condición de hombre, se humilló a sí mismo, haciéndose obediente hasta la muerte, y muerte de cruz (Filipenses 2:6-8).

«Se humilló a sí mismo». El Hijo de Dios eligió ser humilde para poder servir a otros seres humanos. En lugar de aprovecharse de su divinidad, se despojó a sí mismo de su gloria por nuestro bien. ¡Vaya! Humildad. Servicio. Obediencia. Muerte. Salvación. La humildad de Jesús es la norma a la que aspiramos como sus seguidores. Alegría viene de servir primero a Jesús, en segundo lugar, a otros, y en tercer lugar a ti… todo con un corazón humilde.

¿Qué es humildad?

Ser humilde es tener una opinión sana de nosotros mismos, de otros y de Dios. C. S. Lewis describió bien la humildad:

> No nos imaginemos que si nos encontramos con un hombre humilde de veras será «humilde» según el concepto de hoy día; no será esa clase de persona pringosa y descuidada que siempre anda diciendo que es «un don nadie». Probablemente lo que pensemos de él es que parece ser un tipo alegre e inteligente, que demuestra interés en lo que le decimos. Si no nos agrada mucho es porque sentimos un poco de envidia de alguien que parece gozar de la vida tan fácilmente. Él no se da a pensar en la humildad; no piensa de sí mismo para nada.[2]

Reflexión: Las personas humildes dejan tras de sí el residuo de Dios, no de sí mismos.

El problema

El orgullo y la humildad no pueden coexistir. El engreimiento y la superioridad deben ser confrontados por la humildad. Estas dos variedades del orgullo son como enredaderas prolíficas que ahogan toda forma de vegetación que produce vida. Lewis expuso el orgullo como una dificultad importante para conocer a Dios: «Mientras seamos orgullosos no podemos conocer a Dios. El orgulloso siempre se cree por encima de los demás; y, claro, mientras estemos mirando hacia abajo no podemos ver lo que hay por encima de nosotros».[3]

El remedio

La humildad es la puerta de entrada a la gracia. «Dios resiste a los soberbios, y da gracia a los humildes» (Santiago 4:6). Ya que debemos vivir la vida cristiana del mismo modo en que nos convertimos en cristianos (por gracia por medio de la fe) es imperativo llenar a diario nuestras almas con la gracia de Dios. Si nos creemos humildes, no lo somos. Pero sabemos que el humilde Jesús vive en nosotros, con nosotros y a través de nosotros. La humildad cede felizmente en amor, y dice: «¿Cómo puedo honrarte por encima de mí?». Los líderes sabios

---

2. C. S. Lewis, *Cristianismo... ¡y nada más!* (Miami: Caribe, 1977), pp. 128-129.
3. Lewis, *Cristianismo,* p. 125.

andan en humildad, prefiriendo a los demás por sobre sí mismos y cediendo ante otras almas necesitadas.

> *Reflexión:* *La humildad es la puerta que atravesamos para experimentar la gracia de Dios.*

Lecciones de vida aprendidas durante un café

«Ten la humildad de aprender de quienes te rodean», ha dicho John Maxwell a menudo.

A inicios de mi carrera aprendí la auténtica humildad de un nuevo amigo que era sencillo y sincero acerca de sus ideas sobre liderazgo. Aunque no usó específicamente la palabra *humildad*, eso era lo que describían sus palabras sinceras.

Yo era un joven pastor de menos de treinta años. Cada día manejaba un modesto Nissan 210 por el centro de Atlanta para ir a trabajar en una iglesia grande, usando un traje elegante y armado con deseos de servir a la gente. En uno de mis primeros días en el trabajo, me uní tímidamente al equipo de mantenimiento para tomar una taza de café caliente. Se reunían informalmente para socializar y planificar su día. Llegué a admirar a uno de ellos en particular, Eddie, por su andar con Cristo y su excelente ética laboral. Me dio un consejo muy sabio al comienzo de mi oficio en la iglesia.

«Boyd —me dijo—, la mayoría de los "bien vestidos" [espresión coloquial para los ministros en el personal] esperan hasta el último minuto para solicitar un salón, equipo audiovisual y sillas. No hay problema con una petición aislada, pero cuando varios líderes olvidan darnos tiempo necesario para atenderlos, entonces la calidad de nuestro servicio sufre y nos sentimos menospreciados. Se espera que respondamos a todo capricho de quienes no están preparados. No parecen interesados en mí como persona ni en mi éxito como compañero de trabajo». Entonces Eddie hizo una declaración que se me incrustó en el corazón. «Boyd, lo que me hace sentir respetado y valorado es cuando los "bien vestidos" planifican, comunican y me avisan con anticipación sus peticiones de salón para poder servirles con energía y excelencia».

Los comentarios de Eddie me recuerdan un eslogan militar: «La planificación previa evita el mal desempeño».

Vaya, qué valiosa lección para un líder joven que deseaba servir como Jesús. Allí estaba la frustración justificable de un colega siervo de Cristo. Él experimentaba una desconexión entre lo que los líderes afirmaban acerca de «considerar a los demás superiores a sí mismos» y cómo esto se llevaba a cabo en la planificación diaria de los eventos en la iglesia.

Así que durante muchas mañanas en los años siguientes yo llegaba por mi taza de café y mi dosis de sabiduría práctica. Quería ser un «bien vestido» que estuviera aprendiendo constantemente cómo servir mejor a los que servían con tal desinterés.

> **ENSEÑANZA:** *Los líderes humildes muestran respeto al planificar con anticipación y escuchar a los demás.*

Una confianza infantil pide sabiduría de un corazón humilde

Examinemos los inicios de la carrera del hombre más sabio que ha vivido, segundo solo después de Jesús: Salomón.

> Soy como un niño pequeño que no sabe por dónde ir. Sin embargo, aquí estoy en medio de tu pueblo escogido, ¡una nación tan grande y numerosa que no se puede contar! Dame un corazón comprensivo para que pueda gobernar bien a tu pueblo, y sepa la diferencia entre el bien y el mal. Pues, ¿quién puede gobernar por su propia cuenta a este gran pueblo tuyo? Al Señor le agradó que Salomón pidiera sabiduría (1 Reyes 3:7-10, NTV).

Los niños son muy alentadores en sus preguntas humildes y sinceras acerca de Dios. Recientemente en el desayuno, nuestro nieto de seis años me preguntó si tendríamos panqueques en el cielo. «Por supuesto», contesté. Pero luego pensé: *Espera… ¿es eso buena teología?*

¿Es realmente cierto? Sin embargo, para mi confiado pequeño la confirmación del panqueque abrió la puerta a una serie de preguntas relacionadas con qué más experimentaríamos en el cielo. La humildad se expresa en confianza infantil: muy simple, y no distraída por dudas adultas.

Salomón, el hijo de David, no siempre aprendió de las equivocaciones de su papá, pero se benefició al seguir el corazón para con Dios de su padre. Con una combinación de expresión poética, perspicacia aguda, entendimiento profundo, contrastes instructivos, ejemplos diarios e inspiración del Espíritu Santo, el libro de Proverbios proporciona una base de sabiduría para todo estudiante serio de las Escrituras.

En el pasaje de 1 Reyes citado anteriormente, Salomón reflexionó en el nombramiento que el Señor le hiciera. Cuando la realidad de sus responsabilidades comenzó a pesar en el corazón del nuevo rey, en un sueño Dios le preguntó qué deseaba. Salomón contestó humildemente que necesitaba sabiduría para gobernar bien al gran pueblo de Dios y conocer la diferencia entre el bien y el mal.

¡Sí! El nuevo líder no actuó como si supiera lo que no sabía. No declaró: «Fingiré hasta lograrlo». Al contrario, Salomón fue real respecto a su falta de experiencia y conocimiento. Sabía que la sabiduría de Dios le permitiría gobernar bien, y honró al pueblo reconociéndolo como la posesión más preciada del Señor.

¡Qué estimulante! ¿Qué pasaría si todo líder gubernamental, eclesial, comunitario, de empresa, militar y familiar enfocara su tarea con una petición humilde de sabiduría?

ENSEÑANZA: *Los líderes humildes piden a Dios sabiduría para discernir entre el bien y el mal.*

Un seguidor humilde de Jesucristo trata de educar a los pobres

La Madre Teresa es una de mis favoritas seguidoras de Cristo. No la conocí, pero he conocido a alguien muy parecido a ella. Dios llamó a Ananthi Jebasingh a iniciar la escuela Good Samaritan a finales de la década de los ochenta. Brillante, de mediana edad, con el nido vacío y un doctorado, esta mujer entregó la vida al Señor en servicio a los más pobres de los pobres, sin recibir un centavo de salario. Su ministerio comenzó en su garaje en Delhi, India. Niños descalzos que pedían comida, con el cabello enmarañado, irascibles y con narices congestionadas, esperanzados y hambrientos, se presentaban como un ejército de hormigas. Ananthi alimentaba sus cuerpos con pan donado por un creyente en Cristo, y luego alimentaba sus almas con el Pan de Vida, Jesús. Los niños sentían el amor de esta mujer a quien le importaban lo suficiente como para abrir su casa y su corazón a estos extraños andrajosos.

Reflexión: La humildad busca oportunidades para enseñar y servir a los marginados de la sociedad.

La humildad desarrolla un legado para Cristo

Ananthi fue llamada por su Padre celestial de los salones artificiales de una educación superior a las calles poco sofisticadas de los barrios marginales. Cuando la miro, veo el rostro de Jesús. La tranquila humildad de esta mujer me habla de liderazgo, sabiduría y obediencia.

Ella aprendió humildad de su padre terrenal en el sur de India, quien llevaba a casa marginados de la sociedad: los intocables. Sí, el amor por el Señor que este hombre tenía lo obligaba a más allá, tocar y amar a los que de otro modo eran rechazados por el prójimo. El ejemplo de este padre que alimentaba indigentes, vestía desnudos y brindaba dignidad a los oprimidos se alojó profundamente en el alma de Ananthi. Más que nadie que yo haya conocido, ella honra generosamente a los demás por sobre sí misma.

Ahora la escuela Good Samaritan tiene un campus principal y cinco escuelas satélites en barrios marginales. Más de mil quinientos niños reciben uniformes escolares, educación, alimentación y algo de atención médica. Sobre todo, experimentan amor, respeto, risas, seguridad y salvación en Jesucristo.

Nuestra familia ha experimentado el gozo de tener en casa a Ananthi como invitada. Esperábamos que nuestras cuatro hijas y nuestros amigos pudieran ser influidos por el ejemplo de esta mujer.

Su llamado es del cielo para servir a los pobres de la tierra. Ananthi es una de nuestras pocas heroínas vivas; su humildad nos señala más allá de sí misma y su obra señala a Jesús, para adorarlo en alabanza y gratitud.

> *Reflexión: La humildad se basa en el ejemplo de los que dejan un fiel legado para Cristo.*

La humildad evita la trampa de comparar

Pero espera. Pulsa el botón de pausa. Un momento. ¿No es Ananthi un ícono? ¿Otra Madre Teresa? ¿Cómo podemos relacionarnos con este nivel de amor sacrificial y compromiso cristiano? Es una trampa sutil comparar nuestro llamado con el de Ananthi. En lugar de sentirnos conmovidos por su fe y tratarla como una santa súper espiritual, debemos reconocer y aceptar nuestros propios llamados. ¿Cómo está pidiéndonos el Señor a cada uno de nosotros, en nuestras propias circunstancias, que caminemos en humildad, amor y servicio a los demás, en particular a los que carecen, a los que sufren en pobreza de cuerpo, alma y emociones?

Las personas en bancarrota espiritual necesitan nuestra ayuda, así como los que han perdido empleos, hogares o seres queridos. Todos a nuestro alrededor son niños, adolescentes y adultos a quienes podemos amar y llevar al Señor con nuestras acciones y palabras. La vida de Ananthi Jebasingh es un humilde recordatorio a mantenernos fieles al llamado de amar a personas diferentes a nosotros. La sabiduría en el liderazgo honra humildemente a otros por sobre nosotros mismos. «Nada hagáis por contienda o por vanagloria; antes bien con humildad, estimando cada uno a los demás como superiores a él mismo; no mirando cada uno por lo suyo propio, sino cada cual también por lo de los otros. Haya, pues, en vosotros este sentir que hubo también en Cristo Jesús» (Filipenses 2:3-5).

> **ENSEÑANZA:** *Los líderes humildes celebran el éxito de los demás y se inspiran en ellos.*

Las palabras humildes curan; las orgullosas, hieren

«La muerte y la vida están en poder de la lengua, y el que la ama comerá de sus frutos» (Proverbios 18:21).

¿No detestas cuando tus palabras salen demasiado rápidas y exponen tus pensamientos demasiado pronto? ¿No te gustaría a veces que pudieras retirar tus palabras apresuradas y que tuvieras una segunda oportunidad de no hablar tan rápido? Cuando tu lengua se adelanta a tus pensamientos, las palabras ásperas que salen son de orgullo, no de humildad. Hay una forma de esperar antes de hablar. Exploremos algunas ideas sobre cómo tus palabras pueden traer dulzura al alma y sanidad al cuerpo.

Algunos líderes se motivan por amor y estímulo; otros por miedo e intimidación. En la secundaria tuve dos entrenadores diferentes de fútbol. El menos favorito era el intimidador. Le temía por sus diatribas y su lenguaje iracundo y maltratador. Estuve motivado por poco tiempo, pero temía no hacer precisamente lo que él quería. El entrenador que más me ayudó fue el estimulador, quien esperaba un alto nivel de rendimiento, pero su estilo era a la vez instructivo e inspirador. Con él yo sabía que tenía espacio para el fracaso, pero mi objetivo era crecer.

Yo veía al primer entrenador como un individuo que esperaba perfección; nunca estaba totalmente contento conmigo. Al segundo lo veía como alguien comprensivo; extrajo lo mejor de mí y esperaba lo mejor de mí. Hacemos nuestro mejor esfuerzo bajo líderes que nos hacen sentir valorados y nos estimulan a alcanzar nuestra capacidad.

Las palabras importan, y las de un líder son analizadas cuidadosamente por sus seguidores como una rana cloroformada en un laboratorio de biología de la escuela. Los líderes sabios miden en oración sus palabras antes de hablar.

> ***Reflexión:*** *La humildad ofrece aliento que produce vida; el orgullo ofrece desánimo que produce muerte.*

Nuestras palabras pueden meternos en problemas o pueden disolverlos. Así como un soplo puede apagar la llama de una vela, una palabra humilde de disculpa puede apagar el fuego de un corazón enojado. «Perdóname por favor; estaba emocionalmente agotado y no quise lastimarte con mi tono irrespetuoso». El lenguaje trae vida cuando viene de alguien inmerso en Cristo, o muerte cuando viene de alguien que es indiferente al Señor. Las palabras importan. Cuando nuestras palabras vienen de corazones que adoran a Dios, podemos ofrecerle apropiados sacrificios de lenguaje a Dios.

El poder de la lengua debe ser domado bajo el poder superior del Espíritu Santo. De lo contrario se convierte en un arma de destrucción masiva. Al igual que una lluvia radioactiva, las palabras malévolas envenenan la atmósfera, de modo que lo que el corazón inhala apaga al espíritu. ¿Qué significa bendecir a otros por medio de conversaciones mesuradas? El agua oculta dentro de una manguera de irrigación que serpentea a través de un huerto exuberante puede hacer que las plantas crezcan y prosperen. Así también el lenguaje de amor da vida al entregar gracia a las raíces de un alma sedienta.

> ***Reflexión:*** *La humildad permite al Espíritu Santo utilizar palabras para bien y gloria.*

«Panal de miel son los dichos suaves; suavidad al alma y medicina para los huesos» (Proverbios 16:24).

Si mi corazón está lleno de orgullo, mis palabras estarán envenenadas con un tóxico verbal de juicio y superioridad. Si mi corazón está lleno de humildad, mis palabras estarán sazonadas con gracia y misericordia. Si mi corazón está repleto de miedo, comunicaré preocupación y temor. Si mi corazón está cautivado por esperanza en Cristo, experimentaré paz y tendré valor para hablar con expectación de la fidelidad de Dios. Si me duele el corazón por negligencia, avergonzaré descaradamente a los demás. Pero si mi corazón está consolado por el amor del Señor, tendré la capacidad de ofrecer palabras de consuelo. El fruto de las palabras sanas es sanidad.

«El hombre bueno, del buen tesoro de su corazón saca lo bueno; y el hombre malo, del mal tesoro de su corazón saca lo malo; porque de la abundancia del corazón habla la boca» (Lucas 6:45).

Los líderes sabios pueden vaciarse de sí mismos y permitir que Cristo llene sus corazones con perdón, amor y bondad. Dios puede llenar nuestras bocas con palabras fructíferas de aliento, corrección y compasión. ¡Por la gracia de Dios podemos ser seguidores de Jesús cuyas palabras dan vida al alma y muerte al pecado! Los líderes sabios miden con humildad sus palabras para producir sanidad y no dolor a otros.

«Pon guarda a mi boca, oh Jehová; guarda la puerta de mis labios» (Salmos 141:3).

> **ENSEÑANZA:** *Los líderes humildes usan palabras para levantar, no para derribar.*

Humildad, quebrantamiento, paciencia y oración persistente

Una de nuestras hijas no podía tener hijos. Sufrió a través de años de pruebas, sondeos y oración. Había ansiedad anticipada y tensión sobre si el seguro pagaría todo, algo o nada. Al final, el médico llegó a la conclusión de que la única esperanza era con un procedimiento especial que incluso entonces ofrecía solo el 5% de posibilidades de embarazo. Diez días antes del procedimiento programado nuestra hija volvió a hacerse la prueba de embarazo… ¡y salió positiva! Sorprendida y con ojos llorosos se hizo por segunda vez la prueba casera e increíblemente, sí, ¡estaba embarazada! Esposa y esposo se abrazaron en agradecida esperanza. Ella llamó a su madre (mi esposa); su esposo llamó a sus padres; todos lloramos en humilde acción de gracias a Dios. Un anhelo insatisfecho nos había puesto de rodillas, en necesidad de la gracia generosa de nuestro Padre… y ahora, este regalo.

La humildad nos mantiene posicionados para las bendiciones del Señor. Nuestra esperanza puede aplazarse, pero Dios todavía es bueno. ¡Donde el hombre ofrece el 5% de posibilidades, el Señor da 100% de su fidelidad, cuidado y consuelo!

«Con amargura de alma [Ana] oró a Jehová, y lloró abundantemente. E hizo voto, diciendo: Jehová de los ejércitos, si te dignares mirar a la aflicción de tu sierva, y te acordares de mí, y no te olvidares de tu sierva, sino que dieres a tu sierva un hijo varón, yo lo dedicaré a Jehová todos los días de su vida, y no pasará navaja sobre su cabeza» (1 Samuel 1:10-11).

Muchas veces la humildad precede al quebrantamiento. Esta parece ser la experiencia de Ana. Incapaz de concebir, clamó al Creador para que formara dentro de su vientre una criatura preciosa.

> ***Reflexión:*** *La humildad espera en lo mejor de Dios y se resiste a obligar que las cosas sucedan.*

Estéril. Quebrantada. Rechazada. Triste. Avergonzada. Eran solo algunos de los sentimientos que Ana pudo haber albergado en su corazón herido. Su cultura etiquetaba como falla a la infertilidad. La imposibilidad de tener hijos la interpretaban erróneamente sus compatriotas como juicio divino. Quebrantada pero no sumida en su propia pena, Ana se humilló y clamó en el nombre del Señor que la bendijera con un hijo. Con sagrada devoción ella hizo un juramento a Dios y dedicó con antelación todos los días de la vida del niño al Señor. El Padre celestial contestó la oración de Ana y la bendijo con Samuel, quien creció hasta convertirse en el sacerdote piadoso que ungió a David, de cuyo linaje familiar finalmente nacería Jesucristo. Dios bendijo la humildad, la oración audaz y la confianza anhelante de Ana en Él.

No puedo imaginarme la conmoción emocional de no poder cumplir el deseo de maternidad dado por Dios, de tener anhelos de dar a luz un bebé, pero ser incapaz de lograrlo. Quizá este sentimiento compita con otros deseos no satisfechos y profundos del alma: el afán por casarse que siente un adulto soltero, la aspiración de que un matrimonio actual prospere y no solo sobreviva, el anhelo de una oportunidad de trabajo que parece nunca llegar, o simplemente la necesidad de sentirse reconocido, comprendido y amado por otros. Cuando nuestros corazones ansían a alguien o algo, en nuestro total quebrantamiento, en nuestra soledad, la misericordia de nuestro Padre celestial nos encuentra. Su amor completa nuestras almas. Su gracia sana nuestra fe fracturada.

¿Cómo está tu corazón? ¿Has aceptado con humildad tu quebranto como un sendero hacia la oración contestada, hacia la bendición o hacia una intensa intimidad con Dios?

ENSEÑANZA: *Los líderes humildes usan el quebrantamiento como una senda hacia una mayor intimidad con Dios.*

La humildad está dispuesta a adaptarse por el bien de todos

Puedo quedar atrapado en mi pequeño mundo y olvidarme de las necesidades de mi familia. Tal fue el caso cuando teníamos en casa cuatro hijas adolescentes y yo viajaba mucho, sin darme cuenta de la presión que mi esposa sufría. Necesité un llamado de atención.

A principios del 2001 me encontraba viajando libremente por el país liderando nuestro equipo nacional de operaciones para Crown Financial Ministries. Rita, mi dulce esposa, estaba en casa con nuestras cuatro hijas adolescentes. Uno de los viajes resultó en una semana emocionante de servir a nuestros equipos de liderazgo en California. Yo había visto cómo Cristo llevaba esperanza a familias que descubrieron y aceptaron el señorío de Dios en todo: sus calendarios, sus cuentas bancarias, su gente y sus relaciones. Cuando regresé a casa, Rita expresó: «Debemos hablar». Su tono era serio pero esperanzado, preocupado pero cariñoso.

«Hay razones de por qué el plan de Dios es que papá y mamá críen juntos a los hijos». Cuando ella declaró lo evidente comencé a sentir su dolor. Rita continuó: «Me alegra que puedas recorrer el mundo hablando el evangelio y amando a los líderes, pero necesito más de ti en casa para que me ayudes a criar a las niñas». Rita tenía razón: chicos, tareas, chicos, voleibol, chicos, baloncesto, chicos, iglesia, chicos, coro, chicos, excursiones, chicos, grupo de teatro, chicos, danza y chicos. ¿Mencioné chicos?

Los hijos pequeños necesitan la crianza de sus madres, pero los adolescentes pueden aprovecharse de ellas. Los chicos requieren la firmeza amorosa y la paciente sabiduría del padre para ayudarles a manejar sus crecientes libertades.

A veces no hay necesidad de orar por la necesidad de hacer algo. No necesito orar por si debo atravesar o no una concurrida autopista de ocho carriles, por si debo ver o no a los Cachorros de Chicago ganar una serie mundial después de una sequía de ciento ocho años, o por si debo ayudar o no a mi esposa a hacer lo mejor por nuestra familia. Podía confiar en que mis colegas asumieran algunas de mis responsabilidades laborales, pero yo era el único que podía ser el papá de las niñas. Pudimos idear un plan sencillo, fácil de entender y de poca tecnología.

Reflexión: *La humildad escucha y ofrece maneras de ayudar.*

Una calcomanía roja del tamaño de una moneda representaba a papá estando fuera durante una noche. Una vez que había siete calcomanías colocadas en el calendario mensual en la pared, yo no programaba ningún día adicional de viaje durante ese mes. Cuando un miembro del equipo me llamaba para que asistiera a un retiro de liderazgo, le explicaba que mi calendario ya tenía siete calcomanías, nadie se quejó alguna vez. En realidad, se reían conmigo de nuestra simple solución, y afirmaban nuestro sistema de responsabilidad. Programaban la petición para una fecha posterior, o encontraban a alguien más que se pusiera en la brecha, quien a menudo hacía tan buen trabajo como yo habría hecho… o incluso mejor.

Rita apoyó increíblemente. Pudo haberse quejado de que papá se ausentara mucho. Por el contrario, les explicaba alegremente a las niñas: «¿Saben qué? Tendremos a papá durante veinticuatro días este mes. Los otros siete días oraremos por él y lo enviaremos como misionero. Él puede ayudar a las personas a crecer en su relación con el Señor y animarlas a servir fielmente a otros».

Lo que parecía una interrupción en la carrera realmente permitió que nuestra familia estuviera más unida y más cerca de Cristo. Al pulsar el botón de pausa y hacer ajustes, nos preparamos para oportunidades futuras de liderazgo que requerían una familia fuerte y estable, con la necesaria energía emocional y resistencia espiritual.

Cuando hacemos lo que es mejor para la familia, el equipo o la organización, y luego confiamos los resultados a Dios, Él interviene y hace crecer relaciones saludables y organizaciones fuertes. Los líderes humildes buscan lo mejor para la familia o el negocio, no solamente lo mejor para beneficio personal. Reemplazan la ambición egoísta con ambición piadosa.

ENSEÑANZA: *Los líderes humildes hacen lo que es mejor para «nosotros», no solamente lo que es mejor para «mí».*

La humildad comparte el mérito y quita la culpa

«Digo, pues, por la gracia que me es dada, a cada cual que está entre vosotros, que no tenga más alto concepto de sí que el que debe tener, sino que piense de sí con cordura, conforme a la medida de fe que Dios repartió a cada uno. Porque de la manera que en un cuerpo tenemos muchos miembros, pero no todos los miembros tienen la misma función, así nosotros, siendo muchos, somos un cuerpo en Cristo, y todos miembros los unos de los otros» (Romanos 12:3-5).

Si las cosas salen mal, mi tendencia natural es «dar razones» o incluso culpar a otros. Pero si las cosas salen bien disfruto asumiendo el mérito y puedo olvidarme de celebrar con el equipo y con mi familia. Puedo dejar de reconocer las contribuciones de todos en resultados positivos. Es más difícil asumir la culpa y compartir el mérito. Experimenté esto de primera mano con un colega en el trabajo.

Una vez trabajé con un compañero que sentía la necesidad de recibir mérito por cierto proyecto de equipo en que participó. Al principio fue algo molesto. No era justo. Tanto los otros tres miembros, cuyas contribuciones fueron igual de importantes, como yo, sentimos la injusticia. Una noche durante la cena me quejé al respecto. Mi esposa Rita manifestó: «Parece que él tiene un profundo deseo de importancia que debe ser satisfecho». Yo no quería escuchar palabras de compasión. Quería justicia, ¡y que él creciera! Pero con el tiempo supe que ella tenía razón. El hombre ganó confianza y comenzó a superar el acaparamiento de atención. Todos aprendimos a darnos mérito por el éxito.

Es perjudicial que alguien se aferre al mérito por el éxito; corrompe el juicio haciéndole tener un concepto más alto de sí mismo del que debería tener. Los líderes sabios otorgan rápidamente el mérito a los demás y al equipo como un todo. El mérito otorgado reconoce la contribución, la habilidad y la inteligencia de todo el personal.

Un líder humilde sabe que compartir el mérito va junto con delegar bien. No pueden darse ejecución y seguimiento excelentes, a menos que los socios presten tediosa atención a los detalles y la implementación. Los líderes seguros anhelan otorgar mérito. Al igual que un fajo de billetes ardiendo forman un agujero en tu bolsillo, esto arde y forma un agujero en el ego. La sabiduría en el liderazgo entiende cómo valorar a los demás y sus contribuciones únicas para con la organización. A Harry Truman se le reconoce haber dicho: «Es asombroso lo que puedes lograr si no te importa quién se lleva el mérito».

La sabiduría en el liderazgo también asume la culpa por los fracasos, y muestra cómo debemos asumir responsabilidad por nuestras acciones. Los líderes sabios asumen la culpa en lugar de echarla a los demás. Son tan rápidos en asumir la culpa como en compartir el mérito con otros. Al igual que un protector de corriente, evitan que el equipo sufra una descarga inmerecida de fracaso. Los líderes maduros permanecen en la brecha. No reclaman fama, sino que asumen la culpa cuando las cosas resultan mal.

El ejemplo de un líder humilde que asume la culpa contagia a sus seguidores, quienes inconscientemente se encontrarán emulando la misma participación de culpa en sus esferas de influencia. «Soy el responsable» o «es culpa mía» son declaraciones comunes de quienes asumen culpabilidad. Cuando aprendes a asumir eficazmente la culpa por las fallas y a dar mérito por el éxito, exhibes sabiduría en el liderazgo. Los líderes fieles confían en el Señor, quien a su vez los bendice. El Espíritu Santo fortalece a la gente a través de líderes sabios que otorgan mérito y asumen culpa.

> **ENSEÑANZA:** *Los líderes humildes otorgan mérito por el éxito a los demás y al equipo.*

¿Qué viene entonces a tu mente sobre el nivel de humildad en tu propio liderazgo? Quizá haya una o dos ideas que puedas aplicar para hacer que tu humilde corazón crezca. Antes de fijar tu próximo objetivo, considera ayudar a otro a cumplir su objetivo. O cuando estés en un restaurante, enfócate en las necesidades del mesero, y no en que satisfaga tu propia necesidad. Pon atención, escucha y aprenderás mejores maneras de ayudar a quienes te rodean. Sobre todo, reflexiona en la vida de Jesús y humíllate como Él se humilló: ¡de buena gana y en obediencia!

Resumen de enseñanzas del capítulo uno

1. Los líderes humildes muestran respeto al planificar con anticipación y escuchar a los demás.
2. Los líderes humildes piden a Dios sabiduría para discernir entre el bien y el mal.
3. Los líderes humildes celebran el éxito de los demás y se inspiran en ellos.
4. Los líderes humildes usan palabras para levantar, no para derribar.
5. Los líderes humildes usan el quebrantamiento como una senda hacia una mayor intimidad con Dios.
6. Los líderes humildes hacen lo que es mejor para «nosotros», no solamente lo que es mejor para «mí».
7. Los líderes humildes otorgan mérito por el éxito a los demás y al equipo.

Capítulo dos

Amor

Servíos por amor los unos a los otros.

Gálatas 5:13

La primera tarea del liderazgo es amar a las personas. Liderazgo sin amor es manipulación.[4]

Rick Warren

Jesús fue amoroso

«Nadie tiene mayor amor que este, que uno ponga su vida por sus amigos» (Juan 15:13).

Jesús fue amor y mostró qué es amor. Tuvo amor compasivo a pecadores que estaban conscientes de su pecado, pero inconscientes del perdón divino. También repartió gran amor al sistema religioso que estaba inconsciente de su pecado, pero que esperaba la aprobación de Dios. El amor de Cristo fue integral. Alimentó y curó cuerpos, y sanó a los quebrantados perdonándoles su pecado y enseñándoles a seguirlo.

Un líder amoroso enfatiza el amor de Dios

«La fuente de amor que motiva el liderazgo amoroso es el amor infinito e incondicional de Dios por nosotros»[5] (Glenn C. Stewart).

Mi abuela siempre tenía una forma de animarme, pero también de retarme a ser mejor. Una de esas ocasiones fue en mi primer año en la universidad. Acababa de dar lo que creí que era un buen sermón en la reunión nocturna de la iglesia. Ella me saludó con la sonrisa de una abuela orgullosa, me puso los brazos en la nuca, dejó una mancha de maquillaje beige en mi cuello y declaró: «Hijo, ese fue un buen sermón, pero debes hablar más del amor de Dios. No puedes hablar

4. Rick Warren, publicación en Twitter, 22 octubre 2014.

5. Ver http://lifeequip.com/leadership-development/leadership-tipswhy-successful-leadership-needs-love/.

demasiado del amor del Señor». Ahora a mis cincuenta y siete años, aún estoy tratando de hablar más del amor del Señor. Mi abuela tenía razón. Todos estos años de experimentar el generoso amor de Dios me han motivado y fortalecido para también amar a los demás.

«Hemos conocido y creído el amor que Dios tiene para con nosotros. Dios es amor; y el que permanece en amor, permanece en Dios, y Dios en él» (1 Juan 4:16).

Somos llamados por Cristo a amar con un amor que no es de este mundo, un amor que solo puede explicarse mediante un encuentro con el Dios todopoderoso. Su poder transformador coloca a su discípulo en posición para amar en su nombre. Las palabras de despedida de nuestro Salvador representaron para sus discípulos un lenguaje de amor nuevo y radical: «Así como yo los he amado, también ustedes deben amarse los unos a los otros» (Juan 13:34, NVI). ¡El mandato de Jesús es la mejor motivación para que los líderes amen adecuadamente! Por tanto, mostremos el amor de Dios ayudando a otros, y extendamos el amor de Dios hablando a otros en el nombre de Jesús.

Reflexión: El Señor nos ama para que amemos a otros en su nombre.

Los líderes amorosos están influidos por líderes amorosos

Sí, nuestro Señor y Salvador Jesucristo es nuestro mejor ejemplo de cómo amar, pero ¿qué de los demás en nuestras vidas que saben amar y de quienes podemos aprender? Al principio de nuestro matrimonio conocimos una de tales parejas extraordinariamente amorosas.

En el seminario (el instituto superior de teología), mi amigo Jim me preguntó si me interesaba un trabajo adicional después de clases: cortar césped, plantar flores, jardinería y poda de árboles. Esto sería en la granja de su jefe y mentor, el señor Sammons. Ofrecer ingreso extra a un seminarista era como lanzar carne roja frente a un perro flaco y hambriento. Contesté: «¡Sí! Déjame hablar con Rita». Estaba seguro de que a ella le encantaría que tuviéramos un poco de dinero disponible para salir en la noche, para ropa de nuestro hijo de dos años, o para comprar un lindo atuendo sin sentirnos culpables. En cuanto a mí, siempre necesitaba (¡o quería!) otro gran libro para devorar. Con expectación, pronto conocí al señor Sammons en la iglesia.

La primera impresión que tuve de mi futuro jefe y mentor fue de un hombre alegre, amable y simpático. Su esposa Fay lo miraba con ternura, aprobación y amor. Solo unos años antes, el matrimonio de esta pareja había sido un desastre debido al amorío de Jim con su trabajo. Aprendió de la manera más dura que su enamoramiento con el éxito y el dinero se había convertido en una amante. Su descuido casi lo aleja de quien él más admiraba: su esposa. Me relacioné con el señor Sammons desde que era un hombre quebrantado que reconoció que debía caminar en amorosa dependencia en el Señor durante el resto de su vida.

El ejemplo del señor Sammons me mostró que los líderes exitosos pueden construir muros alrededor de sus corazones, rechazando a los demás. Pero cuando admiten sus fracasos, debilidades y luchas pueden construir puentes hacia otros corazones mostrándose reales y relacionables.

> ***Reflexión:*** *La transparencia del amor construye puentes hacia personas que se encuentran afligidas.*

Me sentía tímido e inseguro cerca de personas ricas. Al haberme criado con mi madre soltera y mis dos hermanos en la propiedad alquilada de setenta y cinco metros cuadrados y con estructura de madera que poseía mi abuela, éramos intimidados por quienes vivían en las casas de ladrillo en Country Club Estates. Necesitábamos queso, leche en polvo y cupones de alimentos que proveía el gobierno para evitar que nuestros modestos gastos excedieran nuestro pequeño ingreso. No me relacionaba bien con los ricos.

Tímidamente me vi como «cuidador», pero el señor Sammons me llamó su «jardinero». Vaya. Parecía referirse a alguien inteligente, útil y valioso. Yo no era un «cuidador» aislado y anónimo, sino su «jardinero» personal y profesional. El señor Sammons me respetaba como individuo, y él y su esposa Fay honraron a mi familia llegándonos a conocer de tal manera que oraban por nosotros con entendimiento.

Reflexión: *El amor ora por individuos, con conocimiento y comprensión acerca de ellos.*

Yo había sido cristiano solo durante dos años antes de llegar al seminario. Sí, ¡era la ignorancia al desnudo! Tenía más energía que sentido. En un arrebato de entusiasmo, con ingenuidad y sinceridad manifesté a Rita: «Cariño, Billy Graham está envejeciendo, y alguien debe dar un paso adelante y tomar la batuta de predicar el evangelio en estadios alrededor del mundo». Soñábamos con meter a seis futuros hijos en un vehículo recreativo, educarlos nosotros mismos y atravesar el país mientras yo predicaba las buenas nuevas de Jesús en cruzadas evangelísticas repletas. Agradezco que mi ambiciosa ignorancia fuera encaminada hacia una senda más productiva por mi compañero de viaje en la fe.

En forma rutinaria durante mi descanso laboral, el señor Sammons me enseñaba las Escrituras. Comenté a mi mentor mi plan de suceder a Billy Graham. En lugar de estallar de risa, el señor Sammons me llevó en forma amable y amorosa a un ejemplo bíblico. «Boyd, cuando miro la vida de Pablo, su modelo era seguir la guía del Espíritu Santo hasta cierta población de personas, echar raíces, predicar el evangelio, discipular nuevos cristianos, y animar a la iglesia». El señor Sammons me ayudó a conectar mis buenas intenciones con la realidad que me rodeaba. En lugar de aspirar a ser un evangelista itinerante, debía establecer mi trabajo en una comunidad y hacer que mi influencia para Cristo creciera.

ENSEÑANZA: *Los líderes amorosos muestran bondad a otros tratándolos con honor y dignidad.*

Los líderes amorosos aprenden a ser pacientes

«El amor es paciente» (1 Corintios 13:4, RVC).

La paciencia tiene un efecto tranquilizador en todos aquellos bajo su influencia. La impaciencia hace todo lo contrario. Una persona resopla y queda extenuada hasta que todos se enteran que es infeliz por no haberse salido con la suya. Gracias a Dios, el amor prolonga la mecha de la paciencia. El amor desarrolla la capacidad de preocuparse por lo que otra persona podría estar experimentando. El amor mira detrás del rostro enojado para ver el corazón herido, y luego muestra misericordia a la persona, quien podría estar pidiendo ayuda a gritos.

Hace unos años el propietario de un negocio me dijo lo siguiente, con una actitud casi como una insignia de honor: «Boyd, no soy un líder muy paciente en el trabajo. Cuando las cosas no van bien, mi mal genio me hace explotar, gritar a todos y encarrilarlos de nuevo. Sé que este quizá no sea el mejor enfoque, pero logra que el trabajo se haga». Después de ver la caótica cultura laboral de mi amigo y el desfile de personal entrando y saliendo, estuve de acuerdo con él. ¡La ira impaciente no es el mejor enfoque!

¿Están tus circunstancias probando tu paciencia? ¿Te ha enervado alguien, agotándote la paciencia? Si es así, únete a la multitud de quienes necesitamos una nueva perspectiva del amor paciente de Dios. Sí, aunque aún éramos pecadores, el Señor pacientemente permitió que su Hijo Jesús padeciera, a fin de que pudiéramos ser libres de las ataduras del pecado. Cristo nos ama pacientemente hasta el punto de llevar nuestras cargas. No somos desechados, sino amados, a pesar de nuestras incongruencias.

«Dios muestra su amor para con nosotros, en que siendo aún pecadores, Cristo murió por nosotros» (Romanos 5:8).

Reflexión: *La paciencia amorosa responde con serenidad y se resiste a una reacción exaltada.*

Por la gracia de Dios demostramos amor paciente hacia quienes no nos demuestran amor paciente. Nuestros amigos frustrados podrían estar atrapados en sus propios ciclos dementes de pecado, aún en necesidad de un Salvador. No pueden amar pacientemente porque aún no han recibido el amor auténtico de su Padre celestial. Quienes comulgamos con el Príncipe de Paz entendemos mejor. Quienes carecen de paz también luchan con la paciencia. El amor es paciente con la impaciencia.

Mira tu matrimonio como un laboratorio donde puedes aprender a amar pacientemente a tu cónyuge. Toma el terreno seguro de la gracia cuando estás herido. Con amorosa paciencia explícale a tu cónyuge el dolor que sientes y que cargas solo. Permítele entrar en tus temores, sueños y sentimientos de enojo. Cuando expresas tus emociones con amor paciente, permites que tu cónyuge haga lo mismo. Tu amor puede prolongarse por un tiempo, pero tu paciencia reflejará la gracia de Dios.

«Jesús, mirándole, le amó» (Marcos 10:21).

Padre celestial, gracias por amarme pacientemente para que pueda amar pacientemente a los demás.

ENSEÑANZA: *Los líderes amorosos son sufridos en su amor tanto por quienes se muestran desagradables como por los que son dignos de ser amados.*

Los padres amorosos se tranquilizan y aprenden a no reaccionar con dureza

La paternidad no es para los débiles de corazón. El agotamiento hace más difícil contener un comentario sarcástico que puede herir el corazón de un niño precioso. ¡Soy mucho más espiritual cuando estoy descansado! He hecho mi parte de volver donde una de nuestras hijas para pedirle perdón. Afortunadamente, a medida que crezco aprendo qué no debo hacer.

En más de una ocasión he tenido conversaciones emocionalmente elevadas con nuestras hijas, especialmente cuando eran adolescentes. A veces me enojaba y en tono áspero y exigente, manifestaba: «¡Te equivocas y harás lo que digo!». Debido a mi impaciente deseo de arreglar las cosas y seguir adelante, en realidad no escuchaba ni conocía a mi hija adolescente. Con el tiempo me di cuenta de lo insensato que era mi enfoque.

Muchas veces, preocupada, mi tierna esposa Rita intervenía. «Boyd, eres demasiado áspero. Debes disculparte». Ella tenía razón, así que yo regresaba y me disculpaba con mi pequeña y le pedía que me perdonara por reaccionar con ira y no con suavidad y comprensión. Me había metido en un círculo disparatado de airarme y disculparme, de exigir respeto y sumisión, y luego lamentar mi comportamiento. Entonces descubrí un enfoque mejor que he implementado en el trabajo, con amigos y en casa.

Cuando el tono de mi voz empieza a levantarse, cuando se me seca la garganta y me sudan las palmas de las manos, pido un descanso. Digo algo así: «Descansemos, calmémonos y reposemos bien durante la noche. Entonces dentro de veinticuatro horas retomemos nuestra conversación en un tono más tranquilo». Cuando tenemos el tiempo para seguir esta técnica tranquilizadora, regresamos con mayor disposición de entender a los demás y trabajar juntos hacia una solución. La ira es un estado insalubre desde el cual permitir que nuestras mentes hablen. El liderazgo amoroso espera un día mejor. La sabiduría en el liderazgo prefiere proteger la relación a ganar la discusión.

ENSEÑANZA: *Los líderes amorosos buscan pacientemente una mejor manera, y esperan otro día para hablar.*

La poesía proporciona una forma refrescante de ver la vida y comprometer nuestros corazones desde una perspectiva diferente. Disfrutemos a continuación de un poema sobre el amor, de un talentoso escritor, George Herbert (sacerdote anglicano 1593–1633), seguido por una explicación del poema de alguien más erudito que yo.

Amor

El Amor me acogió; y mi alma retrocedió,
  Culpable de polvo y de pecado.
Pero el Amor clarividente, viéndome dudar
  Desde el momento en el que entré,
Se acercó a mí, preguntando dulcemente
  Si necesitaba algo.

«Un invitado», contesté, «digno de estar aquí»:
  El Amor respondió: «Tú lo serás».

«¿Yo, el malo, el ingrato? ¡Ah!, mi amado,
No te pude mirar».
El Amor me tomó de la mano y me respondió sonriendo:
«¿Quién ha hecho esos ojos sino yo?».

«Es verdad, Señor, pero yo los he manchado.
Que mi vergüenza me lleve donde merezco».
«Y no sabes», preguntó el Amor, «¿quién ha cargado con las culpas?».
«Mi amado, entonces serviré».
«Siéntate», dice el Amor, «y saborea mi carne».
Entonces me senté y comí.

«El Amor», de George Herbert, tiene dos significados, uno básico y otro más profundo; el básico es el poeta en una cena romántica con una amante. El significado más profundo es que el poeta es un alma perdida a quien Dios está ayudando. El Señor le dice al poeta: «Siéntate y saborea mi carne», invitándolo a comer su carne y beber su sangre. El poeta acepta el poder de Dios, así como sus propias faltas: «Entonces me senté y comí». Esta última línea se refiere nuevamente a la Comunión, ya que el poeta toma a Dios en sí mismo. En este acto acepta el perdón divino y muestra respeto hacia el sacrificio de Dios en la cruz por todos los pecados, aceptando toda la culpa. Al Amor (Dios) está a la puerta y nuestro personaje principal declara su indignidad para unirse al amor. Específicamente afirma que no es digno de mirar al amor. Pero el Amor dice que no hay problema porque «el Amor… ha hecho esos ojos».[6]

El amor acepta a los demás como son. Probablemente todos queremos amar más y mejor. Pero es fácil dejarnos consumir por los problemas de nuestra propia vida. También es fácil, como declara el poema, sentirnos indignos de ser amados por Dios. Pero únicamente

6. «Amor de George Herbert», ver http://panparaelespiritu.blogspot.com/2016/09/amor-george-herbert.html.

si aceptamos su amor podremos amar a los demás. Damos gracias que Jesús tenga una manera de penetrar muy dentro de nuestros confundidos corazones y aclarar las cosas.

¿Cuál es tu capacidad de amar?

«Por lo cual te digo que sus muchos pecados le son perdonados, porque amó mucho; mas aquel a quien se le perdona poco, poco ama» (Lucas 7:47).

Uno de los miembros de nuestra familia ha sido profundamente herido en la vida. Relaciones destrozadas, matrimonios rotos, quiebras económicas y salud quebrantada. Desdichadamente, el quebrantamiento se ha convertido en amargura en su corazón. Según él, los demás tienen la culpa. Es lamentable que este hombre se sienta solo en su fiesta de autocompasión. Nadie más lo acompaña. El corazón me duele por este ser amado que se siente atrapado y destinado a una vida miserable de no perdonar. Ya que no puede recibir mucho amor, tampoco puede amar mucho. Solamente el amor recibido puede devolverse en la vida de otra persona.

La medida de nuestro perdón forma la profundidad de nuestro amor. Alguien a quien se le perdona mucho, ama mucho. Fuera de la gracia de Dios todos tenemos el mismo muro de pecado entre Cristo y nosotros. Estamos separados de Dios por nuestros pecados, pero la cruz de Cristo derribó la barrera del pecado. Por fe somos perdonados de nuestros pecados y adoptados por Dios como hijos suyos. Al recibir la gracia de Dios pasamos de las miserias de este mundo a las riquezas divinas del cielo.

El perdón es motivo de gratitud y acción de gracias. Para algunos el perdón parece más grande porque el pecado es mayor. O, tras una reflexión más profunda, la deuda de nuestro pecado era más grave de lo que deseábamos admitir. Tal vez la lujuria en nuestros corazones era adictiva. Quizá la ira en nuestra actitud era repugnante. Pero Dios nos perdonó, y aún nos perdona. Esta es otra razón para que el amor resuene en nuestros corazones. Cristo no solamente nos ha perdonado pecados pasados, sino que su gracia también cancela nuestras deudas de pecado presente y futuro. Esa es la enorme profundidad de su perdón.

Reflexión: Mi capacidad de amar se basa en mi experiencia del gran perdón de Dios.

Puedes amar mucho porque se te ha perdonado mucho. Tu corazón prorrumpe en gratitud cuando reflexionas en lo profundo del amor divino. Todo pecado (pasado, presente y futuro) es limpiado. La culpa desaparece. La vergüenza se borra. Tu conciencia se aclara. Eres libre del pecado para poder amar. Tu gratitud hacia Dios te obliga a amarlo y amar a los demás. El pecado ha sido reemplazado con tu Salvador, Jesús. Él ama a través de ti. El amor es tu lenguaje principal porque has sido transformado. Eres nueva criatura en Cristo. Tardas un poco en adaptarte debido a los hábitos pecaminosos de tu vida pasada, pero eres una persona nueva.

Cristo se volvió tu vida. Ahora vives de adentro hacia afuera. Tu corazón está repleto de amor y perdón debido a lo que Dios ha hecho por ti. Amas de manera continua y apasionada porque Él te ama con amor eterno. Medita en el alcance del perdón que Dios te ha dado y mide dicho alcance. ¿Puedes entender dónde estarías sin la gracia y el perdón de Dios? Festeja su perdón con amor. Agradécele a menudo por su perdón. Muestra tu aprecio a Dios por su perdón amando incondicionalmente a los demás, amando a los que no lo merecen. Él lo hizo, lo hace y lo hará. El perdón de Dios es inigualable, ilimitado y liberador. Facilita el amor y produce amor. Deja que esta verdad te consuma y apremie. Ser perdonado es amar. Puedes amar mucho porque se te ha perdonado mucho.

«Nosotros le amamos a él, porque él nos amó primero» (1 Juan 4:19).

¿A quién debemos pedir perdón, y a quién debemos perdonar para que nuestra capacidad de amar pueda expandirse?

ENSEÑANZA: *Los líderes amorosos aumentan su capacidad de amar cuando experimentan perdón a menudo.*

Los líderes amorosos están motivados a obedecer a Cristo

La mayoría de nosotros queremos comprender el «resultado» cuando nos relacionamos, lo básico que ocurrirá de veras. ¿Concluyo que él quiere que yo haga algo? ¿Concluyo que simplemente perderé mi trabajo y buscaré conmiseración? ¿Es en conclusión que ella no quiere seguirme viendo, y desea que yo entienda la razón? Jesús estableció muy claramente la prueba fundamental de nuestro amor por Él: obediencia. «Si ustedes me aman, obedecerán mis mandamientos» (Juan 14:15, NVI).

Estar motivado por amor es fundamental para la vida cristiana. Por tanto, debemos preguntarnos sinceramente: ¿Qué motiva nuestra fe y nuestras buenas obras? ¿El amor por Cristo?

¿Servimos porque amamos?
¿Adoramos porque amamos?
¿Oramos porque amamos?
¿Damos porque amamos?
¿Trabajamos porque amamos?
¿Hablamos del evangelio porque amamos?
¿Hacemos discípulos porque amamos?

La sabiduría en el liderazgo está motivada por amor.

El amor es fundamental para obedecer, lo cual es resultado del amor. El amor por Dios nos lleva a obedecerle. Para un corazón amoroso los mandatos de Cristo son órdenes. Cuando nuestros corazones están aparejados con el suyo, estamos unidos en su amor (Mateo 11:28-30). Aprendemos a valorar lo que Él valora. Por ejemplo, vemos a Jesús ministrando a alguien de una raza diferente, a un pecador habitual y a alguien de posición social distinta. Así que tratamos de servir a todo tipo de personas, incluso aquellas muy diferentes a nosotros. ¡El amor se expresa por obediencia a Jesús!

Jesucristo afirmó: «El que me ama, mi palabra guardará; y mi Padre le amará, y vendremos a él, y haremos morada con él» (Juan 14:23).

Reflexión: La obediencia a Dios es evidencia de nuestro amor por Él.

La obediencia por amor no es fría ni calculada, sino más bien cálida y guiada por el Espíritu. No es tan solo marcar una casilla de asistencia a la iglesia el domingo o cuidar diligentemente de almas necesitadas durante la semana. La disciplina puede mantener por un tiempo un código moralista de conducta. Pero la verdadera obediencia a Jesús es cuando su amor fluye a través de nuestras vidas, dando vida a otros. Cristo nos habilita para amar en su nombre. ¡Él es amor! Las palabras de amor sin conducta que las acompañe son falsas. Nuestra prueba de amor es nuestra obediencia.

¿Cómo respondemos a Jesús cuando nos pregunta, como preguntó a Pedro: «¿Me amas? ¿Me amas realmente? ¿Me amas realmente, de veras?» (ver Juan 21:15-19).

Solo podemos decir «Sí» a la pregunta de Jesús si el fruto del amor es evidente en nuestras vidas. Un discípulo de Jesús se caracteriza por perdón, bondad, compasión, paciencia y humildad. El amor hace la parte difícil cuando es especialmente difícil de hacer. El amor ama a los desagradables. El amor mira atentamente la vida de Jesús e intenta amar como Él amó. Disfrutamos el amor de nuestro Padre celestial para que otros puedan disfrutar su amor en nosotros. ¡El amor nos motiva a confiar, amar y obedecer!

«Este es el amor a Dios, que guardemos sus mandamientos; y sus mandamientos no son gravosos» (1 Juan 5:3).

Padre celestial, lléname con tu amor para que pueda amar a los demás como tú amas.

ENSEÑANZA: *Los líderes amorosos están motivados a amar obedeciendo los mandatos de Cristo.*

Los líderes amorosos no se rinden

No es fácil seguir apareciendo ante la gente y no rendirnos, especialmente cuando ya hemos perdido, fracasado o nos han avergonzado. ¿Bromeas? ¿Se supone realmente que vuelva a pasar por ese dolor, o al menos por el temor de volver a ser rechazado? Quizá debas estar dispuesto. Los deportes son uno de esos ámbitos en que no puedes ocultarte: te mantienes avanzando o renuncias.

Permíteme por favor usar un ejemplo del fútbol americano universitario. Con gratitud, y como he sido hincha del Alabama durante cincuenta y siete años, confío en la gracia de Dios para explicar esto en forma objetiva. ¡Ah!

Dabo Swinney es un ganador comprobado dentro y fuera de la cancha. Un periodista le hizo esta pregunta justo después de la victoria de Clemson en el Campeonato Nacional 2017 sobre Alabama: «Dabo, llevas mucho tiempo en este juego, sin embargo, ¿cómo describirías el hecho de obtener la victoria?». Su respuesta:

> Es indescriptible. Es decir, no puedes lograrlo, amigo. Quiero decir, esto es… solo Dios puede hacer esto: tomar a un muchacho como yo de Pelham, ir a Alabama, ganar un campeonato nacional, venir a Clemson y luego tener una oportunidad de ganar un campeonato nacional contra el mejor equipo de la nación en el último segundo de este partido. Y ver luchar a mis muchachos, simplemente cree. Les dije esta noche, les dije que la diferencia en el partido iba a ser el amor. Ha sido mi mensaje. Mi mensaje todo el año ha sido el amor. Y declaré: «Esta noche vamos a ganar el partido porque nos amamos. Nos vamos a amar. No sé cómo vamos a ganarlo». En el medio tiempo les dije: «Muchachos, vamos a ganar el partido. No sé cómo, pero vamos a ganarlo». Y amigo, simplemente estoy muy agradecido y me siento bendecido. Simplemente esto no me parece real.

Amor es lo que motivó a Dabo, y probablemente con similar intensidad, a sus entrenadores y jugadores. Dabo es un líder amoroso. Dirige con amor. Ama al Señor, ama a su familia, ama a su equipo y ama a la gente en general.

Conocí a Dabo en un desayuno de oración de Chick-fil-A Bowl hace unos años, y erróneamente creí que era Shane Williams con la Fellowship of Christian Athletes (FCA). ¡Parecían gemelos! Dabo fue muy cordial con mi percance social, y continuó nuestro encuentro amistoso preguntándome si conocía a su esposa Kim. Estreché la mano de Kim, les agradecí a ambos por todo lo que estaban haciendo a favor de la FCA, y les hablé de cuando era estudiante de último año de bachillerato y la FCA acercó dramáticamente mi corazón a Cristo.

Incluso a Dabo le gustan las personas como yo que lo confunden con alguien más. Confesión verdadera: Puedo ser tan gran hincha de Dabo como lo soy de Alabama. No se lo digas a mi suegro; ¡él podría cancelar mi tarjeta de hincha!

> **ENSEÑANZA:** *Los líderes amorosos perseveran cuando los motiva el propósito superior del amor.*

Los líderes amorosos tienen amor sano por sí mismos

«Amarás a tu prójimo como a ti mismo» (Mateo 22:39).

¿Por qué nos castigamos tan cruelmente? A veces siento que establecemos una norma más dura para nosotros de la que el Señor espera de nosotros. Culpa. Miedo. Vergüenza. Estos susurros farsantes no son los que nos definen. Debemos amarnos porque Dios nos ama. El objeto de su amor importa. Importamos más que el resto de su creación, además Él nos ordena amarnos a nosotros mismos. ¿Cómo, entonces? He aquí un plan de amor.

El amor propio parece narcisismo. Puede ser, pero el amor propio que la Biblia enseña da como resultado desinterés. La dignidad y el respeto por nosotros mismos desarrollan dignidad y respeto por los demás. Un amor sano por nosotros mismos contribuye a un amor saludable por los demás. La carencia de amor propio da como resultado autodesprecio y hasta asco hacia nosotros mismos. Si no podemos aceptarnos y amarnos, emocionalmente nos atrofiamos y luchamos por recibir amor externo. Nuestro Creador nos ama incondicionalmente, de modo que podamos amarnos también. He aquí cuatro maneras en que podemos amarlo, amar a otros y amarnos a nosotros mismos de manera apropiada: cuidado del alma, cuidado emocional, cuidado físico y cuidado de los demás.

1. Cuidado del alma

Cuidamos mejor de nuestras almas al experimentar primeramente la salvación de nuestras almas en Jesucristo. Solo un alma salva puede amarse en forma saludable. A través de la oración podemos recibir el consuelo y el afecto del Espíritu Santo. Cuando somos llenos del Espíritu estamos llenos de amor. Sí, alimentamos nuestras almas cuando estudiamos y aplicamos la Palabra de Dios. Su verdad nos recuerda nuestra aceptación total en Cristo. Nos sentimos amados cuando nos vemos como el Señor nos ve. Un alma que se cuida busca a Jesús, evita el pecado y ama al Señor, a los demás y también a sí misma.

«Nosotros amamos porque [Dios] nos amó primero» (1 Juan 4:19, NVI).

2. Cuidado emocional

¿Qué significa cuidar de nuestras emociones? En primer lugar, recibimos el cuidado de Cristo. Él perdona nuestros pecados, sana nuestros corazones quebrantados, nos consuela en nuestras tristezas y nos mantiene seguros. En segundo lugar, procesamos nuestros sentimientos en tal forma que nos ayuda a entender cómo Dios nos creó. Podríamos tener necesidad de aprobación, así que aprendamos a buscarla de Dios y no de la gente. Emocionalmente tenemos limitaciones, por lo que aprendemos cuáles son nuestros límites y luego confiamos en que el Señor supla nuestras necesidades no satisfechas. El cuidado emocional nos lleva a aprender a caminar en oración. La esperanza, la fe, la gratitud y la comunidad también contribuyen a que nos amemos debidamente.

«Sobre toda cosa guardada, guarda tu corazón; porque de él mana la vida» (Proverbios 4:23).

3. Cuidado físico

El Espíritu Santo reside en nuestros cuerpos. ¿Somos propietarios atentos de nuestro inquilino especial? ¿Cómo cuidamos nuestros cuerpos? Una ingesta saludable de comida y bebida es administración física responsable; falta de sueño y de ejercicio no lo es. Ya que apreciamos la presencia del Espíritu, cuidamos nuestros cuerpos. Puesto que somos las manos y los pies de Jesús, aspiramos a tener buena salud para poder ayudar a otros. El amor nutre el cuerpo. Como Pablo explicara, amar nuestros cuerpos está a la par con amar a nuestras esposas: «Así también los maridos deben amar a sus mujeres como a sus mismos cuerpos. El que ama a su mujer, a sí mismo se ama» (Efesios 5:28).

4. Cuidado de los demás

Lo bien que amemos a los demás se determina por lo bien que nos amemos. Podemos amar bien a nuestro prójimo cuando nos amamos bien a nosotros mismos. Por ejemplo, si asistimos a un significativo retiro matrimonial, el amor nos obliga a compartir lo aprendido, y por tanto a bendecir a otros, o quizá incluso apadrinar a otra pareja para que asista a un retiro futuro como el que experimentamos. Si tenemos la bendición de disfrutar un trabajo satisfactorio, el amor nos obliga a ayudar a los desempleados a encontrar trabajo. La sabiduría en el liderazgo es desinteresada en su amor por los demás.

«No debáis a nadie nada, sino el amaros unos a otros; porque el que ama al prójimo, ha cumplido la ley» (Romanos 13:8).

Padre celestial, guíame por tu Espíritu a amarme y amar a los demás como tú amas.

ENSEÑANZA: *Los líderes amorosos pueden amar bien a otros cuando se aman debidamente.*

Los líderes amorosos ya son exitosos

«El amor nunca deja de ser» (1 Corintios 13:8).

Qué alivio saber que para tener éxito no debemos esforzarnos demasiado durante muchos años, ni obtener algún nivel de patrimonio inmenso. Dios tiene un factor de éxito: AMOR. Cuando amamos bien, tenemos éxito, y cuando no amamos bien hemos fracasado. Vaya, ¡una prueba de aprobar o fallar sobre cómo vivir abundantemente para el Señor!

Hay una garantía total: Cuando se aplica amor, se triunfa. Por ejemplo, el amor encuentra una persona atascada en sus pecados y la atrae de vuelta a una relación con el Señor y sus amados. El amor encuentra una manera de resolver las cosas cuando surge un desacuerdo sobre opiniones en conflicto. Sí, el amor por naturaleza está preparado para el éxito; siempre es confiable. El amor es el comportamiento predeterminado de los seguidores de Jesús. Los líderes sabios miden el éxito por lo bien que aman a los demás.

Damos vida a otros cuando morimos a nosotros mismos. Por tanto, en el matrimonio buscamos servirnos mutuamente. Valoramos las necesidades de nuestro cónyuge por sobre las nuestras. Nuestro amor desinteresado saca lo mejor de nuestros cónyuges. Sí, pasamos de querer hacer las cosas a nuestra manera a encontrar satisfacción en ver la manera del otro. Los matrimonios exitosos se levantan en amor desinteresado. Somos bendecidos cuando decidimos primero bendecir a nuestro mejor amigo.

«De cierto, de cierto os digo, que si el grano de trigo no cae en la tierra y muere, queda solo; pero si muere, lleva mucho fruto. El que ama su vida, la perderá; y el que aborrece su vida en este mundo, para vida eterna la guardará. Si alguno me sirve, sígame; y donde yo estuviere, allí también estará mi servidor. Si alguno me sirviere, mi Padre le honrará» (Juan 12:24-26).

> *Reflexión: El lenguaje de amor fluye naturalmente de labios de líderes amorosos.*

¿Está tu lenguaje de liderazgo impregnado de amor? ¿Están tus acciones acompañadas de amor? Si así es, eres un gran éxito a los ojos de Dios. Busca maneras de amar, y nunca te faltarán oportunidades. Sé un amante exitoso del Señor y la gente, y serás estimulado por el gozo de obedecer el más grande mandamiento del Señor. Cada día que amas es un día en que triunfas para tu Salvador. Hoy día, en el nombre de Jesús, ama a todo ser humano que encuentres, en su punto de necesidad. ¿Por qué? Porque Dios entregó por ellos a su Hijo unigénito (Juan 3:16).

El amor del Señor no falla ni un instante. Podrías sentirte un fracaso, pero su amor te levanta a fin de que vivas otro día para Él. Tus circunstancias no te consumirán, porque el amor de Cristo es tu protección. Al igual que una manta contra incendios, el amor de Dios te protege de las feroces llamas del miedo. Si huyes, su amor no se aleja. Cuando te equivocas, sus misericordias son nuevas cada mañana. ¡Triunfas cuando recibes el amor de tu Padre celestial!

«Por la misericordia de Jehová no hemos sido consumidos, porque nunca decayeron sus misericordias» (Lamentaciones 3:22).

Padre celestial, gracias por amarme para poder ser un líder que ame bien en tu nombre.

ENSEÑANZA: *Los líderes amorosos tienen éxito cuando son amados por el Señor y aman bien a los demás.*

Por tanto, el amor es un gran telón de fondo para ser un líder sabio como Jesús. La humildad es el caballete, el amor es el lienzo, ¡y Jesús es el artista! Pregúntate y pregunta al Señor: «¿Qué puedo hacer hoy para amar mejor?». Haz lo mismo mañana, ¡y serás un líder amoroso!

Resumen de enseñanzas del capítulo dos

1. Los líderes amorosos muestran bondad a otros tratándolos con honor y dignidad.
2. Los líderes amorosos son sufridos en su amor tanto por quienes se muestran desagradables como por los que son dignos de ser amados.
3. Los líderes amorosos buscan pacientemente una mejor manera, y esperan otro día para hablar.
4. Los líderes amorosos aumentan su capacidad de amar cuando experimentan perdón a menudo.
5. Los líderes amorosos están motivados a amar obedeciendo los mandatos de Cristo.
6. Los líderes amorosos perseveran cuando los motiva el propósito superior del amor.
7. Los líderes amorosos pueden amar bien a otros cuando se aman debidamente.
8. Los líderes amorosos tienen éxito cuando son amados por el Señor y aman bien a los demás.

Capítulo tres

Rendición de cuentas

Cada uno de nosotros dará a Dios cuenta de sí.

Romanos 14:12

No es solamente lo que hacemos, sino también lo que no hacemos, por lo que somos responsables.

Molière

Jesús rindió cuentas

«[Jesús] se apartó de ellos a distancia como de un tiro de piedra; y puesto de rodillas oró, diciendo: Padre, si quieres, pasa de mí esta copa; pero no se haga mi voluntad, sino la tuya. Y se le apareció un ángel del cielo para fortalecerle» (Lucas 22:41-43).

Jesús rindió cuentas a su Padre celestial. Bajo la presión y el dolor de su humanidad pidió que las cosas fueran de otra forma, sabiendo que el camino que su Padre había elegido era el único. Qué pensamiento liberador saber que podemos pedir una salida, pero aun así aceptar la voluntad de Dios como el mejor camino. La copa de la cruz no pasó, pero un ángel del Señor fue hasta Jesús para fortalecerlo, a fin de llevar a cabo la voluntad divina. Rendirse a la voluntad de su Padre celestial era lo que más le interesaba a Cristo, y debería ser igual para todos lo que lo conocemos. En oración Dios inclina nuestra voluntad a la suya en obediencia a su mayor bien.

¿Qué es rendir cuentas?

Estamos rindiendo cuentas cuando damos permiso a otros para meter la nariz en nuestros asuntos, hacer preguntas difíciles y retarnos cuando nuestro comportamiento no corresponde con lo que afirmamos creer. Los amigos de confianza que nos aman deberían amarnos tanto como para cuestionar nuestros motivos y acercarnos más al corazón de Cristo. Rinde cuentas la persona cuyo cónyuge se siente cómodo como para llamar a un amigo mutuo a fin de confesarle una preocupación por el comportamiento del otro. El objetivo no solo es alejarnos de decisiones ridículas, sino que crezcamos en la toma de decisiones prudentes. Buenas preguntas nos ayudan a examinar nuestros corazones.

Estas doce preguntas sobre la rendición de cuentas pueden clarificar nuestras intenciones:

1. ¿Por qué quieres… (cambiar de trabajo, dejar tu iglesia, endeudarte, etc.)?
2. ¿Cómo aborda la Biblia este asunto?
3. ¿Qué piensa tu cónyuge?
4. ¿Qué es lo mejor para tu familia, tu fe y tus amigos?
5. ¿Está de acuerdo esa decisión con el propósito de tu vida y tus objetivos a largo plazo?
6. ¿Tienes acciones o actitudes que no querrías publicar en las redes sociales?
7. ¿Estás seguro de que quieres hacer esto?
8. ¿Has orado adecuadamente por esta decisión y reflexionado en las consecuencias?
9. ¿Estás reaccionando por ira y miedo, o respondiendo al perdón y la fe?
10. ¿Qué consejo le darías a alguien en tu situación?
11. ¿Es esta la historia de tu vida que quieres escribir, y que más tarde cuenten de ti?
12. ¿Qué haría Jesús?

Tal como sucede con la oración, en la comunidad cristiana se habla más de rendición de cuentas de lo que se la realiza. ¿Por qué? Una razón es que nos falta un plan y un procedimiento para implementar lo uno y lo otro. Alguien me pidió que considerara en oración escribir un «plan de vida». Cuando empecé a escribir los resultados deseados de mi vida, comprendí que escribir mi plan me preparó para rendir cuentas. Me trajo claridad y aumentó sustancialmente mi motivación para seguir adelante.

Rodéate de personas que te digan la verdad en amor. Encuentra amigos objetivos cuyo deseo sea que sigas la voluntad de Dios para tu vida. Rendir cuentas es el instrumento del Señor para protegerte de ti mismo y del castigo de tomar malas decisiones. Todos cometemos errores, pero rendir cuentas los minimiza. El líder sabio se somete de buena gana a rendir cuentas.

«El rey respondió al pueblo duramente, dejando el consejo que los ancianos le habían dado; y les habló conforme al consejo [poco sabio] de los jóvenes» (1 Reyes 12:13-14).

ENSEÑANZA: *Los líderes responsables sacan tiempo para desarrollar planes y trabajar en ellos.*

Los líderes que rinden cuentas son precavidos

Me gusta analizar las vidas de hombres y mujeres que terminan bien y seguir su ejemplo. «Acuérdense de los líderes que les enseñaron la palabra de Dios. Piensen en todo lo bueno que haya resultado de su vida y sigan el ejemplo de su fe» (Hebreos 13:7, NTV). Conocí al doctor Billy Graham en Atlanta en una de sus cruzadas antes de los Juegos Olímpicos. Él era un ser admirable y sigue siendo uno de mis héroes. Hace años leí una biografía de Billy. Muchas historias sobre su vida sabia y fiel me han inspirado e intrigado, pero una en particular me dio qué pensar y de inmediato alteró mi vida.

El doctor Graham no viajaba solo. Siempre lo acompañaba por lo menos un asociado y no se reunía en privado con una mujer que no fuera su esposa. Una vez le oí decir que el adulterio no empieza en la cama, sino tomando una taza de café, a solas con otra mujer. Después de predicar a un estadio repleto de gente, un exhausto doctor Graham regresó a su hotel, pero antes de entrar a su alcoba un miembro del equipo abrió la puerta y descubrió adentro a una mujer que solo llevaba puesto un abrigo. El plan de ella era poner a Billy en una situación comprometedora. Afortunadamente, su amigo sacó de la habitación a la mujer antes que pudiera producirse algún daño y evitando así la apariencia de maldad.

El adulterio es imposible si un hombre nunca está a solas con una mujer que no sea su esposa, o si una mujer nunca está a solas con un hombre que no sea su esposo. ¿Anticuado? Tal vez. ¿Demasiado limitado? Quizá. ¿Prudente? Absolutamente. ¿Existe una mejor pregunta que: «¿Es esto correcto o erróneo?»? Tal vez deberíamos preguntar: «¿Qué es más prudente hacer?». Prepárate ahora, adoptando un plan antes que surja una situación difícil. Por ejemplo, conducir en autos separados a la misma reunión puede ser necesario para no arriesgar la posibilidad de que algo inapropiado se produzca entre tú y un colega del sexo opuesto.

> *Reflexión: Los líderes responsables son precavidos, no displicentes en cuanto a la posibilidad de que algo parezca incorrecto.*

Los líderes irresponsables son propensos a tomar decisiones insensatas

Hace unos años en Atlanta, el fundador de un ministerio importante cometió la equivocación de llevar al aeropuerto a una socia, los dos solos en el auto. ¿Parece inocente? Realmente no. Unos días después ella lo acusó de comportamiento personal inapropiado. Ya que estaban solos, era la palabra de ella contra la de él; nadie más estuvo cerca para presenciar lo que ocurrió de veras. Después de meses de «él dijo, o ella dijo», la junta ministerial le pidió al hombre que renunciara a la presidencia.

Una vida de buenas acciones terminó con humillación por un viaje de una hora a solas con una mujer. Un colega de quien una vez fuera un líder respetado hizo esta triste observación después que el fundador de setenta años de edad fuera despedido por la junta directiva de su ministerio: «No sé si alguna de las acusaciones, anteriores y actuales, son ciertas. Nunca fueron probadas. Sin embargo, seguramente [él] tomó algunas decisiones erróneas. Es difícil creer que se hubiera subido solo a un auto con una miembro del personal, incluso después de tantos años. Él mismo se puso en una situación de la que le cuesta defenderse».

Los líderes sabios construyen barreras alrededor de sus vidas para evitar salirse por la ladera resbaladiza de una decisión insensata.

> **ENSEÑANZA:** *Los líderes responsables evitan situaciones comprometedoras teniendo límites claramente definidos.*

Los líderes responsables temen a Dios y se someten a la autoridad

«Si al justo amonestares para que no peque, y no pecare, de cierto vivirá, porque fue amonestado; y tú habrás librado tu alma» (Ezequiel 3:21).

El temor a Dios tiende a pasarse por alto o menospreciarse como una creencia pasada de moda y solo para fundamentalistas antiguos. Si fuera así, entonces Jesús calza en la categoría, pues declaró: «Os enseñaré a quién debéis temer: Temed a aquel que después de haber quitado la vida, tiene poder de echar en el infierno; sí, os digo, a éste temed» (Lucas 12:5). El amor a Dios sin temor a Dios no es auténtico, sino artificial. El temor a Dios nos hace correr hacia la autoridad moral y huir del pecado.

Veamos cómo un líder responsable puede obtener elevado nivel de autoridad moral temiendo a Dios.

Hace poco me reuní con mi grupo de rendición de cuentas «Finishing Well» de cinco hombres para comer al aire libre. Nuestro anfitrión está en la industria de servicio alimentario, así que la comida resultó fabulosa. La conversación fue aún más sustanciosa. Después de cenar, nuestro debate se centró en un amigo que fue afligido por una serie reciente de duras declaraciones de su esposa. Él se desahogó dando detalles específicos y pidiendo consejo. Todos investigamos con más preguntas clarificadoras y descubrimos que él no había hablado con su esposa respecto a tales comentarios críticos. Uno de los hombres sugirió que el esposo herido hablara con ella acerca de cómo podrían mejorar su matrimonio. Una idea muy sencilla, pero ofreció la perspectiva y el permiso para enfocar el problema.

Los grupos de rendición eficaz de cuentas son comprometidos y participativos, no pasivos. Una vez que alguien invita a su vida a un amigo para rendirle cuentas, es una responsabilidad seria. Rendir cuentas es algo activo, atractivo y alentador. Quien aconseja y quien recibe consejo entran en una relación de confianza. La sabiduría en el liderazgo escucha las advertencias de un socio o grupo de rendición de cuentas.

Los líderes sabios dan permiso a unos cuantos amigos para rendirles cuentas. Un poco de incomodidad y vergüenza a corto plazo pueden evitar mucho arrepentimiento a largo plazo. Mantente sereno cuando enfrentes situaciones emocionales. Rendir cuentas facilita la objetividad. Cuando estés bajo presión, pide la ayuda de un equipo objetivo que pueda brindarte perspectiva sabia. Tu grupo de rendición de cuentas está allí como un amortiguador contra la toma de decisiones imprudentes.

> Reflexión: *La rendición auténtica de cuentas requiere atenta confrontación.*

«Mejor es el muchacho pobre y sabio, que el rey viejo y necio que no admite consejos» (Eclesiastés 4:13).

Las decisiones difíciles pueden sumirnos en la inactividad. Rendir cuentas nos proporciona el valor necesario para hacer lo correcto. Evitar una decisión difícil hoy agravará sus consecuencias inevitables en el futuro. Rendir cuentas nos estimula a no posponer las cosas cuando tenemos miedo. Alivia nuestros temores y refuerza nuestra fe.

Por ejemplo, tal vez un miembro del equipo deba asignarse a otra tarea, tanto por el bien de la organización como de él mismo. A un posible voluntario tal vez sea necesario decirle «no» en la iglesia por no estar preparado para un papel de liderazgo. Tu hijo adulto quizá no esté preparado para el matrimonio porque primero debe irse de casa y experimentar cómo es vivir independientemente. Rendir cuentas ayuda a facilitar la voluntad divina. Los líderes sabios pueden dar o recibir ahora un «no» como respuesta, confiando en que más tarde vendrá un «sí» mejor.

Sobre todo, vive como si estuvieras rindiendo cuentas al Dios todopoderoso, ya que un día todos tendremos que dar cuentas de nuestras acciones.

«A éstos les parece cosa extraña que vosotros no corráis con ellos en el mismo desenfreno de disolución, y os ultrajan; pero ellos darán cuenta al que está preparado para juzgar a los vivos y a los muertos» (1 Pedro 4:4-5).

¿Estoy en realidad rindiendo cuentas a Dios y a otras personas, y en verdad rindo cuentas a mis amigos?

ENSEÑANZA: *Los líderes responsables temen a Dios, se someten a la autoridad y están dispuestos a rendir cuentas.*

Una comunidad de amorosos rendidores de cuentas

Los líderes cristianos no están destinados a liderar solos, sino con otros facultados por el Espíritu Santo. Una comunidad amorosa proporciona la mejor rendición de cuentas porque no hay dónde esconderse. Todos actuamos mejor donde nos conocen y conocemos a otros. La aceptación en un entorno seguro está diseñada para evitar que pequemos y tomemos decisiones insensatas mientras nos estimula con la fe y el valor para seguir apasionadamente a Cristo.

Hace unos años pedí a cuatro hombres de mi edad que nos comprometiéramos por diez años en un grupo «Finishing Well» de rendición de cuentas. Todos son líderes admirados en la comunidad cristiana con bastante autonomía, mucho éxito familiar y profesional, y años de obtener un buen nombre. Todo eso estaba en riesgo sin la sabia y amorosa rendición de cuentas a verdaderos amigos. Algunos de nosotros ya éramos amigos y otros únicamente conocidos. Pero todos necesitábamos un entorno seguro para relacionarnos más profundamente, no solo para «bucear a poca profundidad» con conversaciones superficiales, sino también para «profundizar» en las siniestras aguas de pruebas y tentaciones. Nos reunimos mensualmente durante dos horas para almorzar juntos en la oficina de un amigo en Atlanta. Además, asistimos juntos a una conferencia de varones con enseñanza transformadora, pudiendo comprometer mutuamente nuestros corazones en un nivel más profundo. Hemos mantenido nuestra relación de manera real y gratificante.

Experimenté un grupo similar de varones cuando yo era más joven. Algunos grupos son por épocas o de temporada. Podría tratarse de un estudio bíblico de un año, un club del libro, un grupo mentor, una clase de escuela dominical, o un grupo pequeño en casa. Considera una combinación de entornos en los cuales rendir cuentas. La sabiduría en el liderazgo busca en oración amigos que manifiesten e inspiren la rendición de cuentas.

> **ENSEÑANZA:** *Los líderes que rinden cuentas se desempeñan mejor porque otros observan lo que hacen.*

Los padres sabios proporcionan rendición amorosa de cuentas para sus hijos en edad de noviazgo. Cuando se acercaban los años de noviazgo de nuestras cuatro chicas, Rita y yo las animamos a que consideraran estas ideas como un filtro inicial para el matrimonio:

1. Cásate con tu mejor amigo.
2. Asegúrate de que tu corazón palpita.
3. Asegúrate de que él ame al Señor más que a ti.

Cuando nuestras hijas cumplieron trece años, Rita y yo le dimos demasiada importancia a que se convirtieran en jovencitas adolescentes. Afortunadamente, Rita ya les había dado la incómoda charla sobre «sexo». Ahora mi papel era describir a nuestras tiernas chicas lo valiosas que eran para mí, para su madre y, sobre todo, para su Padre celestial. Les expliqué cómo oraríamos con ellas para que el hombre especial que entrara en sus vidas fuera su mejor amigo, les hiciera palpitar el corazón, y amara al Señor más que a ellas. Oramos por esposos con quienes nuestras hijas ministraran, ¡no por compañeros que se convertirían en ministerios de por vida!

Planeé que la cita padre e hija se sintiera especial y memorable para cada una de mis hijas. Me vestía de traje, y mi hermosa, juvenil e inocente chica usaba su mejor atuendo dominical. Ella podía elegir cualquier restaurante en Atlanta para nuestro tiempo de ensueño juntos. Tres hijas eligieron churrasquerías y una eligió cocina asiática; ¡no me quejé! En oración, con entusiasmo e intencionalmente, escribimos juntos una historia de vida que un día ellas pudieran contar con entusiasmo a sus propios hijos.

> **Reflexión:** *¿Es la historia de vida que estás escribiendo la que quieres contar a tu familia futura?*

Antes de cada cena especial, Rita ordenaba un obsequio exclusivo para que yo le ofreciera: un recordatorio elegante pero piadoso del deseo de nuestra hija de guardarse para el hombre especial con quien se casaría. El collar contenía un corazón con una cerradura incrustada en el medio y una llave que colgaba. Como el papá, yo conservaba en forma segura esta llave simbólica de su corazón hasta que el Señor enviara a su vida el hombre exacto para ella. Mientras tanto, salía individualmente con cada hija, y por la gracia de Dios intenté manifestar la manera en que un hombre debía expresar cortesía, respeto y amor en una relación saludable.

Llegábamos al restaurante con el collar oculto en mi chaqueta deportiva. Dentro del pequeño paquete envuelto para regalo había un poema personalizado que yo había escrito, con imágenes verbales que ilustraban la singularidad y el temperamento personal de cada hija. Mi deseo era que ella se sintiera conocida y profundamente valorada por su padre. Antes que se sirviera la comida yo iba al baño, localizaba a nuestro mesero, y le entregaba el pequeño paquete para que lo presentara en una bandeja de plata al final de la comida.

Una vez que se levantaba la tapa de la reluciente bandeja, todas nuestras emociones se elevaban a nuevas alturas de expectativa vertiginosa. Lágrimas fluían de tiernos ojos y de mi orgulloso corazón mientras ella leía el poema personalizado para mostrarle cuánto me importaba lo que a ella le importaba. La sabiduría en el liderazgo proporciona responsabilidad creativa y amorosa para los hijos.

ENSEÑANZA: *Los líderes responsables clarifican a sus familias lo que es más importante en la vida.*

Los padres sabios proporcionan responsabilidad amorosa para quienes se relacionan con sus hijos. Rita me participó su intuición dada por Dios cuando una de nuestras chicas empezó a sentirse emocional y físicamente atraída hacia un joven en particular. Nuestro trabajo era difícil, ya que ninguna de nuestras cuatro hijas era fea, sino asombrosamente hermosas como su madre. Y estos muchachos adolescentes estaban por todas partes, ¡intentando meterse por la puerta de nuestro hogar y entrar a los corazones de las chicas!

Poco después que mi esposa me comentara su preocupación, yo invitaba al joven semental cargado de hormonas a una charla de hombre a hombre en Waffle House, un restaurante de estilo sureño con apetitosa comida y café fresco. Después del intercambio de comentarios sobre el clima y los deportes, yo hacía una pregunta directa para incomodar al gorila de trescientos cincuenta kilos: «¿Cuál es tu plan para permanecer puro con mi hija?». Un joven dijo que no se sentía cómodo debatiendo este tema conmigo. «Respuesta equivocada», contesté y procedí a preguntar si tenía un plan preparado de juego para los partidos de fútbol universitario que él jugaba. ¿No había una posibilidad mayor de éxito cuando tenía un plan y lo seguía?

Después de tragarse su último bocado de panqueque, el joven decidió olvidarse de nuestra hija y salir con otra joven. ¡No quedamos desconsolados! Pero todos los cuatro hombres que se casaron con nuestras chicas me agradecieron por hacerles las preguntas difíciles y por pedirles cuentas. Uno incluso dijo: «Señor Boyd, gracias por preguntarme. Ningún hombre me ha pedido cuentas por mi pureza, ni siquiera mi propio padre». ¡Una vez que redactaron su plan de pureza sustentado por las Escrituras, les pedí que invitaran a dos parejas de mentores que los responsabilizaran de seguir el plan!

Reflexión: *¿Estás disponible y participas emocionalmente en las vidas de tus hijos?*

Los padres sabios oran para que su hijo conozca la preferencia del Señor en cuanto al compañero de por vida

Varios años después que nuestra hija mayor, Rebekah, se graduara en Auburn (aunque hincha de Alabama, ¡invertí en Auburn durante cuatro años!), conoció a un joven especial mientras trabajaba en Washington, D.C. Todd era de Atlanta y fue muy recomendado por un amigo mutuo. La broma de la familia era que la elevada norma de Rebekah por un esposo era una combinación de (1) Jesús, (2) Tom Cruise y (3) su papá, por lo que podría tardar años en casarse. Conocido como «hermano Todd», empezaron como amigos, pero pronto surgió una relación más seria.

Casualmente, ambos asistieron a una reunión en D.C. con Truett Cathy a fin de recibir palabras de sabiduría y ánimo. Todd, a quien nunca se le ha acusado de ser tímido, se acercó a Truett después de su charla, junto a Rebekah, y le pidió su mejor consejo comercial. El ícono de Chick-fil-A no perdió el tiempo. «¡Cásate con la persona correcta!». Vaya. «Sí», pensé cuando Todd y Rebekah nos relataron su conversación a Rita y a mí, «¡cásate con alguien que ame lo que amas, que sueñe contigo y que te dé la confianza y el apoyo emocional para tener éxito!». Consejo oportuno para la pareja que pronto se casaría.

Los padres sabios piden a sus hijos adultos que escriban un plan prematrimonial de rendición de cuentas

Tengo una bonificación para nuestros lectores, como las escenas adicionales de una buena película. Mi hija y mi yerno, Rebekah y Todd, me dieron permiso para hablar del plan que tuvieron para mantenerse puros antes del matrimonio y esperar para su día especial. A continuación, la primera mitad del plan. Puedes acceder a la segunda mitad en www.wisdomhunters.com usando una búsqueda de palabra clave con Todd y Rebekah.

Fundamento bíblico

Colosenses 3:1-17

- Cristo nos ordena que hagamos morir nuestra naturaleza pecadora: «Haced morir, pues, lo terrenal en vosotros:

fornicación, impureza, pasiones desordenadas, malos deseos y avaricia» (Colosenses 3:5).

- Una vez que nos rendimos a Cristo y le permitimos que dé muerte a la vieja naturaleza, debemos ser completados por la nueva naturaleza que tiene para nosotros: «Vístanse con la nueva naturaleza y se renovarán a medida que aprendan a conocer a su Creador y se parezcan más a él» (Colosenses 3:10, NTV).
- Esta nueva naturaleza es una vida caracterizada por «compasión, bondad, humildad, gentileza y paciencia. No se enojen unos con otros, más bien, perdónense unos a otros. Cuando alguien haga algo malo, perdónenlo» (Colosenses 3:12-13, PDT).

En última instancia, nuestra mente debe estar tan completa en Cristo que de manera natural filtre lo que no lo honre.

1 Corintios 6:12-20

«¿Acaso no saben que su cuerpo es templo del Espíritu Santo, quien está en ustedes y al que han recibido de parte de Dios? Ustedes no son sus propios dueños; fueron comprados por un precio. Por tanto, honren con su cuerpo a Dios» (1 Corintios 6:19-20, NVI).

Nuestros cuerpos son el templo de Dios. Son especiales y comprados con el acto definitivo de amor: la muerte de Cristo. Debemos honrarlo resguardándonos por lo que Él murió (nuestros pecados) absteniéndonos de la inmoralidad sexual.

Filipenses 4:8

«Todo lo que es verdadero, todo lo honesto, todo lo justo, todo lo puro, todo lo amable, todo lo que es de buen nombre; si hay virtud alguna, si algo digno de alabanza, en esto pensad» (Filipenses 4:8).

Estamos llamados a ser perfeccionados por los pensamientos de Cristo y estos deben dictaminar nuestras vidas. Inevitablemente una vida caracterizada por estos rasgos llevará hacia una vida de paz.

Misión

Nuestra misión es glorificar a Dios en todo lo que hacemos. Intentamos específicamente honrarlo y glorificarlo reflejándonos uno en el otro durante todo el proceso de nuestra relación.

Propósito

Nuestro propósito es esforzarnos por servirnos y honrarnos mientras buscamos lo mejor de Dios para la relación. A lo largo del proceso seguiremos creciendo hasta alcanzar un nivel más profundo uno con el otro.

Estrategia

Nuestra estrategia es honrarnos y protegernos mutuamente (emociones y cuerpo) mientras buscamos lo mejor de Dios para nuestras vidas.

Tácticas

Mira los elementos tácticos del plan de pureza de Todd y Rebekah en www.wisdomhunters.com (recurso en inglés).

Estamos de acuerdo con este documento escrito:

Firmado: Todd Coons Firmado: Rebekah Bailey

ENSEÑANZA: *Los líderes responsables tienen planes de pureza y mentores que hacen cumplir esos planes.*

Los padres sabios festejan la fidelidad de la pareja comprometida el día de la boda

Avance rápido a la boda de cada hija. Velozmente acepté el papel del padre de la novia:

1. Sentarse… ¡ten paciencia!
2. Serenarse… ¡cállate!

3. Soltar dinero… ¡sé generoso!

> **Reflexión:** *Después de la primera boda aprendimos a hacer un presupuesto, darles el dinero y dejar que los recién casados se quedaran con lo que no gastaron.*

Tuve el placer de oficiar todas las bodas de nuestras cuatro hijas. Al inicio de la primera ceremonia otro ministro preguntó: «¿Quién entrega a esta novia?». Emocionado contesté: «Su madre y yo, y sus tres hermanas». Pausa. ¿Recuerdas a mi pequeña de trece años y la «llave» a su corazón que guardé hasta que ella conociera al hombre especial que Dios le tenía? Bueno, la saqué de mi bolsillo, la deslicé dentro de la mano del novio y susurré: «¡No eches todo a perder!». Bueno, en realidad no dije esa última parte, pero me pasó por la mente.

Después de dar la mano de mi hija en matrimonio a mi futuro yerno, me paré frente a amigos y familiares para oficiar la boda. Y sí, hice un recuento de la cena a los trece años y la entrega de la «llave» de solo momentos antes. Todos lloramos y celebramos la fidelidad de Cristo. Y por la gracia de Dios pude superar la experiencia surrealista de la ceremonia y declarar: «¡Puedes besar a la novia!». Experimentamos versiones de esa primera boda tres veces más en once años. Cada ubicación fue a su vez menos formal: primero una iglesia urbana de ladrillo rojo y columnas blancas; luego una iglesia campestre rústica con vigas de madera; después un galpón al aire libre; y finalmente un almacén de algodón, pero cada sitio a su vez costó más. ¡Ja!

La sabiduría en el liderazgo invierte en la actualidad por los resultados deseados en el futuro.

> **Reflexión:** *Haz lo correcto ahora, y confía en el Señor los resultados correctos más adelante.*

Los padres sabios proporcionan amorosa rendición de cuentas después de la boda de su hijo

Otro ejemplo de vivir con responsabilidad viene de nuestra relación con nuestros cuatro yernos. Hace doce años aprendí de un amigo la idea de una llamada telefónica mensual de una hora de duración para estar conectados, animarnos y estimularnos todos los cinco a la vez. Esto no fue fácil cuando un yerno se encontraba en una universidad en Ciudad del Cabo, Sudáfrica, y otro en Vancouver, Columbia Británica, asistiendo al seminario. Debido a las nueve horas de diferencia, el mediodía del sábado funcionó mejor para todos. Expliqué a los muchachos que nuestro tiempo era una llamada de inversionista. ¡Todos tenemos mucho invertido y debemos evaluar el rendimiento de nuestra inversión!

Nos ideamos tres preguntas para que cada uno de nosotros analizáramos en nuestra llamada:

1. ¿Qué está enseñándote el Señor?
2. ¿Qué estás aprendiendo de tu familia?
3. ¿Cuál es tu mayor reto en el trabajo para que oremos por ti?

La mayor parte del tiempo nuestras llamadas no se componían de segmentos exactos de doce minutos para cada uno. Permitíamos tiempo adicional para alguno que pudiera estar enfrentando un reto extra, y por tanto podría necesitar más tiempo para obtener sabiduría, entusiasmo o corrección. Rita y las chicas hablaban todos los días, pero los muchachos necesitaban el recordatorio de una cita en el calendario para asegurarse de que estábamos comprometidos con las vidas de los demás.

> **Reflexión:** *Un proceso acordado puede facilitar relaciones robustas y reales.*

Hace unos años los yernos y yo viajamos a Buena Vista, Colorado, durante cuatro días en julio. Las esposas tuvieron la amabilidad de cuidar el fuerte mientras jugábamos en cuatrimotos a través de las Rocosas, nadábamos en un lago helado de montaña, nos deslizábamos en trineo por un pico nevado, y consumíamos deliciosas comidas. El último día de nuestra aventura en la terraza trasera de nuestra cabaña divisamos unas montañas de más de cuatro mil metros de altura. La vista era impresionante.

Mientras observábamos la creación de Dios, animé a los chicos a tomar sus Biblias y diarios, y cada uno disfrutar una caminata de oración de treinta minutos mientras reflexionaba: «Señor, ¿cómo quieres que sirva a mi familia durante esta temporada de mi vida?». En el momento preciso regresaron a la terraza para nuestro informe. La disposición de cada uno era evidente en sus reflexiones de la caminata de oración. Todd, el mayor, es un «avispa amarilla» del Georgia Tech, así que sus ideas estaban nítidamente organizadas en su computadora. Tripp, un sacerdote anglicano, registró sus tranquilas reflexiones en un tosco diario de cuero, escrito con caligrafía del tipo monástico. J. T., un vendedor entusiasta, había grabado en su cerebro sus meditaciones, y aún no las había escrito. Tyler todavía no estaba con nosotros, pero sin duda con su carácter contemplativo habría escrito en su teléfono o en su diario algunos pensamientos para considerar en oración.

Cada uno, sensible y transparente, analizamos temas como la necesidad de viajar menos y estar más en casa, de servir como paciente papá y esposo amoroso. Uno estaba considerando un cambio de trabajo. Otro acababa de cambiar de carrera y andaba en busca de oportunidades para dejar huella en el nuevo rol. Nuestra conversación fue rica y real. Nuestra confianza y respeto mutuo aumentó exponencialmente. Como un arbusto en un clima cálido y húmedo, la rendición de cuentas prospera en un ambiente seguro lleno de confianza, amor y respeto. La sabiduría en el liderazgo programa momentos divertidos sazonados con momentos serios.

> **ENSEÑANZA:** *Los líderes responsables se comprometen con comunidades de rendición de cuentas.*

Los líderes que rinden cuentas establecen fechas límite para tomar decisiones

«Dijo Elías: Vive Jehová de los ejércitos, en cuya presencia estoy, que hoy me mostraré a él. Entonces Abdías fue a encontrarse con Acab, y le dio el aviso; y Acab vino a encontrarse con Elías» (1 Reyes 18:15-16).

Todos hemos estado con grupos que tienen muchas ideas, pero muy poco seguimiento. Después de un tiempo la gente se vuelve infeliz con las horas improductivas y empieza a no tomar en serio las reuniones, y a veces las evitan por completo. Esperamos que ninguno de nosotros tenga que soportar más estos desperdicios de tiempo. He aquí una idea para usar simples fechas límite y adelantar proyectos hasta completarlos.

En nuestro trabajo en Ministry Ventures aprendimos a fijar plazos específicos y factibles para impulsar la toma de decisiones. Las fechas límite proporcionan una sensación de urgencia y responsabilidad internamente para nuestro equipo, y externamente para los líderes ministeriales a quienes servimos. Por ejemplo, una oportunidad de recibir una beca puede ser válida solo durante treinta días y limitada a las diez primeras organizaciones que se inscriban para nuestra certificación en línea. Las fechas límite facilitan la acción. Estoy mucho más enfocado cuando tengo un plazo para un escrito o proyecto. Los plazos firmes, fijados en oración, me llevan a tomar mejores decisiones para Dios.

Elías, un profeta de Dios, se sintió obligado a desafiar a los falsos profetas de su época. Pidió a su amigo Abdías que fijara una reunión con el rey Acab, quien era la autoridad sobre los profetas de Baal. Abdías convocó las dos voluntades fuertes a una reunión exasperante. El rey acusó a Elías de ser alborotador, lo cual negó. Entonces el profeta acusó al rey de abandonar al Señor. Desafió a Acab a usar su influencia para convocar a los líderes paganos. El rey reunió ochocientos cincuenta falsos profetas, y Elías llevó con él al único, verdadero y vivo Dios todopoderoso. Un plazo audaz y lleno de oración desató el poder dramático de la gloria de Dios.

«Respóndeme, Jehová, respóndeme, para que conozca este pueblo que tú, oh Jehová, eres el Dios, y que tú vuelves a ti el corazón de ellos. Entonces cayó fuego de Jehová, y consumió el holocausto, la leña, las piedras y el polvo, y aun lamió el agua que estaba en la zanja. Viéndolo todo el pueblo, se postraron y dijeron: ¡Jehová es el Dios, Jehová es el Dios!» (1 Reyes 18:37-39).

Reflexión: *La tensión y el conflicto a menudo requieren un desafío valiente y claro.*

Dilatar puede retrasar una bendición que el Señor Jesús tiene para tu vida. Tareas de baja prioridad pueden ser más divertidas y fáciles, pero la prioridad elevada brinda la mejor realización a largo plazo. La tarea escolar puede ser tediosa y onerosa, pero las fechas límite a lo largo del camino hacen que tu educación avance. Crecimiento gradual del entendimiento es mucho mejor que la memorización de último minuto con poca comprensión. Si dejas para mañana lo que puedes hacer hoy podrías perder una oportunidad enviada por Dios. Sé fiel hoy con una tarea pequeña y desagradable, y confía en que el Señor te dé una posibilidad más grande y agradable mañana.

Mira los plazos como la forma del Espíritu de mostrarte el mejor camino. ¿Qué harías en forma diferente si solo te quedara un año de vida? Toma esas ideas que vienen a tu mente y priorízalas alrededor de útiles fechas límite. Plazos cortos pueden mantener sencillas las tareas, mientras que plazos largos y dilatados pueden producir mucha complejidad. Concéntrate en un problema a la vez, y no te abrumará una docena de cosas al mismo tiempo. Además, sé flexible cuando surja una oportunidad de fe. Los plazos impulsan las decisiones, pero disponte a hacer ajustes en función de la guía del Espíritu. Sé categórico, actúa y confía en Dios. La sabiduría en el liderazgo es valiente para establecer plazos y confiar en Cristo con el proceso y los resultados.

«Esto sucedió para que todas las naciones de la tierra supieran que el Señor es poderoso, y para que ustedes aprendieran a temerlo para siempre» (Josué 4:24, NVI).

Padre celestial, guíame a establecer plazos en oración a fin de ser un mejor mayordomo.

ENSEÑANZA: *Los líderes responsables fijan plazos para ayudar a facilitar la toma saludable de decisiones.*

Los líderes que rinden cuentas aprenden a decir no

Nuestros «no» deberían definirnos más que nuestros «sí», de otro modo simplemente estamos reaccionando a caprichos, programas y crisis de los demás. Jesús no respondió toda petición. Incluso cuando su amigo Lázaro estaba muriendo, el Señor dijo «no» para que Dios pudiera ser glorificado con algo mayor: ¡resurrección! Entonces, por fe, los líderes sabios son responsables ante sí mismos de decir «no» o «todavía no». Cuando dices «no» como líder, puedes dejar espacio para un mejor «¡sí!».

Cuando de joven trabajaba en iglesias motivadas por hiperprogramación, aprendí del modo difícil a decir «¡no!». Necesitaba demasiado sentir la aprobación de los miembros de la iglesia a quienes servía. Sea que hubiera alguien enfermo en el hospital, que un cristiano reciente quisiera reunirse temprano en la mañana para orar y estudiar la Biblia, o que una pareja buscara consejo prematrimonial, casi todo el tiempo yo decía «sí».

¿Oficiar bodas? ¡Sí! ¿Realizar funerales? ¡Sí! ¿Manejar un autobús para recoger niños de proyectos de vivienda? ¡Sí! ¿Visitación los lunes por la noche? ¡Sí! ¿Reunión de oración los miércoles por la noche? ¡Sí! ¿Aconsejar en campamentos de verano juveniles, que incluía buscar a las dos de la madrugada a tres muchachos mayores que de alguna manera escaparon por una ventana sin seguridad y no se encontraban por ningún lugar? ¡Sí! Luego estaba el retiro de invierno en que una de nuestras chicas de dieciséis años desapareció a las once de la noche. Más tarde regresó y tímidamente explicó que había ido a dar una caminata de oración. ¿De veras?

Rita me recuerda que estar disponible para las personas es parte de mi llamado de Dios. Ese es un recordatorio muy bueno, pero donde pierdo mi perspectiva es cuando mi motivación es secuestrada por impulsividad. Mi malsana necesidad de aprobación me mantiene a un ritmo frenético que es insostenible y poco aconsejable. Muy a menudo la carne me impulsa a agradar a las personas, en lugar de dejarme guiar por el Espíritu a fin de servir. A veces mis temores e inseguridades me engañaban, pero cuando cumplí cuarenta años aprendí una palabra nueva y útil: «¡No!».

> ***Reflexión:*** *Es mejor arriesgarse a desilusionar a personas que no conoces que desilusionar rutinariamente a quienes están cerca de ti.*

Agotado y frustrado, empecé a darme cuenta: Si aspiraba a ser un súper cristiano, finalmente me quemaría. Igual de importante, impediría que otros seguidores bienintencionados de Jesús usaran sus dones y habilidades para servir a las personas. En otras palabras, con mi absorbente servicio estaba impidiendo a otros líderes más calificados la oportunidad de dar un paso adelante y ser bendecidos. Jesús manifestó: «Más bienaventurado es dar» (Hechos 20:35). Debía difundir el amor y permitir que otros corazones dadores disfrutaran la plenitud de amar a las personas. Empecé a aprender una difícil lección: Una necesidad no necesariamente requiere de mí. Puedo confiar en otra persona, que muchas veces está mejor preparada y tiene mayor capacidad de servir.

Si intento hacer todo por todos, me arriesgo a no hacer bien nada por nadie. La realidad es que solo hago pocas cosas sumamente bien, y quienes están dotados en forma diferente a mí complementan mis habilidades. Un líder no está llamado a ser un hombre orquesta, sino más bien un hábil conductor y compositor de orquesta, como Leonard Bernstein (de la Filarmónica de Nueva York), quien se aseguraba de que todos tuvieran instrumentos bien afinados, y que tocaran con precisión y armonía y de la misma partitura. ¡La sabiduría en el liderazgo orquesta la hermosa música de unidad con diversidad!

ENSEÑANZA: *Los líderes responsables se definen más por sus «no» que por sus «sí».*

Los líderes sabios adiestran a otros y confían en ellos, mientras inspeccionan los resultados esperados

Cuando los líderes se vuelven responsables no tratan de hacer todo por sí mismos, están libres para hacer lo que hacen mejor y permiten que otros hagan lo que hacen mejor. A mí me ha pasado. Cuando era más joven tenía más energía que sentido, y podía hacer todo. O así pensaba... hasta que debí comprender que estaba demasiado débil, no tenía energía emocional para mi familia e intentaba vivir en perfección. Y desde luego, la perfección no es posible en esta vida, por tanto, mi trabajo sufría. Pero la Biblia nos da un gran entendimiento sobre cómo acabar con este espíritu de tratar de hacer todo.

Muchas veces es más conveniente hacer el trabajo nosotros mismos. Resulta más rápido, con menos equivocaciones y no hay dolor de cabeza de adiestrar a otros. Sin embargo, hacer todo nosotros mismos no es a la larga el enfoque más eficaz de liderazgo, ya que rápidamente agotamos nuestra capacidad. Emocionalmente nos sobrecargamos. Mentalmente nos relegamos. Físicamente nos extenuamos. Espiritualmente nos gastamos. La sabiduría en el liderazgo aprende a adiestrar a otros líderes fieles.

«Lo que has oído de mí ante muchos testigos, esto encarga a hombres fieles que sean idóneos para enseñar también a otros» (2 Timoteo 2:2).

Moisés despertó un día y descubrió que todas las decisiones fluían a través de él. Aunque esto le halagaba el ego, estaba a punto de no hacer nada bien al intentar hacer todo personalmente. Por suerte, alguien a quien respetaba de veras (su suegro Jetro) le recomendó otro estilo de vida:

«El suegro de Moisés le dijo: No está bien lo que haces. Desfallecerás del todo, tú, y también este pueblo que está contigo; porque el trabajo es demasiado pesado para ti; no podrás hacerlo tú solo» (Éxodo 18:17-18).

No solo Moisés se hallaba al borde del colapso físico, emocional, mental y espiritual, también lo estaban quienes buscaban su consejo: todos se encontraban a punto de desfallecer (v. 18). La realidad puede ser un maestro duro. Es mejor anticiparse a la necesidad de rodearnos de una diversidad de líderes dotados que esperar hasta después del hecho, y luego encontrarnos causando conflicto y tensión involuntarios.

Reflexión: Los líderes responsables escuchan un buen consejo y actúan.

El consejo de Jetro fue claro y simple: Instruir y mostrar a las personas cómo vivir y resolver sus problemas según los caminos del Señor. Cuando no puedan ponerse de acuerdo en una solución, hagan participar a una tercera parte objetiva que medie y ayude a llegar a una resolución.

> Oye ahora mi voz; yo te aconsejaré, y Dios estará contigo. Está tú por el pueblo delante de Dios, y somete tú los asuntos a Dios. Y enseña a ellos las ordenanzas y las leyes, y muéstrales el camino por donde deben andar, y lo que han de hacer. Además escoge tú de entre todo el pueblo varones de virtud, temerosos de Dios, varones de verdad, que aborrezcan la avaricia; y ponlos sobre el pueblo por jefes de millares, de centenas, de cincuenta y de diez. Ellos juzgarán al pueblo en todo tiempo; y todo asunto grave lo traerán a ti, y ellos juzgarán todo asunto pequeño. Así aliviarás la carga de sobre ti, y la llevarán ellos contigo. Si esto hicieres, y Dios te lo mandare, tú podrás sostenerte, y también todo este pueblo irá en paz a su lugar (Éxodo 18:19-23).

Moisés sacó tiempo para reclutar en oración hombres capaces y fieles, de integridad y sabiduría, dignos de confianza y temerosos de Dios. Les dio un espacio específico de trabajo y estableció una cantidad claramente definida de personas bajo su cargo, para que estos líderes ayudaran a resolver disputas. Como resultado, las personas iban satisfechas a casa, y Moisés pudo manejar la tensión de las responsabilidades que tenía. La sabiduría en el liderazgo busca maneras de delegar a líderes capaces.

Como suegro de cuatro yernos, mi versículo favorito es: «Oyó Moisés la voz de su suegro, e hizo todo lo que dijo» (Éxodo 18:24). ¡Sí!

ENSEÑANZA: *Los líderes responsables sacan tiempo para investigar e inspeccionar los resultados esperados.*

Rendir cuentas parece difícil, y puede serlo, pero a la larga es liberador. Los autos pueden viajar más rápido, seguros y lejos en carreteras curvas cuando hay barandas seguras. Del mismo modo, podemos viajar a lo largo de la vida como líderes significativos y exitosos si nos sometemos a la rendición de cuentas a Dios ya mencionada, y a continuación a la rendición de cuentas a la familia y los amigos. ¡Pide hoy a otras cuatro personas que se te unan en rendición de cuentas intencional y amorosa!

Resumen de enseñanzas del capítulo tres

1. Los líderes responsables sacan tiempo para desarrollar planes y trabajar en ellos.
2. Los líderes responsables evitan situaciones comprometedoras teniendo límites claramente definidos.
3. Los líderes responsables temen a Dios, se someten a la autoridad, y están dispuestos a rendir cuentas.
4. Los líderes que rinden cuentas se desempeñan mejor porque otros observan lo que hacen.
5. Los líderes responsables clarifican a sus familias lo que es más importante en la vida.
6. Los líderes responsables tienen planes de pureza y mentores que hacen cumplir esos planes.
7. Los líderes responsables se comprometen con comunidades de rendición de cuentas.
8. Los líderes responsables fijan plazos para ayudar a facilitar la toma saludable de decisiones.
9. Los líderes responsables se definen más por sus «no» que por sus «sí».
10. Los líderes responsables sacan tiempo para investigar e inspeccionar los resultados esperados.

Capítulo cuatro

Relaciones

El que anda con sabios, sabio será; mas el que se junta con necios será quebrantado.

Proverbios 13:20

El gozo compartido es doble gozo; la pena compartida es media pena.

Proverbio sueco

Jesús era relacional

«Estando él sentado a la mesa en la casa [de Mateo], he aquí que muchos publicanos y pecadores, que habían venido, se sentaron juntamente a la mesa con Jesús y sus discípulos. Cuando vieron esto los fariseos, dijeron a los discípulos: ¿Por qué come vuestro Maestro con los publicanos y pecadores?» (Mateo 9:10-11).

Jesús era relacional porque amaba a las personas, especialmente a las que no afirmaban devoción religiosa. Llevó consigo a sus discípulos a la casa de Mateo, un individuo despreciado y desaprobado por sus compatriotas judíos por cobrar impuestos para Roma. Jesús sabía que la mejor manera de conocer a alguien era ir donde esta persona vivía. Él invitó a sus seguidores a unírsele para que aprendieran a amar mejor a los pecadores. Cristo fue criticado por la élite religiosa por su familiaridad con pecadores, pero nuestro Señor cumplió felizmente su misión de «buscar y... salvar lo que se había perdido» (Lucas 19:10).

Una madre que educa en casa valora las relaciones por sobre los resultados

Rita y yo tenemos una buena amiga que da buen ejemplo en servir como madre educadora en el hogar y esposa auténticamente solidaria, además de amiga sabia. Admiramos cómo, incluso con su celo por estructura y resultados, mantiene la prioridad principal en que las relaciones crezcan: con sus hijos y de unos con otros.

Era una mañana típica en la casa Randolph mientras Aria reunía a sus cuatro hijos en la sala para su primera lección del día. Invitó a los niños a empezar con una canción. Después de las primeras notas surgió una pelea entre sus hijos mayores, Kenyon e Isaac. Pronto se intercambiaron duras palabras, y Kenyon corrió escaleras arriba.

Aria estuvo tentada a dejar solo a Kenyon mientras seguía enfocándose en sus otros hijos para que el arrebato no le descarrilara la programación diaria. Pero luego recordó uno de los principios guía que ella y su esposo Josh habían adoptado para su familia: poner en primer lugar las relaciones.

Mientras subía las escaleras para reunirse con su hijo, Aria pensó: *¿De qué sirve si enseño una buena lección esta mañana, pero mis niños tienen conflictos y nuestra casa está dividida?* Entonces decidió no enseñar más hasta que la relación entre hermanos se restaurara. Como líder humilde de su familia, el enfoque de Aria es poner las relaciones primero. La sabiduría en el liderazgo da prioridad a las relaciones.

«[Ordénales] que hagan bien, que sean ricos en buenas obras, dadivosos, generosos; atesorando para sí buen fundamento para lo por venir, que echen mano de la vida eterna» (1 Timoteo 6:18-19).

Aria explica: «Quiero que mis hijos se relacionen bien cuando sean mayores. Eso significa conocer y ser conocidos por Dios, y conocer y ser conocidos por las personas que Él pone en sus vidas. Conozco demasiadas personas a quienes les va bien en los exámenes, pero que no saben cómo administrar adecuadamente las relaciones en su vida. Quiero para mis hijos algo más que una buena educación universitaria y un buen sueldo. Quiero llevarlos hacia una vida verdaderamente rica en relación con Dios y los demás».

> **Reflexión:** *Las relaciones ricas con Dios y las personas son las verdaderas riquezas que disfrutamos.*

Aria cree que pasar tiempo leyendo y memorizando la Palabra de Dios es vital en su crecimiento personal y guiar bien a sus hijos. También resalta que es importante mantenerse conectada por medio de comunidad y mentores. «Voy a la iglesia y tenemos una fantástica clase de escuela dominical con otras seis parejas mentoras. Tengo además tiempo individual con un mentor en forma regular, y soy parte de un grupo pequeño increíble que me reta continuamente».

Quizá uno de los principios más importantes que Aria y Josh han aprendido es liderar mediante el ejemplo. Una forma en que muestran la importancia de las relaciones con sus hijos es asegurarse que no se descuiden unos a otros. Hacen de su matrimonio una prioridad siendo intencionales con su tiempo juntos a través de registros diarios en la noche, citas nocturnas regulares cada semana, reuniones mensuales de negocios para analizar el presupuesto y el calendario familiar, y varias vacaciones anuales como pareja. Al poner primero al cónyuge, muestran a sus hijos la mejor manera de tratar a sus futuros cónyuges. Como padres están de acuerdo en el modo de amar y dirigir su familia.

¿Cómo entonces miden el éxito los líderes sabios? Aria aún cree que las medidas tradicionales tienen su lugar. Ella afirma: «Mido parte de mi éxito por el rendimiento académico de mis hijos. Realizamos pruebas de acuerdo con las normas estatales, y respiro aliviada cada vez que recibo puntuaciones de que estoy haciendo bien mi trabajo. Pero eso es lo mínimo».

El verdadero éxito para Aria como madre que educa en casa se manifiesta en formas diferentes e inesperadas. Ella afirma: «Considero que es un éxito cuando veo a mis hijos luchando juntos sobre el sofá como los mejores amigos. Éxito es cuando veo que eligen servir a otros sin que se les pida, o cuando eligen humildad y confesión si están equivocados, o cuando trabajan fuera de casa y los contratan nuevamente porque tienen gran ética laboral. Y sin duda, éxito es cuando oigo a mi adolescente decir: "Gracias"».

Aria continúa diciendo: «El trabajo de guiar a mis hijos está lejos de terminar. ¡Todos los días me acuerdo del sabio consejo de algunas de mis amigas mayores que me dicen que no puedo juzgarlo todo ahora! Mantendré la mirada puesta en Jesús y seguiré guiando a mis hijos siendo intencional con mi tiempo y poniendo en primer lugar mi relación con el Señor y mi familia».

ENSEÑANZA: *Los líderes relacionales valoran las relaciones, a veces más que los resultados medibles.*

La calidad de nuestras vidas está influida por la calidad de nuestras relaciones

«El que anda con sabios, sabio será; mas el que se junta con necios será quebrantado» (Proverbios 13:20).

Probablemente deseas relaciones de calidad; sin embargo, ¿estás dispuesto a pagar el precio de invertir en otros con el objetivo de proporcionar más valor del que recibes?

¿Qué significa tener calidad de vida? ¿Buena salud? ¿Armonía en casa? ¿Un corazón feliz? ¿Seguridad económica? ¿Libertad de expresión y adoración? ¿Una carrera satisfactoria? ¿Hijos agradecidos y contentos? ¿Un matrimonio significativo? ¿Una vida de importancia? ¿Paz con Dios? Tal vez algunos de estos elementos y más conforman una vida digna de vivir, una vida de calidad.

Las relaciones importan porque la calidad de nuestras vidas está muy influenciada por la calidad de nuestras relaciones. Con quién pasamos tiempo es en quiénes nos convertimos. Si pasamos tiempo con quienes son sabios con sus finanzas, también nos volveremos sabios con las nuestras... si ponemos atención. Si adoramos con aquellos de gran fe, también creceremos en nuestra fe. Nuestras vidas reflejan nuestras relaciones.

«Os ruego que me imitéis. Por esto mismo os he enviado a Timoteo, que es mi hijo amado y fiel en el Señor, el cual os recordará mi proceder en Cristo, de la manera que enseño en todas partes y en todas las iglesias» (1 Corintios 4:16-17).

Por tanto, ¿cómo es tu cartera relacional? ¿Está diversificada con personas que aportan valor a cada aspecto de tu vida? A la inversa, ¿eres intencional en invertir tiempo e interés en quienes buscan tu guía? La calidad de vida fluye no solo de recibir sabiduría sino de darla. La sabiduría funciona en ambas direcciones por el bien de las relaciones.

Reflexión: *Nuestras inversiones relacionales son nuestros mayores activos.*

Ten cuidado de no excusar el mal comportamiento por estar tratando de relacionarte con una empresa cuestionable. Traza una línea y mantente lejos de erosionar tu carácter. No tienes que unirte a lo malo para influir para lo bueno. En algunas situaciones, lo que eliges no hacer te define más que lo que eliges hacer. Usa los viajes de negocios y las vacaciones para mostrar fidelidad, no insensatez. Defiende lo que es correcto cuando los demás se inclinan ante lo que está mal.

«No erréis; las malas conversaciones corrompen las buenas costumbres» (1 Corintios 15:33).

Sobre todo, la calidad de vida resulta de tu relación con Cristo. Él es la vida misma, y todo lo bueno en la vida fluye de Él. Cuando creces en tu relación personal con Jesús, esta afecta el crecimiento de todas tus demás relaciones. Construir relaciones con el cielo edifica relaciones en la tierra. En última instancia, la vida de Jesús es la que debemos seguir y manifestar. La vida resucitada de Cristo te da la resistencia espiritual para experimentar calidad de vida.

«Le dijo Jesús: Yo soy la resurrección y la vida; el que cree en mí, aunque esté muerto, vivirá. Y todo aquel que vive y cree en mí, no morirá eternamente. ¿Crees esto? Le dijo: Sí, Señor; yo he creído» (Juan 11:25-27).

¿Con qué personas sabias paso tiempo? ¿Estoy invirtiendo en relaciones de calidad?

ENSEÑANZA: *Los líderes relacionales entienden cómo las relaciones afectan su calidad de vida.*

Alguien que desarrolla sus habilidades de saber amar a los demás

He conocido a Dan Glaze durante muchos años. Lo primero que me atrajo fue su cálida sonrisa y sus oídos atentos… ¡él tiene ambas cosas! Entrenado como ingeniero en Georgia Tech, este hombre es un enigma relacional. Te dirá que le ha tomado mucho tiempo desarrollar sus habilidades de saber amar a los demás.

Todos en el trabajo nos referimos afectuosamente a Dan como el «alcalde» de National Christian Foundation (NCF). Él sabe cómo amar a las personas e invertir en ellas. Este es su llamado en NCF, donde es gerente de relaciones nacionales. Rita y yo amamos y admiramos a Dan y a su esposa Donna. ¡Los líderes sabios siempre están creciendo y aumentan sus inversiones relacionales y su amor por las personas!

He aquí tres preguntas que le hice a Dan sobre las inversiones relacionales, seguidas de sus respuestas.

1. ¿Qué significa invertir relacionalmente en otros?

Invertir relacionalmente en otros es transmitir vida abundante. La cultura moderna está llevándonos al aislamiento. Pasamos más tiempo mirando nuestros teléfonos que estando cara a cara con personas. Estoy seguro de que no puede existir vida fuera del contexto de las relaciones. Tenemos tiempo y energía limitados, y el uso más importante de nuestro tiempo es invertir en las vidas de otros. Invertir relacionalmente en otros significa hacer a un lado nuestros deseos egoístas y entregar nuestras vidas a alguien más. A propósito, ¡esto es lo que Jesús hizo!

2. ¿Por qué inviertes relacionalmente en otros?

Se dice que solo dos cosas duran eternamente: La Palabra de Dios y las personas. ¿Qué es entonces digno de nuestra inversión? La transformación (cambio de vida) tiene lugar en relaciones, no en aislamiento. Anhelo ser el toque de Dios en las vidas de individuos. No hay nada más importante que tener una vida en común. Hoy día las personas están solitarias porque construyen muros en vez de puentes.

Pero la razón principal de que yo invierta en otros es que esta es la estrategia de Dios para dar vida a un mundo muerto. Emanuel (Dios con nosotros) seleccionó como su estrategia a la *cercanía con sentido*. Él pudo haber venido como una idea o una luz, pero vino como uno de nosotros y anduvo entre nosotros. La palabra *relación* viene del latín *relatio* que significa «traer de vuelta, restaurar». Muchos de nosotros tendemos a desviarnos de la ruta para ser lo que Dios desea que seamos. Las relaciones nos devuelven y restauran a lo que Dios nos diseñó que fuéramos, con relaciones íntimas con Jesucristo.

Reflexión: Tener relaciones significativas requiere un proceso en oración de invertir nuestro tiempo.

3. ¿Cómo inviertes relacionalmente en otros?

Vierto mi vida en las vidas de otros. Me preocupo por ellos. Invierto en otros preocupándome más por sus necesidades que por las mías. Me interesan mucho sus vidas, sus relaciones con Cristo, sus familias, sus asuntos y sus pasatiempos. Hay una pareja que Donna y yo conocimos en 1994, y ese mismo año decidimos intencionalmente invertir en la vida de ellos. ¡Qué increíble viaje en los últimos trece años! Cada año pasamos cuatro días juntos en su casa del lago riendo, comiendo, orando, llorando, pescando y brindándonos amor. Chuck y Joanne se han vuelto casi tan cercanos como la familia.

Cuando busco servir y dar a los demás, termino recibiendo mucho más de lo que doy. La economía de Dios es lo contrario de la cultura moderna. Cuando invierto en las vidas de otros, Dios da un enorme reembolso a mi vida. No hay ministerio más grande que invertir en otros.

Anthony D'Angelo declara: «Atesora tus relaciones, no tus posesiones». Las relaciones te darán mayor rendimiento.

«Un mandamiento nuevo os doy: Que os améis unos a otros; como yo os he amado, que también os améis unos a otros. En esto conocerán todos que sois mis discípulos, si tuviereis amor los unos con los otros» (Juan 13:34-35).

ENSEÑANZA: *Los líderes relacionales valoran el significado eterno de las relaciones.*

Plan de inversión relacional

«A Tito, verdadero hijo en la común fe: Gracia, misericordia y paz, de Dios Padre y del Señor Jesucristo nuestro Salvador» (Tito 1:4).

Algunas personas tienen planes sistemáticos para invertir dinero durante largos períodos a fin de obtener un efecto compuesto. ¿Por qué no tomar el mismo enfoque invirtiendo en relaciones? Pablo nos ofrece un ejemplo vivo de cómo intencionalmente se encargó de Timoteo, un protegido digno de invertir tiempo, energía y dinero de por vida. Hizo por uno lo que deseaba hacer por muchos.

Las inversiones relacionales se acumulan en la eternidad. Sí, amar a las personas toma tiempo, esfuerzo y perseverancia, pero los dividendos resultan muy beneficiosos. Por ejemplo, podemos leer con regularidad la Biblia infantil a nuestro pequeño y no ver cambio inmediato de carácter, pero esperamos que con el tiempo acepte las Escrituras como sabiduría de Dios y la carta de amor para él en persona. El mejor fruto de invertir en la fe familiar es cuando nuestro hijo o nuestra hija adoptan como propia la fe en Jesús.

¿Quién necesita tu atención intencional en esta temporada de vida? ¿Un compañero de trabajo? ¿Un pariente? ¿Un vecino? La entrega relacional es complicada, por eso pide al Señor que su gracia, paciencia y perdón llenen tu alma. Corre la tercera y cuarta milla extra para servir, aunque alguien se aproveche de tu buena voluntad. Es mejor arriesgarte a amar que retener tus afectos provenientes de un corazón herido. Si recibes frialdad a cambio de cuidar de alguien, mantén un corazón cálido. El amor es la mejor inversión relacional.

Amamos como Jesús cuando compartimos nuestras vidas con otras personas. Podemos comer juntos, viajar juntos, adorar juntos, orar juntos, estudiar juntos la Biblia, trabajar juntos, jugar juntos, reír juntos y llorar juntos. Quizá debas invitar a alguien a vivir en tu casa por un tiempo definido. Pueden ponerse de acuerdo para que el huésped acate las normas básicas de respeto mutuo, asistencia a la iglesia y realización de tareas, y también comprenda que debe tener una estrategia para irse después del tiempo establecido.

> *Reflexión:* *Nuestros hogares pueden ser incubadoras para desarrollo relacional. Un hogar abierto abre corazones a Jesús.*

Un plan de sólida inversión relacional requiere un enfoque en la fe. Adiestra a otra alma enseñable en los principios de confiar en Dios. Ora con ella, analiza la Biblia con ella, háblale de tus luchas y de la fidelidad del Señor en tu vida. O quizá podrías facilitar un club de lectura con algunos amigos, unirte a un grupo pequeño de tu iglesia, o invertir en un viaje misionero. Ten un fondo mutuo de amistades diversas y nunca sufrirás de bancarrota relacional. Sé agradecido y da más de lo que recibes en todas las relaciones. ¡Tus inversiones relacionales se convertirán en verdaderas riquezas!

«Tan grande es nuestro afecto por vosotros, que hubiéramos querido entregaros no sólo el evangelio de Dios, sino también nuestras propias vidas» (1 Tesalonicenses 2:8).

Padre celestial, muéstrame en quién debo invertir mi vida, con amor y servicio, para tu bien.

> **ENSEÑANZA:** *Los líderes relacionales invierten sus vidas en las vidas de otros.*

Los hijos adultos relacionales invierten tiempo, dinero y energía emocional en sus padres

Durante muchos años mi padre y yo no teníamos exactamente el mismo punto de vista, pero valorábamos nuestra relación por sobre nuestras diferencias. Como adultos pasábamos juntos tiempo intencional y nos enfocábamos en conocernos mejor: ¿Qué nos motivaba? ¿Cuál era nuestro propósito? ¿Qué temíamos, disfrutábamos y anticipábamos? Papá y yo aprendimos a honrarnos mutuamente, y en el proceso nos entendimos de veras.

George Bailey es el nombre del personaje de Jimmy Stewart en la amada película navideña *La vida es formidable*. Se trata de una historia de sueños, esperanza destrozada, desesperación, esperanza revivida, el significado de una vida y de una comunidad amorosa. La película proporciona un recordatorio de las cosas más importantes en la vida. Esa es la historia de mi papá, otro George Bailey, quien fue a estar con el Señor en el 2000.

Al igual que con la mayoría de los hombres, era difícil para papá hablar de sus sentimientos internos. Pero deseaba que mi hermano Mitch y yo aprendiéramos de sus errores y éxitos. Aprecio mucho más ahora su sermón sobre comer sano, ejercitarse y evitar el cigarrillo. Cuando cumplí cinco años, sabiendo que yo era un niño curioso y atrevido, papá encendió un cigarro y me hizo fumar. Por supuesto, primero me puse verde, luego pálido y procedí a vomitar. Emocional y físicamente me convertí. Por la gracia de Dios, hasta el día de hoy no he vuelto a fumar otro cigarrillo.

Reflexión: Los días difíciles están diseñados para acercarnos a Cristo y unos a otros.

Cuando me volví cristiano en la universidad quise expresar mi nueva fe a quienes amaba y respetaba. Algunos estaban eufóricos, otros inseguros y unos pocos creyeron que yo había perdido el juicio. Papá estaba en el tercer grupo. Su respuesta fue: «Hijo, esa gente de iglesia te ha lavado el cerebro. Tengo mi propia manera de pensar. Los predicadores solían venir a nuestra casa y predicarme… así que no me prediques». Aprendí rápidamente que lo mejor que podía hacer era vivir mi cristianismo delante de papá y ser un buen hijo.

Dos años después de convertirme en cristiano le dije emocionado a papá que había sido llamado a una vocación de ministerio cristiano. Él desinfló mi burbuja, diciendo: «Hijo, no hay dinero en esa elección de carrera, y hagas lo que hagas, ¡no irás a África como misionero!». Sin embargo, podría decir que papá me respetaba y me amaba. Él creía que yo haría lo que creía que era correcto, y que seguiría tras mi llamado con 110% de esfuerzo y renuncia.

La cercanía puede llevar a relaciones más estrechas. En el tiempo de Dios asistí al Southwestern Seminary en Fort Worth desde 1982 hasta 1985. En ese mismo tiempo, papá trabajaba en la industria aeroespacial en nuestra nueva ciudad. Rita, Rebekah (entonces de ocho meses y la única nieta) y yo visitábamos regularmente a papá y Pat, su esposa. Nuestra iglesia estaba a kilómetro y medio de su apartamento. Sentí que papá y yo nos acercamos durante ese tiempo. Era extraño lo mucho que me veía en él, y lo mucho que él se veía en mí. Aunque no siempre estábamos de acuerdo, nos respetábamos y queríamos.

> *Reflexión: Los líderes valientes invierten adrede en otros, especialmente en situaciones incómodas.*

Familiares, amigos y conocidos oraron por la salud espiritual y física de papá a lo largo de los años. Una de esas peticiones de oración era porque él conociera a Dios en una manera personal a través de Jesucristo. Esto vino después de una de sus experiencias cercanas a la muerte. Desde su cama de hospital, por teléfono, me expresó que Dios tenía un propósito para él. Sabiamente papá reconoció que el Señor le había permitido vivir por una razón. Creyó en Cristo, y quiso hacer la voluntad divina.

Poco después de llegar a su nueva fe, papá y Pat vinieron a nuestra casa durante Acción de Gracias. Las niñas, Rita y yo le dimos una Biblia, que apreció agradecido. Empezó a asistir a un estudio bíblico dirigido por el pastor de una iglesia local cerca de su casa en Garland, Texas.

Establecer una relación con mi padre no siempre fue fácil, ¡pero en última instancia fue muy satisfactorio!

> **ENSEÑANZA:** *Los líderes relacionales honran a sus padres incluso cuando son difíciles de honrar.*

Los padres relacionales enseñan a sus hijos el camino de la sabiduría

«Dolores de mujer que da a luz le vendrán; es un hijo no sabio, porque ya hace tiempo que no debiera detenerse al punto mismo de nacer» (Oseas 13:13).

A medida que nuestras cuatro niñas crecían, Rita y yo tratábamos de enseñarles maneras de tomar decisiones sabias. A la hora de la cena leíamos juntos el libro de Proverbios y analizábamos cómo aplicar verdades a nuestras vidas. Los padres sabios conocen el valor de invertir sabiduría en sus hijos. He aquí algunas ideas probadas, divertidas y creativas que puedes utilizar con tu hijo o nieto.

Jueguen y coman juntos

Encontrar tiempo para acorralar a los hijos a fin de tener devocionales familiares fue un reto continuo. Durante una temporada las cuatro jovencitas, de entre tres y once años, representaban historias bíblicas. Rebekah, la mayor a quien le encantaba liderar, era la directora y actriz, y sus tres hermanas eran el elenco de apoyo. Los acontecimientos antiguos cobraban vida, y todos nos divertíamos con las posibles estrellas de Hollywood. Cuando crecieron, cambiamos a leer los Proverbios durante la cena. Basándonos en el día del mes, dividíamos cada capítulo en versículos. Cada una leía en voz alta y comentaba cómo las Escrituras se aplicaban a su vida. Parecía que el Señor encajaba muy bien la lectura individualizada en la persona que citaba la Palabra de Dios.

Cuenten historias

Narra historias de individuos que tomaron decisiones sabias y analiza los efectos positivos que se produjeron. Luego compara esas edificantes ilustraciones con historias de personas que eligieron una senda poco sabia y en consecuencia experimentaron efectos negativos. Las historias conmueven el corazón e iluminan la mente. Debemos dárselas a nuestros hijos para que participen en conversaciones sobre personas reales. De otra manera permanecen ajenos, en una burbuja de vida poco realista. La sabiduría viene al permitir que los jóvenes extiendan sus alas y empiecen a tomar decisiones cuando todavía viven bajo nuestro techo.

Reflexión: *Un enfoque sistemático para educar a los hijos en las Escrituras funciona mejor.*

Hagan interesante el manejo del dinero

Empieza ayudando a tus hijos a tomar decisiones económicas mientras son jóvenes. De tu propia administración financiera muéstrales el patrón de «dar, ahorrar y gastar». Luego guíalos a hacer lo mismo. Míralos sonreír mientras experimentan el gozo de ser generosos. Podrán ahorrar para algo que quieran, pagando su precio con dinero en efectivo. Deja que tus gastos inteligentes muestren un buen ejemplo. Mientras tu hijo aprende a ser un comprador inteligente, puedes convertirte en receptor del fruto de manejar bien el dinero. La sabiduría financiera es un regalo práctico que puedes dar a tus hijos, por tanto, entrénalos en esto (Efesios 6:4).

Hablen de cómo elegir amigos

Buen juicio en escoger amigos es otra faceta de enseñar a tus hijos los caminos de la sabiduría. Asegúrate de que entiendan la propensión de volverse como las personas con quienes se juntan. Es sabio elegir amigos cuya fe sea creciente y robusta; estar con amistades que levantan, en lugar de las que derriban. No es prudente relacionarse con amigos que debilitan el crecimiento en Dios. Analiza por qué tus pequeños deben evitar amistades que se vuelvan una brecha entre padres e hijos. La sabiduría no se conforma aceptando superficialmente a cualquier amigo, sino que por el contrario tiene una norma elevada para la amistad. Reta a tus hijos a orar por amigos que les complementen la fe, que los motiven a acercarse más a su Padre celestial. Amigos sabios contagian a tus hijos en formas sabias.

Depositen la Palabra de Dios en los corazones de sus hijos

Por último, analiza regularmente con tus hijos la sabiduría de Dios. Él otorga sabiduría (Proverbios 2:6). Léeles la Biblia y examina el significado de versículos particulares. Haz que conversar de las Escrituras sea parte natural de tu dieta espiritual cotidiana. Lleva tu Biblia a la iglesia. Subraya las frases que saltan de la página hacia tu corazón y mente, y en el almuerzo del domingo habla de cómo esas frases se aplican a tu vida. Anima a tu hijo a pedirte cuentas de la verdad que Dios está enseñándote.

No puedes superar la sabiduría del Señor. Esta seguirá a tus hijos el resto de sus vidas. Estará con ellos cuando te encuentres ausente. Puedes estar en paz cuando tienes hijos sabios en los caminos de Dios. Eres sabio cuando tu objetivo es criar hijos sabios. Los chicos sabios tienen muchas más probabilidades de convertirse en adultos sabios. Sobre todo, enséñales a confiar en Jesús como su Señor y Salvador. Más adelante en este libro hay un recurso útil: «Cómo llegar a ser discípulo de Jesucristo». Revisa estos pasajes bíblicos con tus hijos y confía en que el Espíritu Santo los atraiga hacia sí mismo.

Los chicos necesitan que se les enseñe sabiduría. Sí, a veces es difícil lograr que capten lo que significa debido a su edad y etapa en la vida. La sabiduría viene por entender y aplicar la Palabra de Dios a experiencias de vida. Muchos individuos están limitados en su perspectiva de ambos aspectos, por lo cual la sabiduría los aleja de tomar decisiones poco sabias. La sabiduría es uno de los regalos más maravillosos que puedes dar a tus hijos. Sé creativo con tu familia para hacer de la educación algo atractivo, divertido y práctico.

> **ENSEÑANZA:** *Los líderes relacionales involucran a sus hijos y nietos en los caminos de la sabiduría.*

Parejas matrimoniales sanas son intencionales en su relación mutua y con Dios

«Sométanse unos a otros por reverencia a Cristo» (Efesios 5:21, NTV).

Les dijimos a nuestras hijas que después de recibir el regalo de la salvación por fe en Jesucristo, el segundo regalo más importante al que podíamos guiarlas era que tuvieran matrimonios saludables.

Nuestra hija menor, Anna Grace, se casó el 16 de mayo de 2015. La entregué con emociones encontradas. Junto con mi yerno Tripp, oficié la ceremonia. Rita y yo derramamos lágrimas de gratitud a Dios por darnos la oportunidad de presenciar su obra en la rendición de Tyler y Anna tanto a Cristo como uno al otro. Ciento setenta y cinco amigos y familiares se nos unieron en el *Engine Room* (un renovado almacén de algodón) para celebrar la fidelidad del Señor. Aunque con la mente fresca, he aquí mis reflexiones sobre cómo una boda es la preparación al matrimonio. ¡Es una celebración y una consagración!

Someterse a Cristo

Jesús es el mediador entre Dios y el hombre, y mediador en el matrimonio. ¿Qué exige de nosotros el amor de Dios? Esta es la pregunta predeterminada para un matrimonio que honra a Jesús. Las parejas que adoran juntas a Jesús se acercan más mutuamente. Un esposo y una esposa que aman a Cristo profesan un amor más profundo el uno por el otro. Los hombres y las mujeres que oran juntos tienden a permanecer juntos. Sus afectos se profundizan porque centran sus corazones en las cosas celestiales.

«Si, pues, habéis resucitado con Cristo, buscad las cosas de arriba, donde está Cristo sentado a la diestra de Dios» (Colosenses 3:1).

Leer la Biblia como la historia de amor de Dios

La Biblia contiene reglas de conducta que debemos seguir. Es un manual para el matrimonio que nos instruye cómo tener interacciones emocionales y relacionales saludables. Pero principalmente, las Santas Escrituras son la simple historia de amor de nuestro Padre celestial por nosotros, y de cómo encajamos en esa historia de amor. La historia de amor de nuestro matrimonio es parte de la historia más grande de amor incondicional del Señor. El Hijo de Dios murió y resucitó para que pudiéramos morir a nosotros mismos y resucitar con Él. Somos extravagantemente amados para que también podamos amar extravagantemente. El amor en el matrimonio cubre el pecado y construye una relación duradera.

«Esto pido en oración, que vuestro amor abunde aun más y más en ciencia y en todo conocimiento, para que aprobéis lo mejor, a fin de que seáis sinceros e irreprensibles para el día de Cristo» (Filipenses 1:9-10).

La boda es un suceso, pero el matrimonio es un proceso de por vida

Gastamos tiempo y dinero para planificar una increíble celebración de boda, pero esta solamente es la plataforma de lanzamiento para un proceso de aprendizaje matrimonial de por vida. La consejería prematrimonial realizada por mentores empieza el proceso de comunicarnos bien, perdonar rápidamente, servirnos uno al otro, y celebrar y aceptar las diferencias de cada uno. Cada temporada del matrimonio requiere nuevas habilidades, así que busca comunión con familiares y seguidores de Cristo a fin de crear una cultura saludable para nutrir tu matrimonio. Sé un estudiante de tu cónyuge. Aprende cómo le gusta ser amado, mientras ambos permanecen pacientemente en un proceso de oración.

«Amaos los unos a los otros con amor fraternal; en cuanto a honra, prefiriéndoos los unos a los otros» (Romanos 12:10).

Fijar una norma elevada

Mientras el mundo degrada el matrimonio, los seguidores de Jesús están llamados a enaltecerlo. El matrimonio es sagrado. La noble imagen de Jesús como nuestro novio y la Iglesia como su novia es la norma celestial para el matrimonio. Un esposo se entrega por su esposa y la ama, igual que Cristo se entregó por la Iglesia. Una esposa respeta y sigue a su esposo mientras se somete y sigue a Cristo. Incluso en medio de nuestra imperfección, todavía aspiramos a las perfectas expectativas de Dios para el matrimonio. Los corazones humildes reciben la gracia de Dios para hacer la voluntad divina. Recibimos el amor del Señor para poder amarnos adecuadamente.

«Maridos, amad a vuestras mujeres, así como Cristo amó a la iglesia, y se entregó a sí mismo por ella» (Efesios 5:25). «La mujer respete a su marido» (Efesios 5:33).

> **ENSEÑANZA:** *Los líderes relacionales ven el matrimonio como un laboratorio para vivir su fe.*

Los líderes relacionales enfocan la amistad en el trabajo con oración y sabiduría

«Fieles son las heridas del que ama; pero importunos los besos del que aborrece» (Proverbios 27:6).

Como líderes, muchos de nosotros queremos ser respetados y apreciados por nuestros compañeros de equipo en el trabajo. Pero existe la posibilidad de familiarizarnos demasiado con nuestros colegas. Los líderes relacionales deben ser especialmente cuidadosos de no tener favoritismos ni causar celos entre el personal.

Cuando me convertí en el nuevo líder de nuestro equipo nacional de ventas, mi amigo se me acercó. Al principio me sentí aliviado de que me ofreciera su experiencia y sus conocimientos para ayudarme, pero pronto supe que había algo más que un simple deseo de ayudar. Puesto que él había sido el segundo candidato para mi puesto, estaba celoso y ahora luchaba por tener el control. Ya que no pudo conseguir mi posición, podría convencerme de seguir sus deseos y así dirigir sin tener responsabilidad. Pronto descubrí que mi amigo había desviado nuestra relación hacia sus objetivos ambiciosos. Yo estaba aturdido y enojado. Al poco tiempo tuvimos una discusión de hombre a hombre sobre su influencia malsana. ¡Él se alejó y encontré nuevos amigos!

Dirige primero y sé amigo después. Una empresa eficaz y eficiente entiende que el liderazgo triunfa por sobre la amistad. Así dice el antiguo adagio: «Dirige, sigue o sal del camino». El liderazgo sabio e intencional es necesario para la salud de una organización, pero el liderazgo se diluye cuando los amigos dictan una dirección estratégica. Las amistades deben fortalecer al equipo, pero no diluir indebidamente valientes decisiones de liderazgo.

Si a los líderes les preocupa lo que sus amigos puedan pensar o hacer, se arriesgan a hacer de lado una decisión en aras de salvar los sentimientos de alguien. Hacer política no es el objetivo. Los valores y principios de una organización son la norma mediante la cual deben tomarse decisiones de liderazgo. La amistad puede ser fruto del liderazgo sabio, pero no está destinada a manejarlo.

Reflexión: *Amistades demasiado familiares pueden llevar a influencia malsana.*

La lealtad a los amigos es un atributo importante y valioso de un líder eficaz, pero no permitas que empañe tu comprensión de qué es mejor para el equipo. A veces lo mejor que puedes hacer por el equipo y por tu amigo es despedirlo o reasignarlo. Asegúrate de que tu liderazgo esté cimentado en principios para que tus amistades no interfieran en hacer lo correcto. Hazle saber a tus amigos cuánto los valoras, pero no en detrimento de lo que es mejor para el negocio o ministerio.

«Hijo mío, no menosprecies la disciplina del Señor, ni desmayes cuando eres reprendido por él; porque el Señor al que ama, disciplina, y azota a todo el que recibe por hijo» (Hebreos 12:5-6).

Un amigo puede ser el más difícil o más fácil de liderar. Todo depende de las expectativas… tuyas y suyas. ¿Te percibe tu amigo como compañero o como jefe? Dirige primero en humildad, valor y claridad. Hazles saber por adelantado a tus amigos lo que valoras como líder y cómo encajan ellos en el panorama general del éxito organizacional. Pregunta constantemente: «¿Qué es lo mejor para el equipo?», en lugar de: «¿Qué quiere mi amigo?». Dirige definiendo en primer lugar el rol de la amistad en el equipo, y mantén el liderazgo como una prioridad al no tener favoritismos. Esto promueve el trabajo en equipo y apacigua los celos.

Por último, los líderes sabios toman decisiones difíciles, aunque afecten negativamente a un amigo. Esto protege la integridad de la organización. Pablo sintió esta tensión cuando decidió que su amigo Juan Marcos no tenía suficiente madurez para la responsabilidad de un viaje misionero: «Bernabé quería que llevasen consigo a Juan, el que tenía por sobrenombre Marcos; pero a Pablo no le parecía bien llevar consigo al que se había apartado de ellos desde Panfilia, y no había ido con ellos a la obra» (Hechos 15:37-38). Equilibrar liderazgo y amistad no siempre es fácil.

ENSEÑANZA: *Los líderes relacionales hacen lo que es mejor para todos en lugar de mostrar favoritismo.*

Liderar relacionalmente es uno de los aspectos más satisfactorios de servir como líder sabio. Ya sea en casa o en el trabajo, tenemos la oportunidad de tratar a los demás como seres humanos con necesidades y deseos muy reales, sin comprometer la visión y la misión de la organización. Habrá siempre una tensión entre valorar una relación por sobre los resultados, pero de este modo crecemos como líderes sabios. ¿Estás creciendo en tus habilidades relacionales? ¿Estás viviendo en comunidad y recibiendo retos relacionales? Dondequiera que estés en la progresión relacional de comprometido o no, mantente en el juego relacional. Por la gracia de Dios, desarrolla un matrimonio saludable como un regalo por el bienestar emocional de tus hijos.

Resumen de enseñanzas del capítulo cuatro

1. Los líderes relacionales valoran las relaciones, a veces más que los resultados medibles.
2. Los líderes relacionales entienden cómo las relaciones afectan su calidad de vida.
3. Los líderes relacionales valoran el significado eterno de las relaciones.
4. Los líderes relacionales invierten sus vidas en las vidas de otros.
5. Los líderes relacionales honran a sus padres incluso cuando son difíciles de honrar.
6. Los líderes relacionales involucran a sus hijos y nietos en los caminos de la sabiduría.
7. Los líderes relacionales ven el matrimonio como un laboratorio para vivir su fe.
8. Los líderes relacionales hacen lo que es mejor para todos en lugar de mostrar favoritismo.

Capítulo cinco

Disposición de aprender

Muéstrame, oh Jehová, tus caminos; enséñame tus sendas. Encamíname en tu verdad, y enséñame, porque tú eres el Dios de mi salvación; en ti he esperado todo el día.

Salmos 25:4-5

Ser ignorante no es tan vergonzoso como no estar dispuesto a aprender.

Benjamín Franklin

Jesús tenía disposición de aprender

«Respondió entonces Jesús, y les dijo: De cierto, de cierto os digo: No puede el Hijo hacer nada por sí mismo, sino lo que ve hacer al Padre; porque todo lo que el Padre hace, también lo hace el Hijo igualmente» (Juan 5:19).

Jesús dependía y aprendía de su Padre celestial. El Hijo nunca dejó de aprender de su Padre. Cristo confesó que no podía hacer nada por sí mismo, sino únicamente lo que veía hacer a su Padre. Por eso, ligado a la confianza en su Padre, Jesús se aseguró de buscar guía de lo alto antes de hacer movimientos significativos. Incluso en medio de necesidades apremiantes, Jesús se retiraba, iba a los montes, y en oración buscaba el corazón de su Padre. ¿Cuánto más deberíamos nosotros también depender con urgencia de nuestro Padre celestial?

¿Qué significa tener un corazón dispuesto a aprender?

«El escriba le dijo: Bien, Maestro, verdad has dicho, que uno es Dios, y no hay otro fuera de él… Jesús entonces, viendo que había respondido sabiamente, le dijo: No estás lejos del reino de Dios» (Marcos 12:32, 34).

La disposición de aprender es un fruto primario de la humildad.

Cuando tenemos disposición a aprender estamos en posición de recibir sabiduría de Dios y de los demás. Jesús reconoce un corazón enseñable, porque sabe que tiene potencialidad para aprender y entender las cosas de Dios. Un corazón dispuesto a aprender está en condiciones para recibir la verdad y posee una actitud que consiste en más preguntas que respuestas.

Un corazón dispuesto a aprender reconoce la verdad cuando esta llama a la puerta y la invita a ser examinada, comprendida y aplicada. La verdad tonifica al corazón enseñable. Hay una oleada de adrenalina espiritual cuando la verdad confluye con mente y corazón abiertos. El orgullo estanca el aprendizaje, pero un corazón enseñable sigue escalando la montaña de la verdad, el entendimiento y la sabiduría.

Cuando el Señor descubre a alguien que es enseñable, lo llama sabio. La sabiduría viene de Dios; por eso, un corazón enseñable aprende los caminos de Dios. El Espíritu Santo facilita la condición de ser enseñable, ya que la verdad aplicada transforma comportamientos y actitudes. El cambio que viene de adentro hacia afuera nos hace semejantes a Cristo: humildes, audaces, sabios, santos, bondadosos, estimuladores y fieles.

Cambiar no es fácil, incluso si entiendes que Dios tiene en mente tus mejores intereses. Pero la transformación se nota. Tu carácter y conducta se hacen más semejantes a la vida de Cristo. Tu cónyuge y tus hijos notan algo diferente. Diriges con paciencia y oración y no con tácticas temibles e intimidantes. Obtén un corazón enseñable al realzar primero tu honra y adoración al Dios todopoderoso.

> **Reflexión:** *El orgullo estanca el aprendizaje, pero un corazón enseñable sigue escalando la montaña de la verdad.*

Dios es uno. No es uno de muchos dioses, sino el único Dios. No es un mini dios, sino el grandioso y glorioso Dios de las galaxias. Dios el Padre, Dios el Hijo y Dios el Espíritu Santo son un solo Dios. Su unicidad debe adorarse y celebrarse. Tu relación de amor con el Dios único y verdadero no está en competencia con ningún otro dios. Cualquier aceptación de otros dioses es inaceptable para Dios. Él es celoso de ti. Tu amor por alguien o algo más palidecerá en relación con tu amor por Cristo.

Amar a Dios es dejarle espacio en todos los aspectos de tu vida. Lo amas cuando amas a otros, cuando te entregas sacrificialmente, cuando luchas por tener excelencia en tu trabajo, y cuando oras por otros y los perdonas. El amor es recíproco; por tanto, ama a Dios y permite que te ame.

Deja que las expectativas de Cristo moldeen las tuyas, porque lo que Él piensa triunfa sobre cualquier otro pensamiento. El Espíritu Santo dentro de ti tiene las respuestas a las preguntas que consumen tu conciencia. Escucha sus indicaciones internas, no el clamor externo. Lo que aprendiste ayer será eclipsado por lo que experimentarás mañana. Conoce a Dios, ámalo y aprende de Él. Dios considera un corazón enseñable como el que teme al Señor. La sabiduría en el liderazgo teme a Dios y sigue sus caminos.

La Biblia enseña: «Harás congregar al pueblo, varones y mujeres y niños, y tus extranjeros que estuvieren en tus ciudades, para que oigan y aprendan, y teman a Jehová vuestro Dios, y cuiden de cumplir todas las palabras de esta ley» (Deuteronomio 31:12).

> **ENSEÑANZA:** *Los líderes enseñables siempre están aprendiendo los caminos del Señor.*

Los líderes dispuestos a aprender se vuelven ansiosos estudiantes en situaciones estresantes

Sin personas sinceras y abiertas que me enseñen mediante sus sabias decisiones en la vida, hoy día sería un hombre mucho de menor valía. Puedo escuchar buenas ideas y conmoverme moderadamente, pero cuando veo una idea que se vive, esta compromete mi corazón, mente y voluntad en una manera que me impulsa a ser mejor. Esto es especialmente cierto cuando el fruto de decisiones sabias es atractivo, como sucede con mi amigo Greg y su apasionante vida para Cristo.

Conocí a Greg hace algunos años, cuando habló en una mesa redonda de empresarios donde yo era miembro con otros once hombres. Nos reuníamos medio día cada mes, y nuestra facilitadora, Gayle, era mentora de Greg. Nuestros conferencistas siempre fueron buenos, pero la historia de Greg me hizo poner atención y no distraerme por otras cosas en mi mente. Con humildad habló de su audaz aventura de elegir a la familia por sobre la profesión y al carácter por sobre el compromiso.

A menudo Dios abre puertas relacionales cuando necesitamos ser bendecidos, para que podamos bendecir a otros. Al comienzo de nuestras interacciones Greg mencionó su deseo, y también la expectativa de su empresa, de servir en una junta directiva sin fines de lucro. Nuestra organización, Ministry Ventures, con nuestra mezcla de cultura empresarial y ministerial, encajaba perfectamente. Durante los primeros tres años Greg se desempeñó como presidente de nuestro comité financiero y de recaudación de fondos, y los tres últimos años fue presidente de nuestra junta. Al igual que Jonatán y David, nos amábamos y respetábamos. Nuestras conversaciones eran naturales; nuestros valores con un mismo fin; fuimos llamados por Cristo y estábamos comprometidos con su misión y visión para el ministerio.

Pronto me convertí en estudiante de la capacidad de Greg para manejar cambios significativos. En mi experiencia de liderazgo nunca había enfrentado una recesión económica como la que sacudió al mundo de las organizaciones lucrativas y sin fines de lucro en el 2008. Nuestra organización sin fines de lucro y basada en la fe había sido próspera durante nueve años con un presupuesto de un millón de dólares, 80% proveniente de donaciones. Pero debido al cambio repentino en el patrimonio neto de nuestros donantes, la reducción de ingresos y en algunos casos pérdida de empleo, nos vimos en la necesidad de recortar nuestros gastos operativos en un 40%. Afortunadamente no teníamos que pagar deudas que consumieran nuestro capital. Por desgracia, tuvimos la agonizante experiencia de deshacernos de cuatro miembros del equipo.

Greg era un administrador muy dotado e igualmente diestro en dinámica relacional. Nunca sentí que su lenguaje me abatiera, pues más bien me levantaba, y me lo demostraba con su rostro amable y sus sabias palabras. Cada semana programábamos una llamada de treinta minutos para revisar nuestra situación de liquidez y amorosamente hacerme responsable de mis llamadas, correos electrónicos y reuniones de recaudación de fondos. Fielmente durante dos años nos comunicamos a nuestro ritmo semanal y, vaya, el Señor honró nuestra sencilla solución a un problema bastante abrumador. Greg fue mi maestro durante una época difícil, pero de enseñanza para mí.

Al igual que Aarón y Hur con Moisés, Greg colocó la roca de su don administrativo debajo de mí para que yo reposara seguro y luego levantó amorosamente mis fatigados brazos de recaudador de fondos en aquellos días en que no sentía ganas de seguir adelante. Nuestros dones eran diferentes, pero nuestro Salvador, nuestros valores, nuestra comunidad y nuestra causa común eran iguales. Un líder sabio depende de otros líderes que los instruyan, en especial durante pruebas y tribulaciones.

ENSEÑANZA: *Los líderes enseñables aprenden de otros líderes que complementan sus dones y habilidades.*

¡No tan rápido!

Al ser empresario de corazón, nunca he conocido una idea nueva que no me gustara. Nuestra junta de directores me conoce bien, y tienen una respuesta favorita para cualquiera de mis nuevas ideas: «Boyd, eso parece realmente bueno y es tal vez algo en que podamos pensar el año entrante, pero mientras tanto, ¿cómo te va con lo que acordamos en la última reunión?». ¡Ay!, y sí, tienen razón. Exactamente lo que yo *debía* escuchar, pero no lo que *quería* escuchar. Y amigo, por favor, no juegues la «carta Dios» con los que quieren lo mejor del Señor para ti. No digas: «Dios quiere que yo haga esto; ¿qué creen ustedes?». ¿Por qué alguien querría irse contra Dios? Mejor di: «Estoy orando por esta idea; ¿qué creen ustedes? Creo que el Señor validará su voluntad a través del consejo que me den». Eso está mucho mejor.

Me meto en problemas cuando me adelanto a Dios. Con mi energía y entusiasmo llenos de buenas intenciones puedo olvidarme de tener una visión a largo plazo en la sabiduría de desarrollar relaciones, procesos y productos de calidad. Se me recordó esto hace poco en la visión de lanzar una transmisión multimedia para Wisdom

Hunters. Ingenuamente creí que lo que se necesitaba serían algunas llamadas telefónicas, una reunión para aprender a grabar, encontrar a alguien que subiera la grabación a iTunes, y estaríamos listos. ¡No tan rápido, Boyd!

Lo que descubrí rápidamente fue que necesitaba un productor talentoso, un copresentador, un guion convincente, un cronograma de contenido, equipo de grabación de calidad, presupuesto, música de fondo, una voz suave para una introducción y una conclusión, un editor experimentado y un fuerte plan de mercadeo digital. Vaya. ¿Me hallé alguna vez mal preparado para disfrutar un resultado de calidad? Por suerte el Señor nos envió finalmente todos los elementos valiosos para un convincente programa multimedia. Tardamos cuatro veces más de lo anticipado en crearlo, y costó el triple de lo que calculé. Pero vaya, valió la pena tomar el tiempo en enfocarnos en la calidad, en lugar de liberar una experiencia receptora de inferior calidad. Un enfoque en calidad lleva a resultados de cantidad. Un líder sabio espera el mejor tiempo para una nueva idea.

> **ENSEÑANZA:** *Los líderes enseñables tienen cuidado de no adelantarse a ellos mismos o a quienes dirigen.*

Un líder dispuesto a aprender tiene la capacidad de recibir la verdad

«Aún tengo muchas cosas que deciros, pero ahora no las podéis sobrellevar. Pero cuando venga el Espíritu de verdad, él os guiará a toda la verdad» (Juan 16:12-13).

Un corazón preparado para recibir la verdad es raro y valioso para el que lo posee. Jesús conocía las limitaciones de la capacidad de los discípulos para entender y aplicar la verdad, ya que el Espíritu Santo aún no había venido, como ocurriría en Pentecostés. De igual modo, el Espíritu prepara nuestros corazones para recibir todo tipo de verdad: Se necesita ánimo, consuelo y palabras de corrección. Observa cómo Jesús declaró el papel del Espíritu en guiar a los discípulos a toda verdad.

No siempre estoy listo para recibir lo que el Señor quiere mostrarme o enseñarme. Esto podría significar que mi corazón deba ser humillado, que mi mente deba entender, o que mi experiencia deba ponerse al corriente con mi conocimiento. Mi amoroso Padre celestial sabe cuál es el mejor momento, por lo que no me enorgullezco por el éxito ni me siento humillado por el fracaso. Estoy aprendiendo a confiar en Él y a permanecer listo para el siguiente paso. Mientras tanto, me mantendré fiel donde me encuentro.

Jesús sabía que los discípulos estaban en desventaja: aún no habían recibido el Espíritu Santo. Una vez entrenados, a los pilotos los certifican para volar un avión a través de nubes solo con instrumentos. De igual manera, los discípulos pronto tendrían el Espíritu de Dios que los guiaría a través de los días por venir, fueran claros o nublados. Por compasión, el Señor no puso en sus seguidores más de lo que podían manejar. La información frustra solo si no hay claridad sobre qué hacer a continuación. El Espíritu nos guía.

«Os di a beber leche, y no vianda; porque aún no erais capaces» (1 Corintios 3:2).

¿Cómo desarrolla y aumenta el Señor tu fe? Quizá su Espíritu está diciéndote que permanezcas fiel en las cosas pequeñas para que se te puedan confiar oportunidades mayores. Un trabajo pequeño bien hecho es el puente hacia un trabajo más grande. Dios te da justo lo que necesitas cuando lo necesitas, y no antes. Si tomas los asuntos prematuramente en tus manos, puede que obtengas lo que deseas, pero perderás las recompensas de tu Padre celestial.

Por la gracia de Dios, crece en paciencia y perseverancia. Toma tiempo para aprender los caminos de Jesús siguiendo con corazón humilde al Espíritu de Verdad. Lo que es confuso se vuelve claro cuando esperas en el Señor. Sométete a Él y conviértete en un aprendiz de por vida. Aspira a aprender del Espíritu para que puedas ser guiado por el Espíritu. El Espíritu Santo dirige una vida en movimiento, así que mantente en el proceso de atravesar lo desconocido. La tierra prometida la consiguen quienes aprenden y aplican las promesas de su Padre celestial. La sabiduría en el liderazgo permite al Señor preparar a sus hijos para recibir la verdad.

«El que es fiel en lo muy poco, también en lo más es fiel» (Lucas 16:10).

Padre celestial, confío en que me prepares para lo que quieres que yo sea y haga.

ENSEÑANZA: *Los líderes enseñables preparan el corazón y la mente para recibir la verdad.*

Un líder dispuesto a aprender espera el tiempo de Dios

Andy Stanley cuenta la siguiente historia sobre Truett Cathy, el fundador de Chick-fil-A. En la década de los noventa había una compañía llamada Boston Chicken que finalmente se convirtió en Boston Market. Esta fue la primera competencia seria de Chick-fil-A porque Boston también estaba en el negocio de comida rápida de pollo. Eran similares en lo que ofrecían y en cómo se presentaban, a diferencia de las otras cadenas de comida rápida. Y Boston Market tenía enormes planes de expansión. Es más, querían tener ventas por mil millones de dólares para el año 2000. Así que esto puso un poco nerviosas a las personas de confianza en Chick-fil-A. Esta era su primera competencia real por los mismos clientes. Empezaron a sentirse presionados. Chick-fil-A comenzó conversaciones sobre cómo crecer más y más rápido.

Entonces, según cuenta la historia de un vicepresidente de Chick-fil-A, toda la situación culminó en una sala de juntas con todos los vicepresidentes y el personal de mercadeo yendo y viniendo alrededor de la mesa. ¿Cómo creceremos más rápido? ¿Cómo competiremos con Boston Market? Truett se hallaba al final de la mesa, y estaba muy, pero muy callado. Es más, ni siquiera parecía que participara de la reunión. Entonces de pronto, en forma desacostumbrada, Truett empezó a golpear la mesa con el puño hasta que captó la atención de todos. Imagino que no tenía una campanilla que pudiera hacer sonar.

Declaró: «Caballeros, estoy harto de oírlos hablar de cómo crecer más». Luego hizo una pausa, tras la cual continuó: «De lo que debemos estar hablando es de cómo ser mejores». Después nos dio la cita que escribí y colgué en mi oficina, que dice: «Si mejoramos, nuestros clientes nos exigirán crecer más».

Eso cambió toda la conversación. Fue un momento definitorio en su estrategia. Y solo como anécdota, en el 2000 Boston Market se declaró en bancarrota. Fue en ese mismo año que Chick-fil-A alcanzó por primera vez mil millones de dólares en ventas. Así es como piensan los grandes líderes. Simplemente cambian el paradigma. Ven a través de un filtro diferente. ¿Cómo mejoramos? Si mejoramos, creemos que nuestros clientes nos obligarán a ser más grandes.

> **ENSEÑANZA:** *Los líderes enseñables son pacientes para mejorar las cosas, antes de ser más grandes.*

Un líder enseñable es un auténtico seguidor de Cristo

«Sus discípulos le preguntaron, diciendo: ¿Qué significa esta parábola [el Sembrador]?... Esta es, pues, la parábola: La semilla es la palabra de Dios» (Lucas 8:9, 11).

Sobre todo, un líder enseñable debe ser un verdadero seguidor de Jesús. ¿Dónde estás en tu fe? La siguiente no es una corta lista de categorías ordenadas para juzgarnos y juzgar a los demás, sino una manera de entender mejor la parábola de Jesús. Reflexiona y ora por las cuatro condiciones espirituales de corazón que Cristo describió:

1. Casi cristianos

«Los de junto al camino son los que oyen, y luego viene el diablo y quita de su corazón la palabra, para que no crean y se salven» (Lucas 8:12).

Un casi cristiano oye la verdad, pero el enemigo (el diablo) les arrebata rápidamente del corazón la Palabra de Dios y la reemplaza con mentiras. En su tierra orgullosa y estéril, un corazón duro no puede recibir las Escrituras. Solamente se suaviza con humildad y fe. Un corazón enseñable atesora la verdad y la protege de las tácticas engañosas de Satanás de producir dudas. La única esperanza para esta alma no salva es rendirse a Jesús con contrición.

2. Cristianos por conveniencia

«Los de sobre la piedra son los que habiendo oído, reciben la palabra con gozo; pero éstos no tienen raíces; creen por algún tiempo, y en el tiempo de la prueba se apartan» (Lucas 8:13).

«Si conviene, diré que soy cristiano; si no conviene, actuaré como si no lo fuera». Este es el lema de hombres y mujeres que solo usan el cristianismo para promover sus propios intereses. Cuando oyen por primera vez de Jesús reaccionan con gozo, pero cuando su fundamento emocional es probado, se apartan... incrédulos. Podrían decir las palabras correctas o incluso asistir a la iglesia, pero sus corazones están lejos de Dios. Los cristianos por conveniencia son una falsificación. No tienen verdadera fe enraizada en convicción.

3. Cristianos inmaduros

«La que cayó entre espinos, éstos son los que oyen, pero yéndose, son ahogados por los afanes y las riquezas y los placeres de la vida, y no llevan fruto» (Lucas 8:14).

Los cristianos inmaduros todavía son niños en su comprensión de la justicia. La preocupación, el dinero y los placeres les han atrofiado el crecimiento en la gracia de Dios. Conocen al Señor (han sido salvos) pero solo nadan en la superficie de su salvación. Estos bebés aún tienen que bucear, sumergiéndose en las profundidades del amor, el consuelo y en la comunión del sufrimiento de Dios. La fe madura persevera a través del dolor y tiene la disciplina para disfrutar los placeres sin adorarlos.

4. Cristianos en crecimiento

«La que cayó en buena tierra, éstos son los que con corazón bueno y recto retienen la palabra oída, y dan fruto con perseverancia» (Lucas 8:15).

Los cristianos en crecimiento protegen sus corazones con la paz de Dios. El sufrimiento suaviza sus corazones y el éxito humilla sus almas. Semillas de la verdad establecen raíces profundas. La Palabra de Dios rara vez envejece, solo se enriquece. Sabiamente descubren nuevas maneras de ser más como Jesús, mostrando un carácter cultivado, con abundante cosecha de almas. Los cristianos en crecimiento retienen la verdad meditando en ella, memorizándola y aplicando la Biblia. Dejan de crecer cuando dejan de respirar. Crecer significa cambio, el cambio requiere gracia, la gracia viene de Dios, ¡y Dios da gracia al humilde!

«Y él [Dios] da gracia con generosidad... "Dios se opone a los orgullosos pero da gracia a los humildes"» (Santiago 4:6, NTV).

Pregúntate sinceramente si eres un auténtico seguidor de Cristo. Si no es así, puedes arrodillarte ahora mismo, arrepentirte de tus pecados y confesar fe en Jesucristo como tu Salvador y Señor.

Padre celestial, por tu gracia, hazme un cristiano en crecimiento. En el nombre de Jesús, amén.

ENSEÑANZA: *Los líderes enseñables tienen fe auténtica que reta a otros a tener lo mismo.*

Un líder enseñable aprende a anticipar y a comunicarse ampliamente

Veamos un ejemplo de la vida en familia sobre cómo podemos planificar mejor, administrar el calendario y ser hospitalarios sin que nadie se estrese.

Para mí el matrimonio es un ejercicio diario en tratar de asegurarme de que lo he dicho tiene sentido. Solo porque algo esté claro en mi mente no significa que mis palabras produzcan lo mismo en la mente de Rita. Un día mencioné enérgicamente la idea de invitar a cenar a una pareja. Los cuatro podríamos conocernos mejor y pasar un rato divertido. A ella le gustó la idea y quiso pensarlo, ya que teníamos cuidado de no comprometer en exceso nuestro calendario. Después de unos días ambos decidimos que en dos semanas sería el mejor tiempo para estar con nuestros nuevos amigos. En mi enfoque naturalmente agresivo, invité a la agradable pareja a nuestra casa para disfrutar un asado y una conversación significativa.

Rita se quedó atónita y sorprendida cuando le dije que había hecho la invitación.

—¿Por qué no hablaste primero conmigo? —cuestionó ella, sintiéndose que le había faltado el respeto.

—Lo hice —me defendí, tartamudeando—, recuerda que esperamos unos días para confirmar la fecha y entonces ambos acordamos que era un buen tiempo para estar con los nuevos amigos.

—Sí, pero no decidimos cenar en nuestra casa. La casa está hecha un desastre y es muy agotador preparar, cocinar y limpiar. Encontrémonos para cenar en un restaurante tranquilo y así poder disfrutar mutuamente la compañía, sin la molestia de que alguien tenga que ser anfitrión.

Yo había supuesto que tener a los nuevos amigos en nuestra casa era la manera mejor y más conveniente de disfrutar una buena comida juntos. Pero olvidé preguntarle a Rita su preferencia y opinión. Estoy aprendiendo a revisar los detalles de una idea en mutuo acuerdo a fin de asegurarme que todas las partes estén en el mismo sentir. Es mejor cuando me tomo el tiempo para hablar con Rita sobre las razones de por qué me gustaría recibir en casa (calidez, relajación y permitir que la pareja nos conozca mejor), pero también debo respetar las razones de ella para querer comer afuera (comodidad, menos molestias y la posibilidad de estar presente en la conversación sin distraerse en servir a otros). La sabiduría en el liderazgo confirma bien los detalles antes de implementar el plan.

ENSEÑANZA: *Los líderes enseñables acrecientan su habilidad de comunicarse clara y creativamente, y a menudo.*

Un líder enseñable está dispuesto a dejar la comodidad por lo incómodo

«Por la fe Abraham, siendo llamado, obedeció para salir al lugar que había de recibir como herencia; y salió sin saber a dónde iba» (Hebreos 11:8).

A principios de mi caminar con Cristo enfrenté una gran decisión de mudarme o quedarme. El Señor desarrolló nuestra fe durante ese tiempo de transición. Apenas tenía dos años de ser cristiano. Un amigo me enseñó sobre el versículo anterior de Hebreos, y mi corazón fue movido de modo extraño por el Espíritu Santo a ir al ministerio de tiempo completo. Eso significaba asistir al seminario (graduarme de teología) a fin de tener el conocimiento y las habilidades para hablar, dirigir y escribir bien. Rita nunca había vivido fuera del condado de Marshall, Alabama. Fuimos a Texas sin saber realmente a dónde iríamos o qué haríamos, pero el Señor hizo claro cada paso a lo largo del camino. Aprendimos a obedecer a Dios y a confiar en que nos daría la sabiduría y las relaciones para hacer su voluntad.

Es hora de salir cuando Dios lo dice, aunque no estés seguro de a dónde ir. Abraham era «amigo de Dios» (Santiago 2:23) que confió en el corazón del Señor. Estaba seguro en su fe, sabiendo que su Padre celestial no lo llevaría por mal camino. ¿Te sientes bien con nada más que el llamado de Cristo como tu próximo paso? ¿Está llamándote a salir de tu zona cómoda a un nuevo nivel de fe y obediencia? La sabiduría en el liderazgo escucha un llamado claro y convincente de parte del Señor.

Reflexión: *Los líderes enseñables están dispuestos a dar un paso en fe, incluso cuando están inseguros de a dónde van.*

Tal vez Dios quiera que te mudes con tu compañía a fin de que tu carrera pueda convertirse en el medio de financiar tu pasión por las misiones. Los lugareños en naciones extranjeras están muy interesados en maestros, amas de casa, médicos, banqueros y comerciantes que visiten sus mundos. El mercado es tu ministerio, pues convalida tu valor y confirma tu carácter. El Señor utilizará tu obediencia para estimular la fe de otros y especialmente la de tu familia.

A menudo la fe de los padres infunde en su posteridad la bendición de la obediencia. Cuando tu hijo adolescente te vea diciendo «sí» al reto de Cristo, será más probable que diga «sí» a la sabiduría cuando enfrente asuntos que impliquen confiar. Tu hija no olvidará pronto las oraciones de tu familia mientras buscabas lo mejor de Dios y obedecías. Los padres que obedecen el llamado de Dios crean la misma expectativa para sus hijos, así que sigue al Señor por ellos.

El llamado de Cristo lleva hacia la bendición de Dios tanto en la tierra como en el cielo, y podría significar prosperidad o pobreza, o algo intermedio. La recompensa más importante es tu herencia eterna. Deja un legado de amar al Señor y habrás amado a tus hijos. Síguelo fielmente y hay muchas más probabilidades de que ellos también lo hagan. ¿Es hora de ir? Entonces ve con tu mejor amigo, Jesús. La sabiduría en el liderazgo está dispuesta a tomar riesgos guiados por el Espíritu.

«Dios bendecía mi casa con su íntima amistad» (Job 29:4, NVI).

¿A dónde está llamándome Cristo a un nivel superior de fe y obediencia?

ENSEÑANZA: *Los líderes enseñables están dispuestos a salir de sus zonas cómodas y aprender nuevas cosas.*

Un líder enseñable lee y comprende libros significativos

Tener lecturas asignadas en libros significativos es una forma de forjar una rutina de debate enriquecedor sobre temas interesantes. Un club de lectura es una manera de lograr este objetivo. Simplemente pide a otras tres personas, que quieran aprender, que se reúnan contigo una vez al mes.

Soy miembro de tres clubes de lectura. Uno estudia clásicos; nos hemos reunido durante tres años y medio. El segundo tiene tres años de antigüedad; leemos biografías, libros de negocios y libros sobre liderazgo. Este año empecé un club de lectura virtual (por videoconferencia) que también estudia los clásicos (¡egoístamente, los libros que ya he leído!).

Cada uno de estos clubes tiene un formato organizado. Para el primer estudio de libros clásicos tomamos noventa minutos durante el almuerzo: treinta minutos para ponernos al día en las vidas de los demás, sesenta minutos para hablar del libro, y unos minutos al final para calificarlo en una escala de uno a cinco, siendo cinco la mejor calificación. El segundo grupo toma sesenta minutos, de 7:45 a 8:45 de la mañana: quince minutos para ponernos al día y cuarenta y cinco minutos para hablar del libro. Usamos el mismo formato de sesenta minutos para club de lectura virtual. Siempre gano mucho más de la experiencia en grupo de lo que ganaría leyendo solo por mi cuenta. Hierro con hierro se aguza (Proverbios 27:17) cuando otros retan nuestra manera de pensar. Echa un vistazo al apéndice para tener una lista sugerida de mi amigo Ken Boa.

ENSEÑANZA: *Los líderes enseñables hablan con otros acerca de libros e ideas atemporales.*

Un líder enseñable nunca deja de aprender

«Di a la sabiduría: Tú eres mi hermana, y a la inteligencia llama parienta» (Proverbios 7:4).

Los líderes son aprendices. Cuando dejan de aprender, dejan de liderar sabiamente. La educación continua es esencial para los líderes que quieren prever y ejecutar con eficacia. No está en buena posición el líder que no evalúa los hechos de una situación y no actúa en la realidad. Pero el líder que siempre está aprendiendo vive de manera prudente y sabia.

Un líder hace continuamente este tipo de preguntas: «¿Cómo podemos entender mejor lo que el cliente quiere y necesita?». «¿Cómo puedo apartarme del camino como el líder y ayudar a que el equipo obtenga éxito?». «¿Cómo puede nuestra organización pasar de buena a excelente integrando y manteniendo las mejores prácticas de nuestra industria?». Los líderes que aprenden a hacer las preguntas adecuadas obtienen las respuestas más exactas y pueden tomar las decisiones más acertadas.

«Dijo luego Josafat al rey de Israel: Yo te ruego que consultes hoy la palabra de Jehová» (1 Reyes 22:5).

Los líderes aprenden escuchando al Señor y a la sabiduría que se encuentra en su Palabra. La condición de ser enseñable no es un acontecimiento educativo de una sola vez, sino que requiere la purga continua del orgullo, la simulación y la carencia de oración. La sabiduría se vuelve como una hermana amada a quien acudes en busca de consejo. La Santa Biblia es tu armadura contra el asalto del pensamiento imprudente.

Reflexión: Los líderes enseñables escuchan primero al Señor cuando buscan decisiones acertadas.

Lee, estudia y aplica con regularidad la Palabra de Dios a tu vida. Lee libros que muestren ejemplos brillantes de líderes dignos de imitar.

Aprende escuchando a maestros que comuniquen la verdad con claridad y convicción. Aprende de tus equivocaciones, y no las repitas. Nuestras relaciones son laboratorios de aprendizaje. Aprende a perdonar con tu familia; aprende a servir con tus amigos; y aprende a amar con tus enemigos. Un líder sabio y enseñable nunca deja de aprender.

«Si sienten algún estímulo en su unión con Cristo, algún consuelo en su amor, algún compañerismo en el Espíritu, algún afecto entrañable, llénenme de alegría teniendo un mismo parecer, un mismo amor, unidos en alma y pensamiento» (Filipenses 2:1-2, NVI).

¿Qué lecciones de vida debo aprender actualmente para que el Señor pueda confiarme más oportunidades educativas?

ENSEÑANZA: *Los líderes enseñables aman a Dios con sus mentes aprendiendo y aplicando la Palabra.*

En una escala de uno a diez, siendo diez «sumamente enseñable», ¿dónde estás tú? ¿Dónde ves una necesidad inmediata de crecer? Sigue confiando en Dios y mantente dispuesto a aprender y crecer.

Resumen de enseñanzas del capítulo cinco

1. Los líderes enseñables siempre están aprendiendo los caminos del Señor.
2. Los líderes enseñables aprenden de otros líderes que complementan sus dones y habilidades.
3. Los líderes enseñables tienen cuidado de no adelantarse a ellos mismos o a quienes dirigen.
4. Los líderes enseñables preparan el corazón y la mente para recibir la verdad.
5. Los líderes enseñables son pacientes para mejorar las cosas, antes de ser más grandes.
6. Los líderes enseñables tienen fe auténtica que reta a otros a tener lo mismo.

7. Los líderes enseñables acrecientan su habilidad de comunicarse clara y creativamente, y a menudo.
8. Los líderes enseñables están dispuestos a salir de sus zonas cómodas y aprender nuevas cosas.
9. Los líderes enseñables hablan con otros acerca de libros e ideas atemporales.
10. Los líderes enseñables aman a Dios con sus mentes aprendiendo y aplicando la Palabra.

Capítulo seis

Disciplina

Es verdad que ninguna disciplina al presente parece ser causa de gozo, sino de tristeza; pero después da fruto apacible de justicia a los que en ella han sido ejercitados.

Hebreos 12:11

Debes organizar tus días para que experimentes profunda satisfacción, alegría y confianza en tu vida diaria con Dios.

John Ortberg

Jesús fue disciplinado

«Entonces Jesús fue llevado por el Espíritu al desierto, para ser tentado por el diablo. Y después de haber ayunado cuarenta días y cuarenta noches, tuvo hambre. Y vino a él el tentador, y le dijo: Si eres Hijo de Dios, di que estas piedras se conviertan en pan. El respondió y dijo: Escrito está: No sólo de pan vivirá el hombre, sino de toda palabra que sale de la boca de Dios» (Mateo 4:1-4).

Jesús pudo dejar su rutina regular, apartarse y estar con Dios. No permitió que su servicio para el Padre sustituyera su comunión con el Padre. Mientras disciplinaba su cuerpo, sus emociones, su alma y su voluntad mediante un ayuno de cuarenta días, fue tentado por el diablo. Jesús había guardado la Palabra de Dios en su corazón, por lo que pudo responder con verdad las acusaciones del adversario. La disciplina previa que había tenido para memorizar las Escrituras apoyó su disciplina actual de ayunar y orar. El Espíritu usa nuestra disciplina para defendernos contra nuestros adversarios y en última instancia derrotar las tentaciones del diablo.

¿Qué es disciplina?

¿Qué viene a tu mente cuando piensas en la palabra *disciplina*?

Probablemente sacrificio, trabajo duro, nada de gracia, ninguna diversión y aterradora determinación. Un diccionario la define de esta manera: «castigo; instrucción, entrenamiento que corrige, moldea o perfecciona las capacidades mentales o el carácter moral».[7]

Estas ideas y definiciones no necesariamente me inspiran a disciplinarme como seguidor devoto y amoroso de Jesús. Necesito un enfoque diferente, una manera de experimentar a Dios que sea tan rutinaria como bañarme, usar hilo dental y cepillarme los dientes.

Aprendamos a manejar las rutinas en lugar de temer a la disciplina

¿Y si pensamos de la disciplina como el manejo de nuestras rutinas buenas?

Hace poco cambié mi rutina matutina de afeitarme. Durante treinta y siete años me afeitaba primero la barba de veinticuatro horas y después me duchaba. Mi lógica era afeitarme primero y luego ducharme para quitarme la crema de afeitar. Tiene sentido, ¿verdad? Sin embargo, a lo largo de los años me hice muchas cortaduras que acepté como parte de la experiencia de rasurarme, experiencia que incluía pegar pedazos de papel en mi barbilla manchada de rojo, ¡y parecer el perdedor en una pelea de boxeo a quince asaltos! Un día en que me quejé de los frecuentes encuentros violentos con mi rasuradora, Rita me recomendó que me duchara primero y después me afeitara. Me explicó: «Esto humedece el rostro y hace que tu barba se mantenga más rígida».

Podrías preguntar: ¿Cómo cambias un hábito de treinta y siete años? Una forma es anticipar menor dolor haciendo un pequeño ajuste en tu rutina. Y créelo, los noventa días siguientes no hubo cortaduras, la afeitada fue mejor y más limpia, y no se necesitó ninguna vergüenza facial. Entonces pensé: *Boyd, ¿qué otras rutinas deben ajustarse, incluso modificarse un poco, a fin de experimentar un resultado mucho mejor, incluso menos dolor?*

Tal vez podamos manejar nuestras rutinas alrededor de la disciplina espiritual del cuidado del alma. Mi opinión es que mientras más edifiquemos nuestra motivación alrededor del cuidado de nues-

7. Merriam-Webster's Collegiate Dictionary, undécima edición, s.v. «discipline».

tra alma, más tendremos el entendimiento y el enfoque para seguir a Dios y su voluntad en nuestras vidas. Si invertimos primero en un alma sana podremos apoyar y cuidar la sanidad de cuerpo, mente y emociones. El cuidado disciplinado del alma empieza con un deseo de la voluntad divina, la muerte a nuestras propias voluntades y cobrar vida para Cristo.

«El hacer tu voluntad, Dios mío, me ha agradado, y tu ley está en medio de mi corazón» (Salmos 40:8). «Deléitate… en Jehová, y él te concederá las peticiones de tu corazón» (Salmos 37:4).

ENSEÑANZA: *Los líderes disciplinados establecen rutinas regulares que aumentan su devoción a Jesús.*

Los líderes disciplinados rinden su reino al reino de Dios

«De cierto, de cierto os digo, que si el grano de trigo no cae en la tierra y muere, queda solo; pero si muere, lleva mucho fruto» (Juan 12:24).

Hace poco tiempo me topé con esta historia muy ingeniosa, pero convincente, acerca de cómo organizamos nuestras vidas en formas que puedan reflejar o no las prioridades del Señor.

Parábola moderna: Un reino de bellotas

Había una vez en una tierra no muy lejana un reino de bellotas, un sinnúmero de ellas ubicadas al pie de un enorme y antiguo roble. Ya que los ciudadanos de este reino eran bellotas modernas y totalmente occidentalizadas, se dedicaban a sus asuntos con energía resuelta.

Como eran bellotas de mediana edad de la posguerra, recibían muchos cursos de autoayuda. Había un seminario llamado «Haz todo lo posible por salir de tu cascarón». También había grupos de bellotas heridas y en recuperación, ya que resultaban magulladas en su caída original del árbol. Había retiros, bañeras de relajación cuyo objetivo era aceitar y pulir cascarones, y varias terapias alópatas que mejoraban la longevidad y el bienestar de las bellotas.

Un día en medio de este reino apareció súbitamente un pequeño desconocido nudoso, al parecer soltado del cielo por un ave que pasaba. Era extraño: sin cáscara y sucio. Hizo una inmediata impresión negativa en sus compañeras bellotas. Agazapado debajo del roble, contó balbuciendo una extraña historia.

—¡Nosotras… so… somos… eso! —dijo a todas las que lo escuchaban, señalando arriba hacia el árbol.

Pensamiento delirante, concluyeron obviamente las demás bellotas.

—Entonces dinos, ¿cómo nos convertiremos en ese árbol? —preguntaron una o dos de ellas que seguían participando en la conversación.

—Bueno —contestó él, señalando hacia abajo—, tiene algo que ver con entrar en la tierra y romper el cascarón.

—¡Demente! —exclamaron—. ¡Totalmente morboso! ¡Entonces ya no seríamos bellotas![8]

Ingeniosa y convincente. ¿Cuál es para ti la aplicación de la historia de las bellotas?

¿Qué reino tiene tu lealtad: tu diminuto reino de bellotas o el enorme reino divino de árboles?

El salmista describió cómo un árbol aferrado al agua dadora de vida produce deliciosos frutos: «Ese hombre es como un árbol plantado junto a los arroyos: llegado el momento da su fruto, y sus hojas no se marchitan. ¡En todo lo que hace, prospera!» (Salmos 1:3, RVC).

> **ENSEÑANZA:** *Los líderes disciplinados plantan sus vidas en el agua de la Palabra de Dios y dan mucho fruto.*

Los líderes disciplinados están inspirados por su devoción a Cristo

«Se entregó de corazón a los caminos del Señor» (2 Crónicas 17:6, RVC).

¿Cuál es la diferencia entre devoción y disciplina? ¿Es una más valiosa que la otra? Devoción es un compromiso absoluto con Cristo y su manera de hacer las cosas. Involucra el corazón y la mente para aprender los caminos del Señor y luego aplicarlos. Devoción debe ser la fuerza

8. Ver https://tadhgtalks.me/2016/08/18/acornology-the-story-of-the-acorn/.

impulsora detrás de la fe del discípulo para perseverar en el llamado de Cristo en su vida. Tu devoción a Dios dictamina el modo en que vives.

Por otra parte, disciplina es la capacidad de mantenerte enfocado en la tarea encomendada. Termina la misión o completa el curso. Una persona disciplinada se adiestra en mejorar su fortaleza y dominio propio. Es devota en realizar rutinas, cumplir tareas y concluir propósitos. La disciplina está diseñada para hacer crecer tu fe, con lecturas regulares de la Palabra de Dios y oraciones contagiosas de alabanza, acción de gracias, confesión y arrepentimiento.

No obstante, asegúrate de que tu disciplina esté impulsada por tu devoción o te volverás crítico e insensible. La devoción a Cristo primero mantiene tu fiel corazón lleno de gracia y verdad. Disciplina sin devoción es como nubes sin agua que no dan lluvia refrescante. Puede volverse algo tan rígido en sus reglas que haga huir a personas decentes y devotas. Por tanto, sé devoto a Dios y a las personas. «Ámense unos a otros como hermanos, y respétense siempre» (Romanos 12:10, TLA).

Además, dirige tu devoción apasionada a centrarte en una cosa. Al igual que Pablo, aprende a canalizar todas tus energías en un solo esfuerzo, y a llegar hasta el final. «Pablo estaba entregado por entero a la predicación de la palabra, testificando a los judíos que Jesús era el Cristo» (Hechos 18:5). Es mejor completar una tarea que empezar una decena y dejarlas inconclusas. En realidad, tu devoción a Cristo determina tu disciplina a largo plazo. Conserva esta motivación, y obtendrás disciplina. Un corazón dedicado a los caminos del Señor no se desvía.

¿Está mi corazón dedicado a los caminos del Señor? ¿Fluye mi disciplina de mi devoción a Cristo?

> **ENSEÑANZA:** *Los líderes disciplinados son sabios en no sustituir su cálida devoción por fría disciplina.*

Un líder disciplinado tiene un deseo creciente por el cuidado disciplinado del alma

¿Cuáles son entonces algunas maneras en que podemos acrecentar nuestro deseo de cuidar el alma en torno a rutinas útiles? Una manera es apartarse y callar delante del Señor en medio de su creación.

Hace varios años estaba recuperándome de cáncer de próstata en etapa inicial. Mi mente, corazón y cuerpo necesitaban una infusión divina. Mi alma debía alcanzar a mi frenético ritmo. Necesitaba silencio a fin de manejar mi ruidosa vida. Mi energía para dirigir estaba gastada. Emocional y físicamente agotado, pero espiritualmente expectante, empecé mi ejercicio de oración para escuchar en silencio en el Bethlehem Retreat House (cerca de Rochester, Nueva York).

He aquí un extracto del diario de mi precioso tiempo allí, mientras experimentaba el amor de mi Padre celestial:

> Acabo de reunirme con el hermano Earl Marcellus. Su espíritu era humilde, divertido y encantador. El hombre luchaba con una garganta irritada y tenía algo de dificultad auditiva, pero nos comunicábamos bien. Le agradecí al hermano Marcellus por su tiempo y le pedí su sabiduría sobre cierto asunto. Contestó que no tenía sabiduría, pero que el Espíritu Santo guiaría nuestra conversación.
>
> En voz alta declaré: «Nuestro Padre celestial está llamándome a un entendimiento más profundo y a experimentar gracia y humildad». Me pregunté qué consejo me daría sobre cómo crecer en gracia y humildad debido a sus años de caminar con Cristo nuestro Señor. Las siguientes palabras que salieron de su boca me sorprendieron: «¡Necesitas ser un santo!». No solo un santo común, y sin duda no un santo que apenas entre al cielo, sino un santo que busque ser santo como Dios es santo. Sí, obedecer sus mandamientos, porque Jesús dijo que si lo amamos le obedeceríamos. Y que quienes deseen ser llamados sus hermanos o hermanas oyen su Palabra y la hacen.

ENSEÑANZA: *Los líderes disciplinados son influenciados por otros líderes disciplinados.*

El hermano Marcellus hizo hincapié en la disciplina crítica de agradecer a Dios, momento a momento, por lo que encuentro en la vida diaria. Si un mosquito vuela alrededor de mi cabeza, le agradezco a Dios; si mi equipo de fútbol universitario pierde, agradezco a Dios; si contraigo cáncer, agradezco a Dios. Le conté al hermano Marcellus que yo había experimentado cáncer de próstata en etapa inicial y que me acerqué a Cristo más que nunca antes. Él siguió explicando que Dios quiere que el 100% de nuestros afectos sean a su voluntad y no a la nuestra. Podemos apegarnos demasiado a algo que no es la voluntad divina, y entonces enojarnos cuando ese algo se dificulta o cuestiona. Al agradecer a Dios en todo somos liberados de la ira o el afecto; somos liberados de ese objeto de nuestro apego.

—Boyd, ¿quieres saber qué significa andar en gracia y humildad con Jesucristo? —preguntó el hermano Marcellus.

—Sí.

—Cada vez que te lastimen o te ofendan, el tiempo que tardes en agradecer a Dios y perdonar es un indicador de lo cerca que caminas con Cristo.

Entonces sostuvo en alto sus dos puntiagudos índices huesudos separados quince centímetros, y los juntó lentamente.

—Algunos tienen una vida de falta de perdón, y mueren en amargura —continuó—. Otros tardan años en perdonar; otros más, meses; aun otros, semanas; otros, días; otros más, horas; aun otros, minutos; otros más, segundos; y para aquellos cuyo camino es más cercano a Cristo, su perdón y acción de gracias es simultáneo a la ofensa.

Quedé sin aliento. Mi alma se estimuló, mis emociones se elevaron, y le pedí a mi Padre celestial que eliminara cualquier falta de perdón o ingratitud que perdurara en mi corazón. ¡Me sentí realmente libre!

ENSEÑANZA: *Los líderes disciplinados perdonan rápidamente y permanecen agradecidos a Dios.*

Le agradecí al hermano Marcellus por su tiempo. Me concedió diez minutos adicionales para un total de cuarenta.

Le pregunté si podía orar por él.

—Desde luego —contestó.

Entonces habló maravillosamente durante otros cinco minutos sobre el arte de la oración continua.

—Boyd, en lugar de hablarnos durante el día, debemos tomar esas mismas conversaciones y tenerlas con nuestro Padre celestial. ¡Eso es oración! Por tanto, cuando no estemos seguros, preguntémosle al respecto. Cuando estemos enojados, trabajemos en eso con Él, agradeciéndole y procesando el enojo con el Señor.

Entonces oré silenciosamente por el hermano Marcellus, agradeciendo a Dios por él y la sabiduría que nuestro Señor me declaró a través de esos labios.

Honrado por estar en el salón con indiscutible grandeza, le pedí que orara por mí.

—Por supuesto, Boyd —contestó—. Es un honor orar por ti.

Me arrodillé frente a él, junto a su silla al lado del pequeño sofá donde yo estaba sentado. Fue como si estuviera en la presencia de Jesús, ¡y así era!

El hermano Marcellus se inclinó sobre mí y oró:

—Bendito Padre, bendice a tu hijo Boyd con tu gran amor. Llénalo con tu Espíritu para que conozca y obedezca tu voluntad. Que su vida te traiga gloria. Y sí, Padre, que él lleve abundante fruto para tu gloria. Amén.

Sus manos algo temblorosas me tocaron la cabeza. Sí, ¡yo había sido tocado por Dios a través de su siervo piadoso! Me levanté y abracé su frágil y fiel cuerpo. Sentí el abrazo del Padre celestial.

Les había pedido al hermano Marcellus y al Señor un entendimiento más profundo de la sabiduría y la humildad, y durante cuarenta minutos este hombre de Dios, este gran santo de Jesús, vivió, respiró, habló y oró como alguien lleno del Espíritu, saturado de gracia y sabiduría. Él modeló el camino recto frente a mí. ¡Gracias, Jesús!

Majestuosamente, sentí que mi alma era transportada como sobre alas de ángeles. En un modo surrealista me dirigí al baño de hombres y lloré. Oré: «Amado Señor, quiero ser un santo desinteresado, humilde y lleno de gracia como el hermano Marcellus. Gracias por permitirle hoy día ser para mí como Jesús. Gracias, Padre celestial, ¡por declarar tu Palabra a través de tu siervo!».

ENSEÑANZA: *Los líderes disciplinados caminan con líderes sabios, aplican los que dicen y copian sus acciones.*

Los líderes disciplinados adquieren fluidez en el silencio, el lenguaje de Dios

No hace falta un retiro silencioso de cinco días si quieres escuchar de Dios o desarrollar un caminar disciplinado con Cristo. Pero si puedes hacer esta inversión de tiempo, no te desilusionarás. Hablo más acerca de esta experiencia en video en www.wisdomhunters.com. Recuerda, la oración nos ahorra tiempo al poner de acuerdo nuestras agendas con la de Dios. La oración nutre nuestra fe y fortalece nuestro trabajo. Maneja de forma creativa tus rutinas experimentando al Señor en oración, reflexión bíblica y adoración. Hay un lenguaje universal que el Señor habla, y es el silencio. Lee en silencio las próximas páginas. Quizá debas apagar tu teléfono. Escucha: El Señor está hablando.

«Así dijo Jehová el Señor, el Santo de Israel: En descanso y en reposo seréis salvos; en quietud y en confianza será vuestra fortaleza. Y no quisisteis… Por tanto, Jehová esperará para tener piedad de vosotros, y por tanto, será exaltado teniendo de vosotros misericordia; porque Jehová es Dios justo; bienaventurados todos los que confían en él» (Isaías 30:15, 18).

Isaías describió el corazón del Señor soberano para que su pueblo disfrutara salvación a través de arrepentimiento, reposo, silencio y confianza. Estos atributos eran el combustible para las fuerzas que tendrían. Aunque inicialmente se resistieron, el Señor se mantuvo compasivo a fin de recordarles su justicia. Si esperaban en el Señor, Él cumpliría sus promesas a su pueblo. Cuando esperamos lo mejor de Dios, nos vienen bendiciones. Cuando las cargas nos acosen, no entremos en pánico ni actuemos como si estuviéramos solos, más bien confiemos tranquilamente.

El silencio es el remedio del alma para la fatiga espiritual. Callemos.

¿Estás perfeccionando el lenguaje divino del silencio? ¿Puedes comprender lo que Cristo le dice a tu corazón a través de las Escrituras inspiradas por el Espíritu Santo y mediante su creación? Calla y conoce que Él es Dios. Calla y conoce que Él es. Calla y conócelo. Calla y conoce. Calla. Esto es algo que debe aprenderse, tal como con cualquier idioma. Un lingüista dedica su habilidad y energía a aprender un idioma nuevo, y con el tiempo es conversacionalmente fluido. Así que, mantente inmerso en el proceso. Tu Padre celestial es paciente para obrar en ti donde te encuentras. Aprende también de quienes hablan fluidamente el lenguaje del silencio. El lenguaje de Dios no debe tomarse a la ligera. Silencia tu corazón, y te convertirás en un discípulo que termina bien.

«¡Silencio! ¡Sepan que yo soy Dios!» (Salmos 46:10, NBV).

«En lugares de delicados pastos me hará descansar; junto a aguas de reposo me pastoreará. Confortará mi alma; me guiará por sendas de justicia por amor de su nombre» (Salmos 23:2-3).

«En descanso y en reposo seréis salvos; en quietud y en confianza será vuestra fortaleza» (Isaías 30:15).

«Aprenda en silencio y con toda sujeción» (1 Timoteo 2:11, RVC).

ENSEÑANZA: *Los líderes disciplinados aprenden a escuchar al Señor y a recibir su tierno amor.*

Prisa: el enemigo de estar callados y escuchar

Parece haber un enemigo para todo lo bueno que experimentamos, y la prisa es sin duda lo contrario de callar y conocer a Dios. ¿De qué manera entonces podemos frenar nuestras vidas, especialmente con nuestras familias?

Me gusta el libro de John Ortberg, *Guarda tu alma*, donde cita a su mentor Dallas Willard: «La prisa es el gran enemigo de nuestra vida espiritual en nuestros días. Debes eliminarla implacablemente de tu existencia».

John continúa: «El espacio donde hallamos reposo y sanidad para nuestras almas es la soledad… Mi mente puede obsesionarse con los ídolos; mi voluntad puede someterse a los hábitos; mi cuerpo puede consumirse con los apetitos. Sin embargo, mi alma nunca encuentra reposo hasta que descansa en Dios».[9]

ENSEÑANZA: *Los líderes disciplinados son implacables en su búsqueda de callar y conocer a Dios.*

9. Ver https://www.goodreads.com/work/quotes/26961849-soul-keeping-caring-for-the-most-important-part-of-you.

Los padres disciplinados practican crianza de baja velocidad

«Padres, no provoquéis a ira a vuestros hijos [no los exasperen hasta el punto del resentimiento], sino criadlos [con ternura y bondad] en disciplina y amonestación del Señor» (Efesios 6:4).

Recientemente disfruté viendo a nuestro nieto de cuatro años en una clase de natación. En nuestro camino de regreso al auto a través del estacionamiento nos topamos con un reductor de velocidad de color amarillo: sesenta centímetros de ancho, tres metros de largo, y treinta centímetros de alto. Era perfecto para una fingida caminata en una elevada cuerda floja de un circo imaginario. Nuestro chico de cuatro años y su hermanito de dos corrieron hacia el reductor de velocidad con papá y mamá a los lados. Los padres observaban pacientemente a los niños caminar con paso enérgico a través de la aventura de asfalto. Con solo cinco minutos de retraso, todos juntos disfrutamos un momento, un recuerdo. Papá y mamá permitieron que un reductor de velocidad los frenara y alegremente experimentaran a sus hijos.

Que sepamos, el apóstol Pablo no tuvo hijos propios, pero fue un estudiante de la crianza. Por aguda observación sabía que un niño necesita oportunidades espontáneas para expresar sus intereses infantiles. Un padre explosivo e inflexible se arriesga a exponer a su hijo o hija a un torbellino de actividades a través de su infancia. Un chico que no puede tomar las cosas con calma y ser niño, puede convertirse en alguien irritado, exasperado e incluso resentido. Los padres que permiten el tiempo necesario a sus hijos, manifiestan el amor paciente de Dios. La instrucción del Señor se recibe mejor con una crianza de baja velocidad.

«Mucho me regocijé porque he hallado a algunos de tus hijos andando en la verdad, conforme al mandamiento que recibimos del Padre» (2 Juan 1:4).

> ***Reflexión:*** *Los padres que confían en el Señor son capaces de tomar las cosas con calma y permitir que la alegría los alcance.*

¿Te descubres a veces adorando en el altar de la prisa? Descubres que tu programación hiperactiva compite con el tiempo familiar de calidad. La prisa no es un distintivo de buena crianza, sino una confesión de un calendario fuera de control, el cual puede llevar a descontrolarse a un hijo. Quizá puedas declarar que un día a la semana estarás libre de tecnología. Utiliza ese tiempo para representar historias bíblicas y realizar juegos de mesa. Sal a caminar después de la cena y ora por un amigo que necesite a Jesús. Disfruten todos juntos al menos una comida al día. La crianza desacelerada requiere audaz planificación.

Un deporte o pasatiempo al año por hijo puede ser suficiente. Cuando como padre tomas las cosas con calma, puedes llegar a entender realmente las necesidades y los anhelos únicos de cada hijo. Ninguno se siente excluido cuando dedicas tiempo de calidad a cada uno. La interacción de calidad con tu hijo fluye de tiempos sin prisa. Sobre todo, desacelérate a fin de estar con tu Salvador. Cristo concede claridad y confianza en medio de un tiempo apacible de oración. Tu alma revela quién eres; tu corazón recibe fortaleza para el viaje de la vida; tu mente se renueva con la verdad; y tu voluntad se adapta a la voluntad divina. La crianza sin prisas es una imagen de la amorosa paciencia del Señor. ¡Desacelera para invertir en lo que es mejor!

«¡Jehová! ¡Jehová! fuerte, misericordioso y piadoso; tardo para la ira, y grande en misericordia y verdad; que guarda misericordia a millares, que perdona la iniquidad, la rebelión y el pecado» (Éxodo 34:6-7).

Padre celestial, concédeme paciencia para tener tiempo sin prisa contigo y con mi hijo.

ENSEÑANZA: *Los líderes disciplinados sacan tiempo para estar presentes y vivir en el presente.*

Los líderes disciplinados practican disciplina empresarial en su trabajo

«Prepara tus labores fuera, y disponlas en tus campos, y después edificarás tu casa» (Proverbios 24:27). El último ámbito de disciplina que me gustaría analizar tiene que ver con los negocios y el trabajo.

¿Somos buenos ejemplos de trabajadores diligentes? ¿Nos definen la excelencia, la innovación y el elevado valor?

¿Qué es disciplina empresarial? Viene de los líderes que son disciplinados: hombres y mujeres que entienden la necesidad del orden y la integridad, respaldados por una óptima competencia. Cuando nuestra pasión se canaliza hacia procesos de productividad continua, entonces practicamos disciplina empresarial.

Salomón ofrece sano consejo sobre cómo establecer nuestro trabajo antes de construir nuestras casas y tener familias. Sabias palabras, por cierto. En la época de las granjas pequeñas era prudente ahorrar y pagar en efectivo por la tierra, y luego dedicar el tiempo y trabajo necesarios a fin de preparar los campos. Hoy día un adulto joven es inteligente para desarrollarse pacientemente en su profesión antes de meterse en responsabilidades como casarse, criar hijos y endeudarse. Es mejor poner en orden las finanzas antes de comprar una casa. La disciplina empresarial establece objetivos y avanza por fe.

«Poderoso es Dios para hacer que abunde en vosotros toda gracia, a fin de que, teniendo siempre en todas las cosas todo lo suficiente, abundéis para toda buena obra» (2 Corintios 9:8).

La responsabilidad fiscal es un factor importante de éxito en la disciplina empresarial. Proyectemos y manejemos dinero en efectivo de una manera que proporcione capital para respaldar la innovación continua, y al mismo tiempo nos mantendremos preparados para una recesión económica inesperada. Mantenerse dentro o bajo el presupuesto permite a una empresa compartir sus ganancias con las personas responsables de su éxito. Además, la responsabilidad fiscal como disciplina empresarial se retribuye a la comunidad. Dios confía su abundancia a una empresa generosa.

El manejo sabio del personal es un requisito difícil pero crítico de la disciplina empresarial. Los líderes y directivos cristianos a veces malinterpretan la armonía y la no confrontación como señales de una cultura laboral sana. Sin embargo, en casi todas las organizaciones crecientes algunos de sus miembros que las llevan a una etapa de crecimiento, no tienen los dones o la experiencia para conducirlas al siguiente nivel de éxito. La confrontación amorosa relacionada con el conjunto de habilidades limitadas del individuo sirve mejor al empleado y al empleador. La disciplina empresarial implica despedir y contratar bien. Establece una cultura que honra a Dios mientras en oración sigues un proceso de disciplina empresarial.

«Es verdad que ninguna disciplina al presente parece ser causa de gozo, sino de tristeza; pero después da fruto apacible de justicia a los que en ella han sido ejercitados» (Hebreos 12:11).

Padre celestial, dame la convicción y el valor para administrar y dirigir con humilde disciplina empresarial que te honre.

¿Con quién en el equipo debo hablar acerca de su necesidad de asumir otra función?

ENSEÑANZA: *Los líderes disciplinados trabajan en forma diligente que honre al Señor.*

Considera probar algunas de estas disciplinas:

1. Haz un retiro silencioso para escuchar claramente la voz de Dios respecto a asuntos en tu corazón.
2. Da a tu hijo más tiempo para que sea un niño que sin prisas pase a la siguiente actividad.
3. Busca maneras de aplicar más procesos y procedimientos personales y profesionales en el trabajo.

Resumen de enseñanzas del capítulo seis

1. Los líderes disciplinados establecen rutinas regulares que aumentan su devoción a Jesús.
2. Los líderes disciplinados plantan sus vidas en el agua de la Palabra de Dios y dan mucho fruto.
3. Los líderes disciplinados son sabios en no sustituir su cálida devoción por fría disciplina.
4. Los líderes disciplinados son influenciados por otros líderes disciplinados.

5. Los líderes disciplinados perdonan rápidamente y permanecen agradecidos a Dios.
6. Los líderes disciplinados caminan con líderes sabios, aplican los que dicen y copian sus acciones.
7. Los líderes disciplinados aprenden a escuchar al Señor y a recibir su tierno amor.
8. Los líderes disciplinados son implacables en su búsqueda de callar y conocer a Dios.
9. Los líderes disciplinados sacan tiempo para estar presentes y vivir en el presente.
10. Los líderes disciplinados trabajan en forma diligente que honre al Señor.

Capítulo siete

Gratitud

Mas yo con voz de alabanza te ofreceré sacrificios; pagaré lo que prometí. La salvación es de Jehová.

Jonás 2:9

Yo diría que el agradecimiento es la más excelsa forma de pensamiento; y que la gratitud es felicidad duplicada por el asombro.

G. K. Chesterton

Jesús fue agradecido

«Quitaron la piedra de donde había sido puesto el muerto. Y Jesús, alzando los ojos a lo alto, dijo: Padre, gracias te doy por haberme oído» (Juan 11:41).

«Tomó Jesús aquellos panes, y habiendo dado gracias, los repartió entre los discípulos, y los discípulos entre los que estaban recostados; asimismo de los peces, cuanto querían» (Juan 6:11).

Jesús se apresuró a agradecer a su Padre por la oración contestada cuando su buen amigo Lázaro fue resucitado. La gratitud de Cristo dio gloria a Dios. Jesús también agradeció por la increíble provisión del Señor cuando alimentó a los cinco mil. Dar gracias a su Padre fue su honorable respuesta.

Mi lucha para alabar a Dios en medio de mi dolor

En mi recuperación del tratamiento contra el cáncer hace unos años descubrí que la molestia física era insoportable. Le pedí a mi esposa Rita la medicación del dolor, y también que me abrazara y pusiera el canto de adoración «¡Cuánto nos ama!». Nos sentamos juntos y nos abrazamos mientras alabábamos y adorábamos a Dios. Una frase de la canción, que tiene que ver con aflicciones y la gloria de Dios, se volvió muy real en mi condición dolorosa. En medio de nuestro pequeño culto de adoración sentí gran efusión del amor de mi Padre celestial. Alabar a Dios en mi dolor liberó su estribillo consolador: «Te amo».

Alabar a Dios es el fruto de la gratitud a Él, pero a veces me desvío hacia la autocompasión cuando tropiezo y me tambaleo, atrapado en la mentalidad de víctima. Lucho por ser un buen seguidor de mi Salvador Jesús, pero no vivo la sabiduría en el liderazgo cuando el dolor emocional o físico capta mi pensamiento y agota mi energía. Al igual que alguien obsesionado con sus audífonos de realidad virtual, puedo crear mi propio mundo desviado de la realidad del amor, el perdón y la santidad de Dios. Mi obsesión cava una tumba para la gratitud y la entierra con mi actividad crónica. Afortunadamente, cuando el dolor de mi queja supera al de mi falta de alabanza al Señor, el Espíritu Santo reanima mi alma confundida. La gratitud y alabanza a Cristo recalibran la realidad del control de Dios.

Reflexión: *El dolor nos posiciona para profundizar más con nuestros seres amados y con el Señor.*

En el caso de Jonás, su gozosa alabanza (Jonás 2:9) fue el preludio a ser expulsado por la boca del gran pez hacia tierra firme. En el momento más sombrío podemos optar por entonar cánticos de adoración agradecida a nuestro Dios todopoderoso. La alabanza agradecida penetra en un alma solitaria, incrustando esperanza. Con precisión de cirujano, la salvación en Jesús elimina nuestro tumor mortal de pecado y libera la fe de la sangre que da vida. Cuando la ansiedad toca la puerta de nuestro corazón, ahogamos su ruido al sumergirnos en música de alabanza.

«Lleguemos ante su presencia con alabanza; aclamémosle con cánticos» (Salmos 95:2).

La alabanza agradecida brota de un corazón repleto de Dios. No podemos contener nuestra gratitud a nuestro Padre bueno y clemente. A pesar de nuestro coqueteo con ídolos vanos, el Espíritu nos atrae de nuevo con su amor incalculable. Nuestra adoración ferviente al Rey que murió por nosotros nos ocasiona un nudo emocional en nuestras gargantas, y lágrimas corren por nuestras mejillas. La alabanza agradecida es un río que siempre nutre el alma. No podemos quedarnos callados debido a la fuerte voz del amor que clamó en la cruz.

Reflexión: La gratitud y alabanza a Cristo nos recuerdan la realidad del control de Dios.

Nuestra salvación en Jesús nos lleva a proclamar alabanzas agradecidas que hacen retroceder al enemigo. Satanás no puede soportar los cánticos de salvación en Jesús, porque estas verdades bíblicas, emocionales y armoniosas no se olvidan fácilmente.

Con regularidad cantamos que estamos alejándonos del engaño del pecado para adentrarnos en la realidad de la voluntad divina. Una vez estuvimos espiritualmente ciegos; ahora los ojos de nuestra alma ven a Cristo, lleno de amor, compasión y santidad. La alabanza agradecida adorna nuestro espíritu con la belleza de la bondad divina. ¡Alábalo!

Nuestros momentos edificantes de adorar a Dios son su oportunidad de recordarnos nuestras obligaciones hacia Él. Cuando lo vemos en toda su gloria, visualizamos su llamado a la pureza. Del agradecimiento ofrecido a nuestro Padre celestial fluyen motivos puros, pensamientos puros, lecturas puras, reflexiones puras, conversaciones puras, relaciones puras, relaciones comerciales puras y gozo puro. Al igual que Jonás, ofrecemos alabanza agradecida a Dios en medio de nuestras circunstancias difíciles y observamos cómo convierte nuestros problemas en oportunidades. ¡Alábalo!

La sabiduría en el liderazgo vence el dolor con persistente alabanza.

«Cantad a Jehová con alabanza, cantad con arpa a nuestro Dios» (Salmos 147:7).

Padre celestial, levanto hacia ti mi corazón de alabanza agradecida en gozosa adoración. Muéstrame tu camino para poder caminar en tu amor.

ENSEÑANZA: *Los líderes agradecidos miran a menudo al Señor con alabanza sincera y acción de gracias.*

La fe agradecida es evidencia de una vida sanada por Dios

«¿No hubo quien volviese y diese gloria a Dios sino este extranjero? Y le dijo: Levántate, vete; tu fe te ha salvado» (Lucas 17:18-19).

¿Recuerdas la historia de los diez leprosos que fueron curados por Jesús, y solo uno regresó a agradecerle? Parece que incluso hoy día solo el 10% de la población saca tiempo para volver al Bendecidor (Dios) y agradecerle por sus bendiciones.

La fe agradecida llega al fondo de la cuestión, compromete el corazón de Dios y sana el mío. Antes de conocer a Jesús, yo era un muchacho destrozado, de un hogar destrozado, en necesidad de integridad en cuerpo, alma y mente. Espiritualmente estaba enfermo y necesitaba un Salvador, pero durante años fui como los zombis, inconsciente de la condición enferma de mi alma. Demasiado ocupado para orar, me ocupaba del colegio, los deportes y los eventos sociales. Pero en medio de una crisis de adolescente (un accidente automovilístico) oré. Debía cambiar antes que me hiciera daño gravemente o lastimara a alguien más. El Señor empezó el proceso de curar mi corazón destrozado.

Jesús mostró misericordia a diez leprosos enfermos curándoles la enfermedad mientras iban a encontrarse con las autoridades espirituales de la época. Cristo sabía que la sanidad física de ellos era una oportunidad para experimentar a Dios. Desesperados por librarse de su debilitante condición, estos marginados sociales obedecieron la orden del Señor. Todos los diez empezaron invocando a Jesús, pero solo uno (que también sufría de rechazo racial) regresó a su Salvador y Señor para agradecerle personalmente. Quienes más sufren pueden experimentar una obra más profunda de la gracia que los obliga a alabar a Dios.

«Jehová, tú eres mi Dios; te exaltaré, alabaré tu nombre, porque has hecho maravillas; tus consejos antiguos son verdad y firmeza» (Isaías 25:1).

> ***Reflexión:*** *La fe agradecida lleva a sanidad continua de una vida destrozada.*

¿Te han marginado debido a tu raza, género o religión? ¿Tienes necesidad de integridad espiritual, emocional o física? Tu salvación en Cristo es solo el comienzo de su obra de gracia en tu vida. Algunos viejos hábitos se transforman en un instante, pero otros tardan años en cambiar. Quizá hay heridas de la infancia o adolescencia que ignoras; todavía te agitan el alma. Si las emociones se entierran vivas, más tarde se manifiestan en expresiones malsanas. Si tienes heridas tan profundas, humíllate y reúnete con un buen consejero cristiano. La fe agradecida recibe ayuda que facilita la curación divina.

Además, sé intencional en expresar fe agradecida a Dios y a otras personas. Alábalo por su fidelidad perfecta, por sus obras maravillosas y por los planes que estableció hace mucho tiempo, precisamente para ti. Agradece al Señor por sanar tu corazón herido por el pecado, el dolor y la muerte. La fe agradecida evita que des por sentadas las bendiciones de Dios. La integridad del Señor en tu vida te brinda la capacidad de amar y agradecer a otros. Eres bendecido para ser bendición. Eres perdonado para perdonar. Eres aceptado para aceptar a otros. Tu fe agradecida te califica para integridad y santidad.

«Con gozo dando gracias al Padre que nos hizo aptos para participar de la herencia de los santos en luz» (Colosenses 1:12).

Padre celestial, aumenta mi fe agradecida para poder convertirme en seguidor saludable de Jesús.

ENSEÑANZA: *Los líderes agradecidos tienen un patrón de agradecimiento continuo hacia Dios y las personas.*

Gratitud fluye libremente de un corazón restaurado por el amor de Cristo

«No nos apartaremos de ti; vida nos darás, e invocaremos tu nombre. ¡Oh Jehová, Dios de los ejércitos, restáuranos! Haz resplandecer tu rostro, y seremos salvos» (Salmos 80:18-19).

Mi esposa Rita y yo nos criamos en un pueblo pequeño rodeado de granjas de dieciséis hectáreas y gallineros. ¡Quizá algunos lectores se identifican! Veinte años después de nuestro matrimonio, Rita heredó felizmente de su abuela la mesa de comedor, el aparador y la cristalería. Emociones positivas le inundaron el corazón al recordar las vacaciones alrededor de estos accesorios silenciosos para alegría y buena comida. Crujiente pollo frito… algunas sobras quedaban en el aparador después del almuerzo para que cualquiera las comiera y hasta para disfrutar en la cena. Pan de maíz se servía de una sartén caliente de hierro fundido (manejada cuidadosamente con guantes para hornear) que dejaba su marca en la superficie de madera barnizada de la mesa. Las huellas de una infancia despreocupada estaban grabadas en este raro premio.

Pedimos prestada una camioneta y emprendimos la aventura de tres horas de viaje desde Atlanta hasta Alabama para recoger estas antigüedades olvidadas y restaurarlas a sus formas originales. Retrocedimos hasta un cobertizo en ruinas que tenía un techo de metal oxidado, inclinado como si fuera a derrumbarse en cualquier momento. Retiramos cortinas de telarañas ubicadas para enredarse en nuestros rostros, y finalmente encontramos nuestros tesoros, medio cubiertos por una sucia lona azul. Cubrimos los olvidados muebles con mantas de embalaje y los montamos en forma segura en la parte posterior de la camioneta.

Una vez en casa encontré un restaurador profesional de muebles que con toda confianza «bautizó» (sumergió) cada pieza de madera en un tanque de químicos, eliminando completamente las capas generacionales de acabado. En las semanas siguientes aplicó barniz de madera color cereza, muy paliativo para la vista. Con alegría, esta reliquia portadora de recuerdos de la infancia de Rita fue restaurada y colocada en nuestro comedor como un recordatorio de nuestra necesidad de alcanzar y restaurar personas, lugares y cosas que necesitan nuestra paciente atención y amor. Los líderes agradecidos celebran la suficiencia de Cristo tanto en sus vidas como en las de otros.

«Hermanos, si alguno fuere sorprendido en alguna falta, vosotros que sois espirituales, restauradle con espíritu de mansedumbre, considerándote a ti mismo, no sea que tú también seas tentado» (Gálatas 6:1).

Reflexión: Los líderes agradecidos son intencionales en invertir en relaciones necesitadas de restauración.

¿Qué familiar o amigo necesita que te le acerques, que le ayudes a desempolvar sueños frustrados y a recordarles su esperanza en el amor de Cristo? Tender la mano es relacionalmente engorroso y a veces emocionalmente horrible, pero el tiempo, la energía, y el dinero invertido pueden producir una hermosa vida restaurada por la gracia de Dios. Nos extendemos a otros y Dios restaura. Oramos y a veces nos convertimos en la respuesta del Señor a nuestras oraciones. Somos amados por Cristo para que con su amor podamos amar a los demás.

Confía en Jesús a fin de traer restauración espiritual, emocional, relacional y física en su tiempo perfecto.

«Vuélveme el gozo de tu salvación, y espíritu noble me sustente» (Salmos 51:12).

Padre celestial, concédeme valor y deseos de cuidar para extenderme a otros, mientras confío en que los restaures por tu gracia.

ENSEÑANZA: *Los líderes agradecidos celebran la restauración de Cristo tanto en sus vidas como en las de otros.*

Una nación agradecida da gracias al Señor

«Diréis en aquel día: Cantad a Jehová, aclamad su nombre, haced célebres en los pueblos sus obras, recordad que su nombre es engrandecido» (Isaías 12:4).

Las grandes naciones son naciones agradecidas. Nuestra nación se está alejando más y más de Cristo; estamos alejándonos más de los valores y principios bíblicos que originalmente bendijo Dios. Recordemos lo que significa ser una nación que a menudo agradece al Señor, ¡no solo en el Día de Acción de gracias!

¿Seguiremos la fe de los padres fundadores de nuestra nación, o nos acobardaremos ante las élites presumidas que se deleitan en criticar nuestra fe en Cristo? Es mejor llegar a ser como nuestros líderes que con su bondad, sentido común y valor patriótico hicieron grande a los Estados Unidos, que sentirse avergonzados por quienes se burlan de la religión como una farsa. Nuestra sociedad pluralista puede experimentar un espíritu unificado con humildad, corazones agradecidos, respeto mutuo y fe en el Dios santo.

Una nación nacida con libertad religiosa tiene mucho que agradecer al Dios todopoderoso. Podemos agradecerle porque la tiranía del hombre vive a océanos de distancia y somos libres para adorar, votar y tratar a nuestros compatriotas con civismo y respeto. «Tú con tu mano echaste las naciones, y los plantaste a ellos; afligiste a los pueblos, y los arrojaste» (Salmos 44:2). Dios es el iniciador y sustentador de la libertad de nuestra nación; sin el Señor perdemos.

Se nos hace un gran nudo en nuestras gargantas al recordar a hombres y mujeres cuya sangre saturó el suelo de campos extranjeros para preservar nuestras libertades. La libre empresa, la libertad de expresión, la prensa libre y la libre adoración en nuestra nación existen gracias a un sacrificio severo. ¿Cuándo fue la última vez que le agradeciste al Señor por aquellos en las líneas del frente que arriesgaron sus vidas por tu libertad? La bendición de Dios permanece donde la gratitud se acumula, así que agradécele a menudo por esto.

> ***Reflexión:*** *Una nación agradecida a menudo regresa a agradecer al Señor por sus bendiciones.*

De hecho, es una nación con carácter aquella que se posiciona para bendición divina. Por tanto, no solo pide a Dios que bendiga a los Estados Unidos; también agradécele por ya haber bendecido a la nación. «Cantaban, alabando y dando gracias a Jehová, y diciendo: Porque él es bueno, porque para siempre es su misericordia sobre Israel» (Esdras 3:11). Una nación agradecida da la gloria a Dios por su bondad. Debido a nuestro agradecimiento nacional, el mundo se pregunta qué puede hacer Dios por ellos. Así que, si los Estados Unidos de América agradecen al Dios todopoderoso, nos convertimos en una luz esplendorosa cuando hombres y mujeres de todo el mundo se dan cuenta de nuestra humilde dependencia en Él.

Jesús describió el papel colectivo del pueblo que teme a Dios: «Vosotros sois la luz del mundo; una ciudad asentada sobre un monte no se puede esconder» (Mateo 5:14).

Si extinguimos nuestra luz abandonando la fe de la que venimos, Dios levantará otras naciones para que ocupen nuestro lugar. Sin embargo, Él sonríe cuando ve que una nación lo reconoce como Señor y Salvador; lleva a quienes admiran nuestras libertades a buscar dónde se originaron.

El Día de Conmemoración de los Caídos es una oportunidad para dar en privado y en público la gloria a Dios y expresar gratitud por su increíble favor y bendición para nuestra nación.

«Bienaventurada la nación cuyo Dios es Jehová, el pueblo que él escogió como heredad para sí» (Salmos 33:12).

¿Cómo puedo guiar a mi familia extendida en una oración sincera de acción de gracias al Señor? ¿Por qué libertades específicas puedo agradecer a Dios por bendecir a mi nación?

ENSEÑANZA: *Los líderes agradecidos agradecen a Dios por una nación donde podemos disfrutar los beneficios de la libertad.*

Los líderes agradecidos trabajan para el Señor

«Todo lo que hagáis, hacedlo de corazón, como para el Señor y no para los hombres; sabiendo que del Señor recibiréis la recompensa de la herencia, porque a Cristo el Señor servís» (Colosenses 3:23-24).

El trabajo es uno de los mejores lugares para manifestar una actitud de agradecimiento. ¿Les gusta a tus compañeros de trabajo verte llegar debido a tu corazón agradecido, o te evitan por tu disposición exigente?

Mi preciosa suegra es una víctima en recuperación de derrame cerebral. El año pasado el sodio le bajó a un nivel tan bajo que fácilmente pudo haber entrado en coma. Cuando mi esposa Rita estaba junto a la cama de su madre, una empleada del hospital entró y comenzó alegremente a limpiar la habitación. Rita me describió cómo esta alma amorosa representó un encuentro de tipo angelical.

La empleada trabajó incansablemente mientras con meticulosidad limpiaba la habitación de hospital. Cada objeto brillaba intensamente después de frotarlo con su paño desinfectado (la superficie del marco del espejo metálico, el respaldo de acero de la cama, la mesita móvil para la comida), superficies que podrían contener gérmenes. Reconociendo el trabajo enérgico de la empleada del hospital, Rita comentó: «Teresa, debes dormir bien en la noche». La empleada respondió sinceramente: «Duermo bien todas las noches. El Señor me da un buen sueño. Trabajo para el Señor. Yo solía consumir drogas y alcohol, pero ya no desde hace siete años. Fui rescatada, y ahora trabajo para el Señor».

Teresa continuó: «Me dieron este trabajo y me alegra poder hacer una buena labor para estas personas que me necesitan; como su madre, ella va a estar bien; es una buena mujer. Me recuerda a mi madre, quien me vio trabajar aquí durante tres años antes de fallecer. Sí, mamá me vio trabajando para el Señor y sin consumir ya esas viejas drogas ni alcohol». Rita sintió que estaba en la presencia de la grandeza: una gran mujer que reconocía y servía a su gran Dios. La gratitud de Teresa era contagiosa y su ética laboral era para el Señor: ¡De excelencia!

«Trabajen, pero no por la comida que es perecedera, sino por la que permanece para vida eterna, la cual les dará el Hijo del hombre. Sobre este ha puesto Dios el Padre su sello de aprobación» (Juan 6:27, NVI).

> ***Reflexión:*** *Alegría brota efervescentemente de los corazones de quienes trabajan para Dios.*

¿Qué es lo que motiva tu trabajo? ¿Trabajas solo por un sueldo, para tener comida en la mesa, muebles en casa, gasolina en el auto, tus hijos en la escuela y finalmente para financiar una jubilación que gastarás en ti mismo? Si esta es tu perspectiva pequeña y centrada en ti mismo, hay una visión mucho más grande y más satisfactoria que puedes adoptar. El Señor Jesucristo es el propietario de todo comercio y desarrollo económico. Dios está a cargo de los empleos, los ascensos laborales, y los avances profesionales. El Espíritu Santo mueve los corazones de quienes toman decisiones para hacer que estas estén de acuerdo con la voluntad divina. Por tanto, trabaja para los caminos eternos del Señor.

Siempre, siempre agradece a Dios por la salud física, mental, emocional y espiritual que te ha dado para que puedas llevar a cabo tus responsabilidades laborales. Adminístrate y administra tu tiempo como si tu Amo Jesús viniera a visitarte en cualquier momento a inspeccionar tu trabajo. ¿Qué encontraría? ¿Diligencia o falta de entusiasmo? ¿Excelencia o conveniencia? ¿Contando los minutos o preguntándote a dónde se fue el tiempo? Tal vez necesites un nuevo comienzo, un nuevo reto. Haz lo que sea necesario para que tu trabajo signifique algo. Los líderes amorosos declaran audazmente: «¡Trabajo para el Señor!». Él te da propósito. Te da paz. Él es tu Amo y Señor.

«¿Por qué gastáis el dinero en lo que no es pan, y vuestro trabajo en lo que no sacia? Oídme atentamente, y comed del bien, y se deleitará vuestra alma con grosura» (Isaías 55:2).

Padre celestial, ayúdame a no olvidar que trabajo para ti y contigo con el fin de hacer un gran trabajo.

¿En qué parte de mi trabajo debo mejorar para reflejar mi gratitud a Dios?

ENSEÑANZA: *Los líderes agradecidos que trabajan para el Señor pueden servir alegremente a otros.*

El gran gozo de los niños agradecidos

«No tengo yo mayor gozo que este, el oír que mis hijos andan en la verdad» (3 Juan 1:4).

La gratitud es un regalo maravilloso que podemos dar a nuestros hijos, y que nuestros hijos pueden darnos. Trae gozo abrumador al corazón de un padre cuando es testigo de un hijo agradecido. Escuchar «gracias», «de nada» y «¿cómo puedo ayudar?» es música para los oídos de un padre o una madre que anhelan que sus seres queridos se vuelvan adultos agradecidos. Nada es más descorazonador que un hijo malagradecido. Con nuestras hijas, Rita y yo hemos experimentado tanto la fealdad de la ingratitud como la belleza de la gratitud.

La sinceridad, humildad y pureza de un hijo presenta una lección objetiva convincente. Esto es muy reciente para nosotros, ya que a Rita y a mí nos encanta ser «BiBi» y «Papo»: abuela y abuelo. Hay muchas cosas en la vida que están sobrevaloradas, ¡pero ser abuelo no es una de ellas! Cuando nuestro nieto de seis años o nuestra nieta de siete me dicen con humildad y gratitud: «Papo, gracias por los panqueques; ¿puedo comerme otro?», estoy ansioso por concederles sus deseos y darles más panqueques, ¡junto con mantequilla y miel adicional! Sus corazones tiernos, sinceros y humildes son tan flexibles como la plastilina.

La gratitud es una vacuna contra el egoísmo y el descontento. Los niños y adolescentes que entienden el aprecio y lo aplican, son rápidos para servir a otros y no exigen que sus propios deseos y necesidades se satisfagan. Toman en serio lo que Dios espera de sus hijos e hijas: «Nada hagáis por contienda o por vanagloria; antes bien con humildad, estimando cada uno a los demás como superiores a él mismo; no mirando cada uno por lo suyo propio, sino cada cual también por lo de los otros» (Filipenses 2:3-4). La gratitud conduce a una actitud cristiana.

¿Cómo entonces puedes ayudar a tu hijo a que aprenda a vivir con acción de gracias y gratitud? ¿Qué se necesita para que un adolescente aprenda a satisfacer las necesidades de otros antes de enfocarse en las suyas propias? Una idea es comenzar temprano a enseñar a tu hijo el valor del trabajo duro. Asígnale tareas y págale una vez que haya terminado el trabajo con excelencia. Luego entrénalo en dividir su dinero en las categorías de dar, ahorrar y gastar. Cuando tu hijo invierte tiempo y energía en un resultado significativo, aprecia mucho más el dinero.

> ***Reflexión:*** *Las semillas de gratitud germinan en un corazón de humildad y servicio a los demás.*

Tal vez podrías hacer que tu hijo te acompañe cuando alimentas a personas desamparadas, cuando cuidas de una familia en dificultades financieras, o cuando visitas a encarcelados. Puedes decidir sobre un viaje familiar de misión al extranjero. Podría tratarse de un proyecto de construcción, de evangelización o de prodigar amor a huérfanos. Contentamiento y gratitud brotarán del corazón de tu hijo cuando se involucre con personas que sonríen ante circunstancias desagradables. Verá de primera mano que el gozo viene de Jesús, no de las cosas.

Por tanto, intenta mostrar aprecio frente a tu descendencia. Sé rápido en agradecer a Dios y a otros, y lento en quejarte. Los niños agradecidos son atractivos, y es agradable estar cerca de ellos. Su actitud de aprecio les servirá bien el resto de sus vidas. Los líderes agradecidos modelan gratitud a su familia y facilitan un ambiente hogareño de gratitud.

«Haya, pues, en vosotros este sentir que hubo también en Cristo Jesús, el cual, siendo en forma de Dios, no estimó el ser igual a Dios como cosa a que aferrarse, sino que se despojó a sí mismo, tomando forma de siervo, hecho semejante a los hombres; y estando en la condición de hombre, se humilló a sí mismo, haciéndose obediente hasta la muerte, y muerte de cruz» (Filipenses 2:5-8).

¿Cómo puedo manifestar una actitud de agradecimiento frente a mis hijos? ¿Qué podemos hacer como familia para aprender aprecio y experimentar satisfacción?

ENSEÑANZA: *Los líderes agradecidos facilitan ambientes hogareños de gratitud para sus familias.*

Un corazón agradecido es como miel sobre un panqueque: Todo lo que toca sabe mejor. Proponte agradecer a Dios cada día. Quizá podrías empezar un diario de gratitud para que no olvides las bendiciones divinas. «Bendice, alma mía, a Jehová, y no olvides ninguno de sus beneficios» (Salmos 103:2).

A continuación, la oración de gratitud a Dios hecha por David:

> Tuya es, oh Jehová, la magnificencia y el poder, la gloria, la victoria y el honor; porque todas las cosas que están en los cielos y en la tierra son tuyas. Tuyo, oh Jehová, es el reino, y tú eres excelso sobre todos. Las riquezas y la gloria proceden de ti, y tú dominas sobre todo; en tu mano está la fuerza y el poder, y en tu mano el hacer grande y el dar poder a todos. Ahora pues, Dios nuestro, nosotros alabamos y loamos tu glorioso nombre (1 Crónicas 29:11-13).

¿Qué oración de gratitud está pidiéndote el Señor que hagas? ¿Qué cántico de alabanza está pidiéndote que entones? Tu gratitud te da una actitud atractiva.

Resumen de enseñanzas del capítulo siete

1. Los líderes agradecidos miran a menudo al Señor con alabanza sincera y acción de gracias.
2. Los líderes agradecidos tienen un patrón de agradecimiento continuo hacia Dios y las personas.
3. Los líderes agradecidos celebran la restauración de Cristo tanto en sus vidas como en las de otros.
4. Los líderes agradecidos agradecen a Dios por una nación donde podemos disfrutar los beneficios de la libertad.
5. Los líderes agradecidos que trabajan para el Señor pueden servir alegremente a otros.
6. Los líderes agradecidos facilitan ambientes hogareños de gratitud para sus familias.

Capítulo ocho

Generosidad

El alma generosa será prosperada; y el que saciare, él también será saciado.

Proverbios 11:25

Es mejor devolver una olla prestada con un poco de lo que acabas de cocinar en ella.

Proverbio de un omaha (nativo estadounidense)

Jesús fue generoso

«De cierto, de cierto os digo: El que en mí cree, las obras que yo hago, él las hará también; y aun mayores hará, porque yo voy al Padre. Y todo lo que pidiereis al Padre en mi nombre, lo haré, para que el Padre sea glorificado en el Hijo. Si algo pidiereis en mi nombre, yo lo haré» (Juan 14:12-14).

Jesús fue generoso con su poder e influencia. Informó a los discípulos, y a todos los que creerían, que harían obras aun mayores de las que Él había logrado. Cuando el Señor subió al cielo, el Espíritu Santo descendió para dar poder y preparar a los seguidores de Jesús. Mayores obras experimentaron de inmediato, cuando en Pentecostés miles de personas de muchas lenguas y tribus recibieron la gracia de Dios a través de la fe en Cristo. Hoy día el regalo de Jesús aún se da en vidas transformadas. El cristianismo tiene influencia mundial en iglesias, hospitales, escuelas, negocios y gobiernos.

Un líder generoso que avanzó con fe

Conocí a Bárbara hace más de quince años, e inmediatamente me impresionaron su pasión por ayudar a los demás y su amor por Cristo. La organización sin fines de lucro que ha dirigido en los últimos treinta años es North Fulton Community Charities, en Roswell, Georgia. Su misión: «Desarrollar autosuficiencia y evitar la falta de vivienda y el hambre en nuestra comunidad, proporcionando ayuda de emergencia y programas de enriquecimiento». NFCC es líder en North Fulton, y anualmente ofrece ayuda a más de cinco mil familias. El año pasado distribuyeron comida más de veinte mil veces; más de dos mil familias utilizaron cupones de ropa; y un millón trescientos mil dólares se gastaron en ayuda directa a clientes que necesitaban ayuda financiera. Familias que representan dieciocho mil personas han recibido ayuda financiera, acceso a una despensa de alimentos y a una tienda de ropa de segunda mano, capacitación familiar y ayuda para Acción de Gracias y Navidad. Su centro de educación ofrece gran variedad de clases y oportunidades para ayudar a los residentes a avanzar hacia la estabilidad financiera y autosuficiencia. Una organización con una variedad tan amplia de servicios e influencia expansiva en la comunidad requiere un grupo igualmente diverso de personal y voluntarios talentosos.[10]

He aquí la historia de Bárbara en sus propias palabras:

> Mi familia se mudó a Atlanta en 1978. Yo era ama de casa y madre de cuatro hijos, todos nacidos en diferentes estados. International Harvester nos transfirió, y mi plan era tratar de involucrarme lo más pronto posible en la comunidad. Vivíamos en un vecindario donde todos eran como nosotros: familias jóvenes que criaban hijos. Busqué algo que me permitiera interactuar con personas de diferentes edades y etnias.
>
> Crecí en un vecindario multiétnico en un suburbio de Boston, por lo que no me parecía real que todo el mundo fuera igual. Por supuesto, con hijos jóvenes la mayor parte de nuestra interacción era con los padres de los amigos de nuestros hijos. Yo literalmente buscaba algo que no involucrara a mis hijos y que me pusiera en contacto con la vida real.
>
> Pronto descubrí lo que entonces se llamaba «El Armario», que mi iglesia y otras iglesias habían comenzado años antes. El día de voluntariado de nuestra iglesia era el viernes, así que participé y rápidamente me convertí en presidenta. Si al Armario

10. Ver https://nfcchelp.org.

le quedaba algún dinero al final del mes, daríamos un cheque a las organizaciones benéficas.

¡Sorprendentemente nos convertimos en uno de los donantes más grandes para las organizaciones benéficas! Después de dos años, la junta directiva decidió que deberíamos tener cuerpo administrativo, y era el momento perfecto en mi vida, por lo que pregunté: «¿Puedo presentar una solicitud?». ¡Me contrataron como directora ejecutiva!

En lugar de avanzar sin esfuerzo, ¡Bárbara dedicó su vida a seguir el llamado de Dios!

ENSEÑANZA: *Los líderes generosos invierten su tiempo y experiencia en servir a una diversa gama de personas.*

Mujeres generosas que apoyaron a Jesús

«Algunas mujeres que habían sido sanadas de espíritus malos y de enfermedades: María, que se llamaba Magdalena, de la que habían salido siete demonios, Juana, mujer de Chuza intendente de Herodes, y Susana, y otras muchas que le servían de sus bienes» (Lucas 8:2-3).

Las mujeres a quienes Jesús ministró fueron sus primeras ayudadoras.

Mi esposa Rita es la mujer más generosa que conozco. Da abundantemente de su tiempo. Rita se reúne con mamás y esposas jóvenes que desesperadamente necesitan ánimo y herramientas para lidiar con una temporada exigente de vida. A ella le gusta hacer donaciones sistemáticas a nuestra iglesia y a los ministerios en la vanguardia de la fe por Cristo. Cada mes me produce gozo verla celebrar con gratitud la obra de Dios leyendo cada palabra de todo boletín informativo para cada ministerio que apoyamos. La capacidad de Rita de proveer es un modelo que aspiro seguir. Su generosidad es alegremente contagiosa.

María, Juana, Susana y otras contribuyeron a apoyar a Jesús y los discípulos con sus propios medios. ¿Por qué? Una razón convincente fue que Cristo les había cambiado la vida. Liberó a María de la influencia insidiosa de siete demonios. Quizá Juana y Susana estaban sumamente agradecidas con Jesús por curar a un familiar o por perdonar los pecados a una amiga. Estas mujeres dieron a Jesús porque estaban agradecidas con Él. No solo dieron económicamente, también lo hicieron estando con Él. Al verlo ocupándose de las necesidades de la gente, se arremangaron y sirvieron codo a codo.

Reflexión: *Un corazón tocado por Jesús está obligado a servir y dar en el nombre del Señor.*

«En grande prueba de tribulación, la abundancia de su gozo y su profunda pobreza abundaron en riquezas de su generosidad. Pues doy testimonio de que con agrado han dado conforme a sus fuerzas, y aun más allá de sus fuerzas» (2 Corintios 8:2-3).

Puedes estar en un período de la vida en que te sientes limitado en tu capacidad de dar. Incluso puedes encontrarte en una situación en que necesitas estar más en el lado receptor. Tu Padre celestial entiende tu capacidad de dar, pero asegúrate de no permitir que tus circunstancias definan tu riqueza. La magnitud de un regalo no se define por tamaño, sino por capacidad. Cuando das todo lo que puedes dar, ¡apoyas la obra del Señor y Él hará una obra más profunda en tu vida!

Empezamos por entregar todo de nosotros a nuestro Salvador Jesús. Una vida 100% invertida en el reino de Dios disfruta de abundante rentabilidad de inversión en lo que más importa ahora y en la eternidad. Nuestra generosidad no necesariamente se define por obsequios mayores sino por nuestro amor más grande hacia nuestro Padre celestial. Una vida de amor se ve obligada a dar, incluso más allá de nuestra capacidad. Sí, somos sabios al rodearnos de otros dadores generosos para celebrar lo que Cristo está haciendo. El amor generoso conduce a dar generosamente. ¡Las mujeres generosas (y los hombres generosos) encuentran gran realización!

«Pidiéndonos con muchos ruegos que les concediésemos el privilegio de participar en este servicio para los santos. Y no como lo esperábamos, sino que a sí mismos se dieron primeramente al Señor, y luego a nosotros por la voluntad de Dios» (2 Corintios 8:4-5).

Padre celestial, concédeme un corazón generoso para dar generosamente.

ENSEÑANZA: *Los líderes generosos dan por gratitud debido a lo que Dios les ha dado.*

Renovación y restauración de una comunidad al dar generosamente

Jess y Angela Correll, de la séptima generación de oriundos de Kentucky, no son los banqueros de tus padres. Son ciudadanos de un pueblo pequeño que transformaron su comunidad invirtiendo agresivamente en las habilidades y potencialidad de otros. Por la gracia de Dios son dueños de bancos comunitarios en todo Kentucky, una compañía de seguros de vida, un restaurante, una tienda de jabones, casas de huéspedes, granjas y demasiadas inversiones en el reino de Dios como para mencionarlas.

Admiro a Jess y Angela porque en lugar de tratar de hacer todo ellos mismos, recurren a líderes confiables para que lleven a cabo la misión particular de su llamado divino. Angela también es la triunfante escritora de dos novelas y está trabajando en una tercera. Ambos son líderes sabios a quienes vale la pena seguir, ¡que invierten en decenas de otros líderes sabios dignos de seguir!

He aquí la versión abreviada de una entrevista que hice a Jess y Angela:

Boyd: Habla de la visión que el Señor les dio para los tres pilares que usan como guía de oración sobre cómo invertir en otros.

Angela: Hablamos de tres pilares porque así es como hemos condensado nuestra visión: excelencia, mayordomía y hospitalidad.

1. Excelencia

Jess y Angela: Con excelencia no nos referimos a ser perfectos, porque no podemos serlo en este mundo; somos personas imperfectas. Pero podemos esforzarnos por lograr excelencia, y debemos buscar excelencia porque queremos reflejar a Dios. Realmente, cualquier cosa menos que no sea lo mejor de lo mejor no es un buen reflejo de Él. Por eso queremos hacer todo lo posible por ser excelentes en todo lo que hacemos, desde la forma en que los huéspedes experimentan nuestros negocios hasta la calidad de nuestros productos, las habitaciones de nuestro hotel y las casas de huéspedes, el servicio personalizado y la comida apetitosa del restaurante. Trabajamos y oramos para que todas nuestras iniciativas estén apoyadas por el pilar de la excelencia.

Reflexión: El trabajo excelente puede ser un catalizador para apoyar iniciativas generosas.

2. Mayordomía

«Cada uno según el don que ha recibido, minístrelo a los otros, como buenos administradores de la multiforme gracia de Dios» (1 Pedro 4:10).

Jess y Angela: La mayordomía no tiene que ver solo con nuestras finanzas, sino también con administrar nuestros edificios antiguos, porque preservarlos nos recuerda nuestra rica herencia. En realidad, se trata de honrar a las personas que trabajaron originalmente en ellos hace cien años, recordar el trabajo y el sudor, y todos los aspectos creativos de cómo se construyeron los edificios. Estamos valorando su legado, administrando esa labor y tratando de manejarla bien. Mayordomía también es cuidar de nuestros cuerpos por medio de alimentos de la más alta calidad. Una vez más, la comida realmente entra en la mayordomía del planeta (la creación de Dios), porque la agricultura sustentable proporciona alimentos integrales, saludables y locales a la comunidad.

Además, en la tienda con nuestros productos de leche de cabra, también una vez más, se trata de una mayordomía de los animales, de la tierra y de nuestros cuerpos con productos como jabón, loción y crema de afeitar. No contienen conservantes nocivos vinculados con enfermedades; tratamos de evitar cualquier cosa indeseable o no apta. Por tanto, la mayordomía holística se centra en muchos niveles: dinero, preservación histórica, tiempo, productos, servicios, personal, alimentos, animales y medio ambiente.

Reflexión: La sabia administración de los recursos crea un margen para la generosidad.

3. Hospitalidad

«Ellos salieron por amor del nombre de El, sin aceptar nada de los gentiles. Nosotros, pues, debemos acoger a tales personas, para que cooperemos con la verdad» (3 Juan 1:7-8).

Jess y Angela: La hospitalidad abarca todos los tres negocios, incluso el banco, pero hablamos principalmente de los negocios del centro de Stanford, Kentucky. La cálida bienvenida que recibes cuando entras te hace sentir en casa, relajado y cómodo. Queremos que las personas se sientan amadas y renovadas. Cuando vienen y se quedan en las casas de huéspedes, queremos que su presión arterial baje y su alegría se eleve. Cuando los visitantes se dirigen a Stanford, queremos que se relajen, que se sientan como en casa. Y después, esperamos que cuando se vayan se lleven todo eso con ellos y hagan un mejor lugar de la parte del mundo donde viven.

Reflexión: La hospitalidad puede ser la manera más práctica y útil de dar a otros.

«No vayas a decir en tu corazón: "Mi poder y la fuerza de mi brazo me han hecho ganar estas riquezas". Más bien, acuérdate del Señor tu Dios, porque él es quien te da el poder de ganar esas riquezas, a fin de confirmar el pacto que hizo con tus padres, como en este día» (Deuteronomio 8:17-18, RVC).

Boyd: ¿Qué motiva tu generosidad y confianza en otros? ¿Qué historia te viene a la mente que te produzca gran gozo porque muestra generosidad?

Angela: Sinceramente, la sola generosidad nos hace felices. Y sé que esa es una respuesta simple y sencilla, pero realmente no hay nada más complicado que eso. Ser generosos nos hace felices y nos sentimos bendecidos cuando podemos dar, y a veces también hemos tenido que aprender a recibir. En ocasiones para un dador es horriblemente difícil recibir, y he tenido que aprender que, si no recibo de otras personas, entonces estoy negándoles esa bendición.

Pero creo que la generosidad simplemente nos hace felices. Reconforta nuestros corazones. Nos sentimos como el corredor Eric Liddell quien, después de las Olimpiadas de 1928 dijo que al correr sentía el placer de Dios. No corría el domingo, pero participó en una carrera diferente otro día, ¡y ganó!, y creo que eso es un poco de cómo nos sentimos cuando damos. Simplemente sentimos el placer divino en ser generosos.

Jess: La vida es mucho más divertida cuando damos. La vida puede convertirse en un pequeño huracán o tornado, y es un gozo poder acceder a nuestra cuenta en nuestra fundación nacional cristiana el domingo por la tarde y entregar dinero a organizaciones o individuos que realmente están en necesidad. Pero en realidad, damos más dinero a personas. La escuela donde estuviste en la junta, Boyd, Good Samaritans (siempre decimos «esa escuela en Delhi, India, para chicos de barrios marginados»), es nuestro segundo hogar. En lugar de otra residencia, con mantenimiento, dolores de cabeza e impuestos que pagar, esa hermosa escuela cristiana para los pobres es más satisfactoria y necesaria que una casa en la playa para los ricos.

Reflexión: *La generosidad espontánea guiada por el Espíritu lleva a que tanto el dador como el receptor sientan satisfacción.*

Jess y Angela: Además, tenemos nuestros queridos amigos (esposo y esposa, que hacen «donaciones espontáneas» [no deducibles de impuestos]) que simplemente dan de su propio fondo de ayuda, y pueden donar hasta mil dólares para estas cosas de una cuenta corriente personal sin consultar entre sí. Nuestros amigos dijeron que era para personas que habían perdido sus trabajos o que estaban enfermas, quizá con cáncer. Creo tal vez que, si les estuvieran embargando la casa, ¡aún ayudarían a otra persona a pagar el alquiler de la suya!

Y lo que realmente me encanta del enfoque espontáneo de la generosidad es que tienes que estar poniendo atención, porque si piensas todo el tiempo en tus propias actividades, estas oportunidades llegarán y se irán, y te las perderás. «¿Qué dijiste? ¿Qué necesitabas?». Me han ocurrido las cosas más maravillosas: gente que no podía creer lo que le estaba ocurriendo, simplemente tan agradecidas, y he oído decir a algunas personas: «Estoy en muy buena condición financiera y no necesito ayuda. Dale eso a la siguiente persona». ¿Qué dice la Biblia? Una vida generosa es una vida que es verdaderamente vida (1 Timoteo 6:19).

Nunca te arrepentirás de lo que regalas. Podrías arrepentirte de comprar algo, pero no puedo pensar en algo que recordemos haber dado a alguien y que luego nos hubiéramos arrepentido de haberlo hecho.

Angela: Incluso si más tarde nos enteramos que usaron mal lo que dimos, simplemente sentimos que eso es entre la persona y el Señor.

Jess: Prefiero estar en el lado de la generosidad radical que tener la mano cerrada.

Boyd: Así es, como Billy Graham dijera años atrás, mientras mantengamos una mano abierta Dios nos confiará más cosas que podamos dar. ¡Gracias Jess y Angela por inspirarnos a todos no solo en dar generosamente, sino también en vivir generosamente!

ENSEÑANZA: *Los líderes generosos invierten económica y espiritualmente en sus comunidades.*

Cómo los monos salvaron a los peces

Al pensar en mi entrevista con estos gigantes de la generosidad me acuerdo del popular cuento tradicional de Tanzania «Los monos y los peces». Este es un recordatorio creativo de la necesidad de entender cómo ayudar a otros del modo en que realmente necesitan ayuda, y cómo debemos escuchar y aprender con paciencia.

> La estación lluviosa ese año fue más fuerte que nunca y el río se había desbordado. Todo se inundó y los animales corrían hacia las cumbres de las montañas. El aluvión llegó tan rápido que muchos murieron ahogados, excepto los afortunados monos que usaron su agilidad para trepar a los árboles. Miraron abajo hacia la superficie del agua donde los peces nadaban y saltaban elegantemente fuera del agua como si fueran los únicos que disfrutaban de la devastadora inundación.
>
> Uno de los monos vio a los peces.
>
> —Mira allá abajo, amigo, esas pobres criaturas —gritó a su compañero—. Se van a ahogar. ¿Ves cómo luchan en el agua?
>
> —Sí —contestó el otro mono—. ¡Qué lástima! Probablemente no consiguieron escapar a tiempo hacia las montañas porque parece que no tienen piernas. ¿Cómo podemos salvarlos?
>
> —Creo que debemos hacer algo. Acerquémonos a la inundación donde el agua no llegue a cubrirnos y ayudémosles a salir.
>
> Así que los monos hicieron exactamente eso. Empezaron a atrapar a los peces, no sin dificultad. Uno a uno, los sacaron del agua y los pusieron en tierra firme. Después de un rato había un montón de peces inmóviles sobre la hierba.
>
> —¿Ves? ¿Ves? —dijo uno de los monos—. Estaban agotados, pero ahora duermen y descansan. Si no fuera por nosotros, amigo mío, todas esas pobres criaturas sin piernas habrían muerto ahogadas.
>
> —Estaban tratando de huir de nosotros porque no podían

entender nuestras buenas intenciones —comentó el otro mono—. Pero cuando despierten estarán agradecidos por haberlas salvado.[11]

Vaya, un recordatorio creativo de cuando ayudar puede hacer daño, ¡y de la necesidad de aprender humildemente cómo ayudar a alguien de un modo sano!

Nuestro creativamente generoso Padre celestial

«Alaben la misericordia de Jehová, y sus maravillas para con los hijos de los hombres. Porque sacia al alma menesterosa, y llena de bien al alma hambrienta» (Salmos 107:8-9).

¿Qué hay detrás del generoso corazón de nuestro Padre celestial? Estoy tan contento de que la esencia de Dios sea la generosidad en cómo dio el regalo del unigénito Hijo Jesús, aquello que más necesitábamos. ¡Qué Señor tan creativo, generoso y amoroso a quien servimos!

Esta historia de mi amigo Brian Kluth es una conmovedora ilustración de la generosa provisión del Señor para una madre soltera:

> Nancy era una madre soltera con niños pequeños. Su ex esposo le enviaba cada semana solo una pequeña cantidad de dinero para comer, tan pequeña que ni siquiera alcanzaba para alimentar a una persona, mucho menos a esa familia de cuatro. Pero Nancy decidió empezar a dar a Dios de su poco dinero para la comida y confiar en que Él proveería. Poco después consiguió un trabajo en una compañía de libros de cocina. La empresa le pagaba a Nancy para ir de compras y preparar comidas a las que tomaban fotografías para los libros de cocina que publicaban. Una vez tomadas las fotos, Nancy podía quedarse con la comida que había comprado y preparado. ¿No es esa una historia asombrosa de la bondad de Dios? Nancy aprendió que, por pobres que seamos, aun debemos aprender a dar de lo que tenemos.[12]

---

11. Ver http://www.afriprov.org/african-stories-by-season/14-animal-stories/67-how-the-monkeys-saved-the-fish.html.

12. Ver www.givewithjoy.org.

La generosidad de nuestro Dios no tiene precedentes con su amor inagotable y sus obras maravillosas. Él da reposo cuando estamos cansados. Provee paz cuando tenemos miedo. Brinda alegría cuando estamos afligidos. Concede consuelo cuando estamos tristes. Ofrece perdón cuando somos culpables. Otorga esperanza cuando tenemos dudas. Nos da a su Hijo Jesús para salvación, y su Espíritu Santo para nuestro consuelo y nuestra convicción y dirección. ¡Él da!

¿Por qué es el Señor tan sumamente caritativo con sus hijos? Él da porque ama. Te ama demasiado como para dejarte perdido en tus pecados. Por esto es que entregó a Jesús como tu regalo, para perdonarte. Te ama tanto como para dejarte atado por las mentiras. Por eso es que te dio al Espíritu Santo para guiarte a toda verdad. La revelación y comprensión de la verdad es parte de la abundante provisión y libertad del Señor para que vivamos bien.

«El Señor es quien formó las montañas, agita los vientos y da a conocer sus pensamientos a la humanidad» (Amós 4:13, NTV).

Reflexión: La generosidad radical de Dios proporciona a sus hijos un exceso de gracia para vivir bien, y abundancia de dones para servir bien.

Dios te da contentamiento en tu trabajo y riqueza y posesiones para disfrutar. «A quien Dios le concede abundancia y riquezas, también le concede comer de ellas, y tomar su parte y disfrutar de sus afanes, pues esto es don de Dios» (Eclesiastés 5:19, NVI). Agradezcámosle por lo que tenemos y confiémosle lo que no tenemos.

Ya que Dios ha sido tan generoso contigo, ¿cómo puedes ahora ser generoso con otros? Tal vez puedes dar gracia en vez de juicio, perdón en lugar de resentimiento, transparencia en vez de engaño, y libertad en lugar de control. ¿Tienes familiares o amigos que necesitan con urgencia que los escuches, les ofrezcas consejo y les proporciones ayuda económica? Ora por provisión divina para gente que conoces y luego ponte a disposición como respuesta a tus propias oraciones.

«Pido al Padre que de su gloriosa riqueza les dé a ustedes, interiormente, poder y fuerza por medio del Espíritu de Dios, que Cristo viva en sus corazones por la fe, y que el amor sea la raíz y el fundamento de sus vidas» (Efesios 3:16-17, DHH).

¿Estoy agradecido a Dios por su bondad y sus dones para mí? ¿A quién puedo ofrecer generosidad en el nombre de Jesús?

ENSEÑANZA: *Los líderes generosos están llamados a vivir generosamente por amor radical y generoso de Dios.*

Como nuestro pastor dice: «prueba ser generoso y ve lo que sucede». Estoy de acuerdo, pero no limites tu generosidad al dinero, este es solo el inicio. Haz un inventario de tus relaciones, destrezas, experiencias, bienes y tiempo, ¡y pide en oración maneras creativas de invertir todo en el reino de Dios!

Resumen de enseñanzas del capítulo ocho

1. Los líderes generosos invierten su tiempo y experiencia en servir a una diversa gama de personas.
2. Los líderes generosos dan por gratitud debido a lo que Dios les ha dado.
3. Los líderes generosos invierten económica y espiritualmente en sus comunidades.
4. Los líderes generosos están llamados a vivir generosamente por amor radical y generoso de Dios.

Capítulo nueve

Perdón

Sean amables unos con otros, sean de buen corazón, y perdónense unos a otros, tal como Dios los ha perdonado a ustedes por medio de Cristo.

Efesios 4:32, NTV

El resentimiento es como tomar veneno y luego esperar que nuestros enemigos mueran.

Origen desconocido

Jesús fue perdonador

«Cuando llegaron al lugar llamado de la Calavera, le crucificaron allí, y a los malhechores, uno a la derecha y otro a la izquierda. Y Jesús decía: Padre, perdónalos, porque no saben lo que hacen» (Lucas 23:33-34).

Un mundo que no hace caso al amor de Cristo fue perdonado por la persona más poderosa en el planeta. Jesús retuvo su poder de juicio para que aquellos ciegos a su amor pudieran recibir el poder de su perdón. En su momento más funesto Él tuvo la mayor compasión y el mayor amor por los demás. Un hombre perfecto perdonó la injusticia que se le infligió, sabiendo que su perdón produciría justificación a la humanidad imperfecta, si esta confiaba en Él. ¡Jesús perdonó la ignorancia y a cambio ofreció intimidad con Él!

¿Qué es perdón?

Esta es una definición útil que está de acuerdo con una perspectiva bíblica del mundo: «Perdón es una decisión consciente y deliberada de abandonar sentimientos de animosidad o venganza hacia una persona o grupo de personas que te han hecho daño, independientemente de si realmente merecen tu perdón. Perdonar no significa olvidar, ni significa condonar o excusar ofensas».[13]

---

13. Ver https://greatergood.berkeley.edu/forgiveness/definition.

¿Qué sucede cuando matrimonios con el nido vacío necesitan nuevas habilidades?

Cuando algunos años atrás Rita y yo nos encontramos con el nido vacío sentimos la necesidad de un nuevo conjunto de habilidades de preparación para ayudarnos a mejorar la vida juntos, ya que anticipábamos la venida de nuestros mejores años. Cuando nuestra cuarta y última hija se fue a la universidad, Rita lloró de dolor y yo lloré de alegría. Ella perdió a su bebita, ¡y yo celebré que nuestra joven adulta ya casi estuviera fuera de nómina!

Experimentamos ideas diferentes, a veces muy diferentes, de cómo nos sentimos respecto a nuestra nueva temporada de vida. Una triste, otro feliz, y ambos preguntándonos cómo gastar nuestro tiempo y dinero. ¿Invertimos principalmente en nuestros hijos recién casados y nuestros nietos? ¿O, por lo que pareció la primera vez en nuestro matrimonio, hacemos algo solo para nosotros? Estar casados a los diecinueve años significó una muy breve vida adulta de solteros, ¿cómo entonces deberíamos estabilizar nuestro nido vacío? Necesitábamos ayuda para procesar cada uno las expectativas del otro.

Casi al mismo tiempo en que reflexionábamos en estas preguntas de inversión, nuestros amigos Bill y Alison visitaron nuestra casa con euforia juvenil respecto a un evento matrimonial al que acababan de asistir. Su entusiasmo era contagioso. Rebosaban felicidad por las habilidades de comunicación que acababan de adquirir. Habían comenzado a usarlas, con radiante eficacia, aunque a veces estresante.

Nos hablaron de términos como «copa emocional» y de cómo llenarla con buenos sentimientos (perdón, alegría, gozo, amor, romance, esperanza), y cómo procesar malos sentimientos (dolor, ira, culpa, temor, falsa culpabilidad, condenación, tensión). Nos participaron ideas sobre cómo llorar juntos y consolarse entre sí antes de ofrecer soluciones y verdad. Nos hicieron advertencias como: No manipular siendo egoísta, autosuficiente o condenatorio. Bill y Alison nos insistieron en que también asistiéramos a este seminario matrimonial intensivo y transformador de cuatro días.

Los verdaderos amigos dedican tiempo a explicar los beneficios de participar experiencias reales de vida. ¿Quién en tu vida busca lo mejor de ti?

> **Reflexión:** *Los líderes perdonadores proveen recursos a otros para crecer en perdonar.*

Cuatro días de exposición emocional

Por tanto, decidimos asistir, aunque yo no quería desnudar mis emociones delante de alguien, especialmente extraños. Poco a poco desnudé mis sentimientos a un nivel aterrador de vulnerabilidad, bajé de modo cauteloso la guardia, invitando la paz de Dios para que guardara mi corazón. Llegamos un domingo por la tarde a las instalaciones de Berry College en Rome, Georgia, casi a ciento cincuenta kilómetros al noroeste de Atlanta. El hotel Normandy Inn fue diseñado teniendo en cuenta la pintoresca ciudad francesa de Normandía, con tejas de cerámica roja y exterior de piedra color marrón. Constituía una romántica regresión a un elegante ambiente europeo.

Nuestros anfitriones nos recibieron con un afecto que haría envidiar al Ritz Carlton, nos llevaron a Rita y a mí a nuestra habitación hermosamente decorada con una cama que tenía dosel alto y la rodeaban paredes de suaves colores y arte relajante. Curiosamente, había dos alcobas conectadas, por si una pareja necesitaba algún espacio entre sí, ¡o quizá por si uno sufría apnea al dormir o roncaba!

La alimentación y el servicio eran de cinco estrellas. Las excelentes comidas destacaban la cocina sureña recién preparada, y quienes nos atendían habían experimentado un seminario matrimonial intensivo como aquel al que estábamos asistiendo. Eran clientes satisfechos que querían servir e invertir generosamente ofreciendo tiempo y sonrisas. No se me ocurre mejor aval que dar, ya que estos servidores estaban muy impactados por la transformación de sus vidas. Entonces, junto a otras tres parejas (extraños y compañeros luchadores, pero en busca de más) Rita y yo empezamos nuestra caminata de fe de cuatro días: real, dolorosa, sanadora, ¡y nunca aburrida!

> **Reflexión:** *Un ambiente seguro de no condenación atrae comprensión y empatía.*

Nuestro capacitado consejero cristiano con doctorado fue un maestro en hacernos pasar a todos los ocho por un proceso de analizar nuestro dolor pasado y presente a través de un ejercicio de genograma: un detallado árbol familiar que pone al descubierto dinámica y disfunciones relacionales. En el trascurso de dos días cada uno de nosotros diagramamos en una pizarra nuestros primeros y segundos árboles familiares eliminados, describiendo relaciones hirientes y sanas. La visión convincente me dio una nueva y vívida comprensión de cómo mi corazón aún tenía ámbitos de dolor que necesitaban consuelo y sanidad. Sorprendentemente, cuando comenzamos a identificarnos y relacionarnos con nuestros nuevos amigos, todos pudimos extender consuelo y amor por medio de comprensión verbal, aceptación y afirmación auténtica.

No sorprende que mi corazón por Rita se apegara más cuando vi con mayor claridad su increíble capacidad de cuidar y criar, pero al mismo tiempo su necesidad de ser conocida y de conocerme. Además, ella pudo ver mi necesidad de aprobación y aceptación, en una forma que sacó lo mejor en mí y me dio confianza para guiarla y guiar bien a nuestra familia.

El pasado herido convertido en sanidad actual

Sobre todo, el último día experimentamos un proceso de auténtica confesión, arrepentimiento y perdón del pecado. Reveló una decisión económica pasada que tomé sin el consentimiento de Rita que la hirió profundamente, dañando su confianza en mí. Yo creía que habíamos tratado con el dolor de mi orgullo y codicia, pero descubrí que el resentimiento de Rita aún hervía a fuego lento bajo la superficie de nuestra relación.

Por la gracia de Dios, con vulnerabilidad y humildad utilicé mi recién descubierto vocabulario claramente definido acerca del pecado, la miré a los ojos, le pedí perdón y me comprometí a no repetir esta equivocación en el futuro. Entonces ella me perdonó realmente de corazón. El Espíritu Santo reparó nuestra confianza fracturada y nos sanó otra vez.

> **Reflexión:** *Las habilidades adquiridas de confesión y arrepentimiento atraen perdón y sanidad.*

Aprendimos nuevas habilidades de confesión, arrepentimiento y perdón verdaderos. Fue como un niño que aprende a manejar una bicicleta después de quitarle las ruedas de entrenamiento. Desde entonces hemos tropezado y tartamudeado, pero continuamente mejoramos en resolver problemas más temprano que tarde. Nuestra comunicación está guiada por el deseo de que cada uno tenga que saber cómo se siente el otro y qué necesita en el momento.

Nuestro enfoque centrado en el otro nos aleja del ciclo demente en que solía ponerme en modo de silencio con ira tranquila, o en que las inseguridades de Rita alimentaban sus temores y desconfianza. Aprender a comunicarse bien requiere de práctica y persistencia, pero paga con fruto relacional que nutre nuestras emociones, mentes y almas. La sabiduría en el liderazgo actúa en sanar relaciones dañadas y destrozadas.

ENSEÑANZA: *Los líderes perdonadores participan en el proceso de confesión, arrepentimiento y perdón.*

Un líder perdonador es rápido en pedir perdón

«Si no se vuelven a Dios, arrepentidos de sus pecados [es decir, que cambien su ser interior: su antigua manera de pensar, y lleven vidas transformadas] y con sencillez de niños [confiados, humildes y perdonadores], no podrán entrar en el reino de los cielos. En otras palabras, el que esté libre de altivez como este niño tendrá un puesto importante en el reino de los cielos» (Mateo 18:3-4, NBV).

Jesús marcó la pauta en perdonar definiendo una precondición para el perdón: humildad. Los niños pueden perdonar con rapidez porque permiten fácilmente que el amor y la humildad moldeen sus vidas. La humildad precede el perdón.

Hace poco fui al campo de juegos de nuestro vecindario con tres nietos: Hudson (6), Harrison (4) y Marshall (2), en el asiento trasero de mi auto. Puesto que el viaje es de dos minutos, puse a todos los tres nietos en sus asientos de auto sin abrocharlos en forma segura.

—Papo, Harrison y Marshall no están abrochados —gritó Hudson, el dócil seguidor de reglas, quien desde luego ya se había abrochado.

—No te preocupes, estaremos allí en un santiamén —señalé.

Respuesta equivocada.

—No, papo, tienen que estar abrochados; no es seguro.

Él pudo haber agregado: «¡Es contra la ley!».

Intenté hacer caso omiso a su inocente súplica, pero el niño siguió gritando.

—Papo, ¡no es seguro!

Como un globo con un pequeño agujero, mi orgullo empezó a desinflarse, y mi corazón comenzó a doler por este pequeño humilde.

En el instante que entré al patio de juegos abracé a Hudson, me disculpé por no tener en cuenta la seguridad y le pedí perdón a él y a sus hermanos. «Te perdono, papo; yo estaba muy asustado». Vaya, su humildad me conmovió el corazón más que los sermones que he oído predicar sobre el tema. La humildad prepara todos los corazones para el perdón.

> **ENSEÑANZA:** *Los líderes perdonadores adoptan la humildad como precondición para el perdón.*

Un líder perdonador tal vez deba extender perdón continuo

Luché con perdonar a mi padre. Fue un proceso continuo durante muchos años, pero por la gracia de Dios, hice progresos. Papá y mamá se divorciaron cuando yo tenía cinco años, por lo que recuerdo poco de él cuando yo era niño. Ser madre sola en 1965 era la excepción y sumamente duro. Mamá detestaba a papá por algunas razones que yo comprendía, y algunas de ellas aún no entiendo hasta el día de hoy. Un aspecto muy doloroso de negligencia fue que papá no pagó la pensión alimentaria: cincuenta dólares mensuales por mí y cincuenta más por mi hermano. Me sentí abandonado, herido, enojado e inseguro. Comencé a detestar a papá por no ser mi padre. Mi corazón se amargó.

Mi alma hervía de autocompasión, mientras solía llenarme de tareas para ocultar mi ira, canalizando mi independiente energía en deportes, estudio, trabajo y chicas. ¿Resulta conocido? Quizá sufras una versión adulta de mis días de adolescente. Afortunadamente, en la primavera de mi primer año de universidad el Espíritu Santo agarró por sorpresa mi espíritu con la gracia y el amor del Señor.

Rita y yo empezamos a salir, y su padre exigió que yo asistiera con ellos a la iglesia (¡excelente preparación paterna para nuestra futura familia de cuatro hijas!). Razoné: «Tengo un negocio, por lo que necesito saber cómo hacer negocios con gente de la iglesia, y ella es linda». Sin inconvenientes claros, empecé a asistir regularmente a la iglesia por primera vez.

Un domingo el ministro habló del gozo de tener un Padre celestial, aunque no se tuviera un padre terrenal. En ese momento el amor de Dios se derramó sobre mí como chocolate caliente derretido sobre pastel y helado. Mi corazón empezó a derretirse. La gracia captó mis afectos con imágenes consoladoras de amor verdadero. Unas semanas después el pastor enseñó amorosa pero urgentemente sobre el infierno. Supe que «el temor de Jehová es el principio de la sabiduría» (Proverbios 9:10).

Cuando pasé adelante para recibir a Cristo al final de ese culto nocturno, el hermano Taylor me tomó de la mano y me afirmó, diciendo: «Boyd, te guiaré en una oración para que te arrepientas de tus pecados y confíes en Jesucristo como tu Señor y Salvador». Luego continuó: «¡Te arrodillarás como pecador y te levantarás como santo!». Lo hice, y por fe en Jesús ya no fui esclavo del pecado y el miedo, ¡fui realmente libre!

Tom, un comerciante local, nos discipuló a mí y a mis dos amigos durante los dos años siguientes. Semanalmente estudiamos las Escrituras, oramos y hablamos de nuestra fe con nuestros amigos. Unos meses después en nuestro estudio bíblico leí el versículo que llegó a definir mi vida:

«Perdonándoos unos a otros, como Dios también os perdonó a vosotros en Cristo» (Efesios 4:32).

Inmediatamente escribí una oración y empecé a orar con fervor y fidelidad: «Perdono a papá como Cristo me perdonó», preguntando: «Señor, ¿cómo se ve mi perdón en mi relación con mi padre?». Para reforzar esta idea, más tarde supe la instrucción de Jesús a Pedro sobre el perdón: Perdonar a menudo, y practicar el perdón continuo, ¡perdonar setenta veces siete!

Reflexión: *El perdón empieza recibiendo primero el perdón de Cristo por nuestros pecados.*

En 1982, después de la universidad, fui a un seminario en Fort Worth, Texas, donde se encontraban el instituto de posgrado y el bar más grande donde se tocaba música country, y providencialmente en ese tiempo la sede de la división de producción de aviones de la General Dynamics. Por «coincidencia», papá fue empleado como contratista de General Dynamics, trabajando como escritor técnico de los manuales operativos de los nuevos aviones militares. Me sentía orgulloso de la profesión de mi padre. Qué genial que le hubieran encomendado documentar y detallar estos proyectos que apoyaban nuestra seguridad nacional. Esperaba que se desarrollara nuestra relación.

En el transcurso de tres años, casi todos los miércoles por la noche en camino al culto de oración en nuestra iglesia, Rita, la pequeña Rebekah y yo pasábamos a ver a papá y Pat, mi madrastra. Yo no conocía realmente a papá, y él en realidad no me conocía. Pero como dos preescolares tratando de armar una bicicleta, intentamos desarrollar una relación. ¿Difícil? Sí.

A veces después de quince minutos de conversación acerca del tiempo, y de quejas sobre algún escándalo del gobierno, papá preguntaba: «¿No es hora de que vayas a tu iglesia?».

Un miércoles por la noche después de un tiempo difícil con papá, soportando humo de cigarrillos, bebida y maldiciones, Rita lamentó: «¿Por qué seguimos yendo a su casa? Él es muy malo contigo». Determinado, contesté: «Nosotros sabemos la verdad y él no; seguiremos amándolo para Jesús». Bueno, mi corazón no siempre estaba en ese lugar de gracia, ¡pero ella me agarró en un buen momento!

Así que concluiré diciendo que pasé veinte años tras mi padre pródigo, perdonándolo, clamando y gruñendo a lo largo del camino. Con gratitud, cientos de creyentes oraron que Cristo sanara el corazón de George Bailey y nuestra relación, ¡y Él lo hizo! Perdonar es duro, pero no perdonar es más duro.

ENSEÑANZA: *Los líderes perdonadores tienen abundante perdón incluso para quienes más los han perjudicado.*

El perdón continuo de nuestro Padre celestial

«Se le acercó Pedro y le dijo: Señor, ¿cuántas veces perdonaré a mi hermano que peque contra mí? ¿Hasta siete? Jesús le dijo: No te digo hasta siete, sino aun hasta setenta veces siete» (Mateo 18:21-22).

«El reino de los cielos es semejante a un rey que quiso hacer cuentas con sus siervos. Cuando comenzó a hacer cuentas, le llevaron a uno que le debía plata por millones. Como éste no podía pagar, su señor ordenó que lo vendieran, junto con su mujer y sus hijos, y con todo lo que tenía, para que la deuda quedara pagada. Pero aquel siervo se postró ante él, y le suplicó: "Señor, ten paciencia conmigo, y yo te lo pagaré todo". El rey de aquel siervo se compadeció de él, lo dejó libre y le perdonó la deuda» (Mateo 18:23-27, RVC).

Justo antes de la historia de Jesús acerca del perdón compasivo del rey a su siervo, el Señor respondió la pregunta de Pedro sobre nuestra obligación u oportunidad de larga duración de perdonar a los demás. Jesús revolvió las categorías teológicas de Pedro aumentando la norma de perdón a un proceso continuo de gracia, misericordia y amor. En otras palabras, Jesús le enseñó a Pedro a perdonar a los demás como nuestro Padre celestial nos ha perdonado: todo nuestro pecado, ¡pasado, presente y futuro!

Qué historia más fascinante. Imagina a la audiencia de Jesús inclinada hacia delante, tal como la gente de hoy día en una película apasionante que atrae a sus espectadores. ¡No era hora de ir al baño ni de comprar palomitas de maíz! El rey, que representa a Dios, se acerca a uno de sus humildes siervos, quien está abrumado por su enorme deuda. Este deudor contrito suplica misericordia, ya que en su cultura lo habrían enviado a la cárcel de deudores, lo que sellaría su destino: no podría trabajar y por tanto no pagaría sus obligaciones. También habría perdido a su esposa e hijos, quienes serían vendidos para pagar la costosa deuda.

Afortunadamente, el siervo debió haber encontrado de buen humor al rey, puesto que le extendió misericordia al anular la impagable obligación financiera del deudor. ¿Te imaginas el alivio, el estallido emocional en acción de gracias y alabanza a Dios? Nada de calabozos malolientes infestados con ratas y cucarachas. Calor y luz en lugar de frío y tinieblas. En vez de separación de sus seres amados, un hogar unido lleno de amor, gratitud y contentamiento. Por gracia y misericordia el siervo era libre.

ENSEÑANZA: *Los líderes perdonadores están crónicamente agradecidos por el perdón continuo de Dios.*

El tormento de la falta de perdón

«Cuando aquel siervo salió, se encontró con uno de sus consiervos, que le debía cien días de salario, y agarrándolo por el cuello le dijo: "Págame lo que me debes". Su consiervo se puso de rodillas y le rogó: "Ten paciencia conmigo, y yo te lo pagaré todo". Pero aquél no quiso, sino que lo mandó a la cárcel hasta que pagara la deuda. Cuando sus consiervos vieron lo que pasaba, se pusieron muy tristes y fueron a contarle al rey todo lo que había pasado. Entonces el rey le ordenó presentarse ante él, y le dijo: "Siervo malvado, yo te perdoné toda aquella gran deuda, porque me rogaste. ¿No debías tú tener misericordia de tu consiervo, como yo la tuve de ti?" Y muy enojado, el rey lo entregó a los verdugos hasta que pagara todo lo que le debía. Así también mi Padre celestial hará con ustedes, si no perdonan de todo corazón a sus hermanos» (Mateo 18:28-35, RVC).

El recién perdonado siervo lamentablemente no trató a su propio deudor con el mismo tipo de bondad y gracia que le habían extendido en una escala mucho mayor. Con codicia, el acreedor buscó a su deudor, de modo violento lo agarró por la garganta y exigió el pago. ¿Cómo pudo hacerlo? ¿Fue este un mal chiste? No, el hombre perdonado desestimó su reciente experiencia de gracia. ¿Por qué? No estoy seguro. Quizá se consideró con derecho, o simplemente fue desagradecido. Cualquiera que sea la razón de su irrazonable conducta, sus acciones rebeldes le costaron la libertad y la paz. Debido a que el hombre que fue perdonado mucho no perdonó mucho, fue enviado a tormento.

> **ENSEÑANZA:** *Los líderes perdonadores perdonan a los demás en la medida que han sido perdonados por Cristo.*

El perdón condicional de Dios

«Si no perdonáis a los hombres sus ofensas, tampoco vuestro Padre os perdonará vuestras ofensas» (Mateo 6:15).

«Un momento —podrías preguntar—. ¿No es incondicional el perdón de Dios?». Tienes razón. Perdón del pecado, salvación y vida eterna en el cielo están seguros en Cristo por su muerte expiatoria y nuestra fe en Él. La otra cara de la moneda del perdón incondicional de Cristo para el cielo es su perdón condicional en la tierra, que nos permite disfrutar comunión con Él y paz con las personas. Así como el siervo no perdonador fue enviado a la cámara de tortura, así nuestras almas vivirán en tormento si decidimos no perdonar. La ausencia de paz y reposo es el fruto de la falta de perdón.

Imagina un montón de ladrillos en que cada uno representa una oportunidad de perdonar a alguien. Si escogemos no perdonar, entonces cada vez que pecamos añadimos un ladrillo a un muro que bloquea nuestro perdón de parte de Dios. Los años de pecar y no perdonar construyen un muro alto y ancho de aislamiento, dejándonos separados de la limpieza de Cristo y alejados de su amor. Afortunadamente, el muro se puede quitar, ladrillo a ladrillo, cuando perdonamos a los demás, lo que también abre entonces el camino hacia la gracia, el amor y la sanidad de Cristo.

> **ENSEÑANZA:** *Los líderes perdonadores perdonan libremente a los demás, y disfrutan el perdón de su Señor Jesús.*

Nuestro perdón continuo a otros y nuestra libertad

«El señor de aquel siervo, movido a misericordia, le soltó y le perdonó la deuda» (Mateo 18:27).

Cuando alguien retiene algo, siento ansiedad. Puede retener una disculpa, un elogio, una respuesta a mi pregunta, o una contestación a mi correo electrónico o mensaje de texto. La desilusión me produce una reacción de enojo en el borde de los labios, y mis pensamientos se obsesionan con lo que creo que debería recibir y no he recibido. Pero Jesús describió a un rey poderoso que se elevó por sobre las emociones mezquinas y egoístas y, con el respeto que la realeza debe mostrar, se preocupó por un plebeyo. El monarca extendió compasión, libertad y perdón a un deudor que no lo merecía. Tenía razones para castigar, pero en vez de eso perdonó.

¿Por qué deberíamos ofrecer misericordia en lugar de venganza? ¿Libertad en vez de esclavitud? ¿No llevar registro de males en lugar de tener una lista de ofensas contra nuestro agraviador? Porque nuestro Padre celestial nos pide perdonar como Él nos ha perdonado: completamente y para siempre. Si no perdonamos, elegimos ser controlados por las acciones de alguien que no podemos controlar. No perdonar hace caso omiso a un cáncer de mente, cuerpo y emociones. El resentimiento, como un cáncer, devora nuestro gozo y mata de hambre nuestra paz. La sabiduría en el liderazgo se apoya en el perdón, a fin de producir sanidad a nuestra salud relacional.

La compasión mira a alguien a los ojos y se pregunta qué experiencias habrá pasado esta persona. Quizá atacó iracundo porque fue víctima de la amargura de alguien. ¿Recibió maltrato? ¿Abandono? ¿Pérdida? ¿Heridas? ¿Rechazo? ¿Olvido? Tal vez sufrió gran pérdida debido a la muerte de un hijo, un padre o un hermano. El miedo pudo haberle atrapado la conciencia. Quizá tristemente aceptó mentiras acerca de sí misma y de otros. La compasión no justifica el mal comportamiento, pero busca motivos que llevan a malas reacciones.

> **Reflexión:** *El perdón es más fácil cuando vemos a otros a través de los ojos de la compasión.*

El perdón libera al otro de la restitución

Una aventura de mi infancia que disfruté era visitar la casa de campo de mi tío abuelo en que había un gran estanque con peces hambrientos. Aprendí a cebar un anzuelo, lanzarlo y quitarlo con mucho cuidado del pescado. Hoy día me relajo y sonrío cuando pienso en esos relajados días veraniegos. Para mí, el momento más maravilloso era una hora antes del atardecer. Cuando me sentaba debajo del brillante cielo azul, viendo juncos al final de mi santuario al aire libre, un coro de ranas toro me acompañaba, la banda de calentamiento para la representación principal del Señor de un cielo atestado de estrellas.

Cuando ya no podía ver mi corcho agitándose en el agua, volvía a casa. Mi tío abuelo era soltero. El piso principal de su modesta casa de granja olía a sucio con un toque plástico con que cubría los muebles de su sala. Años después mi abuela invitó a su hermano a vivir en su casa, en que había una puerta estrecha en la cocina que llevaba a un sótano aterrador. Mi tío se mudó a ese espacio: una cueva masculina oscura, húmeda, fría y parecida a una mazmorra. Era un desastre: latas vacías de cerveza, ropa desordenada y nauseabundo olor corporal. En la planta alta había luz, amor y el aroma de galletas, salsa blanca y pollo frito. Un contraste entre vida y muerte.

El sótano deprimente y oscuro me recuerda el lugar donde coloco mental y emocionalmente a las personas en la parte despiadada de mi corazón, pues las encierro para castigarlas u olvidarme de ellas. Gracias a Dios, el Espíritu Santo me convence implacablemente de perdonar de veras, lo cual significa abrir la puerta que lleva al lugar tenebroso de mi alma, bajar las escaleras, desencadenar a mi ofensor, mirarlo con compasión y llevarlo de vuelta a la planta alta hacia la luz del piso principal de mi vida. Con un tono genuino y tierno expreso: «Te perdono por [la ofensa] y quiero que tengamos una relación sana y creciente». La gracia de Dios elimina el denso dolor de lo profundo de mis pensamientos y emociones, permitiéndome aceptar con misericordia y amor a mi prójimo.

¿Hay alguien encerrado en el sótano de tu alma a quien puedas encontrar, liberar y perdonar? La sabiduría en el liderazgo no permite que heridas del pasado promuevan conductas exigentes y perjudiciales en el presente. El perdón nos libera a nosotros y a nuestros ofensores a fin de amar y servir a otros en el nombre de Jesús.

ENSEÑANZA: *Los líderes perdonadores se encuentran amorosamente con sus ofensores y perdonan pecados específicos.*

¿Y qué de las personas a quienes has ofendido?

«Si traes tu ofrenda al altar, y allí te acuerdas de que tu hermano tiene algo contra ti, deja allí tu ofrenda delante del altar, y anda, reconcíliate primero con tu hermano, y entonces ven y presenta tu ofrenda» (Mateo 5:23-24).

Jesús describió a un adorador que le ofrecía una ofrenda a Dios, pero que había malogrado una relación con un hermano o hermana. Su regalo era inaceptable ante el Señor hasta que el que presentaba la ofrenda se reconciliara con la persona ofendida, quien para Dios es más valiosa que la ofrenda. Es incongruente buscar reconciliación con Dios sin buscar primero reconciliarnos con los que el Señor ha puesto en nuestras vidas. Debemos pedir perdón a quienes hemos ofendido en la tierra antes de pedir perdón a Dios en el cielo.

Cuando intentas orar o adorar, ¿qué relación destrozada viene a tu mente? ¿A quién ha puesto el Espíritu Santo en tu corazón que tenga algo contra ti? Quizá hiciste un comentario insensible que hirió a un amigo; u olvidaste invitar a alguien a una ocasión especial y se sintió rechazado y desairado. Quizá una relación comercial salió mal y debes pedir perdón y ofrecer restitución. Ve rápidamente, humíllate y pide perdón. La cantidad de tiempo que tardes en buscar reconciliación es un indicador de lo cerca que te encuentras de Cristo.

«Nosotros le amamos a él, porque él nos amó primero. Si alguno dice: Yo amo a Dios, y aborrece a su hermano, es mentiroso. Pues el que no ama a su hermano a quien ha visto, ¿cómo puede amar a Dios a quien no ha visto? Y nosotros tenemos este mandamiento de él: El que ama a Dios, ame también a su hermano» (1 Juan 4:19-21).

***Reflexión:** Nuestra adoración es más auténtica cuando nuestras relaciones se han restaurado.*

El perdón no puede hacer nada hasta que los corazones estén sanos. La iniciativa acompaña al amor. A veces es útil escribir lo que sientes y cómo deseas expresar tu corazón contrito. Puede que envíes o no la nota escrita, pero al menos esta puede ser una guía para tu conversación. Además, asegúrate de apropiarte de tu ofensa y no decir: «*Si* te ofendí». En cambio, di: «Por favor, perdóname por lastimarte. Me enfadé. Mi tono estuvo mal. Pido disculpas». El dolor piadoso contribuye a facilitar el perdón de la persona ofendida.

Sí, tus esfuerzos por reconciliarte pueden ser rechazados, pero solo puedes renunciar a alguien cuando tu Salvador Jesús haya renunciado a esa persona. Además, tal vez se requiera tu restitución antes que se lleve a cabo la reconciliación. Ora pidiendo maneras de reemplazar lo que tu amigo perdió. Al igual que Zaqueo (ver Lucas 19:8), sé muy generoso en cómo enderezas las cosas. Sobre todo, honras a Cristo cuando tomas tiempo para ser su ministro de reconciliación.

«Si alguno está en Cristo, nueva criatura es; las cosas viejas pasaron; he aquí todas son hechas nuevas. Y todo esto proviene de Dios, quien nos reconcilió consigo mismo por Cristo, y nos dio el ministerio de la reconciliación; que Dios estaba en Cristo reconciliando consigo al mundo, no tomándoles en cuenta a los hombres sus pecados, y nos encargó a nosotros la palabra de la reconciliación» (2 Corintios 5:17-19).

Padre celestial, concédeme valor y convicción para buscar a quienes ofendo y pedir que me perdonen.

ENSEÑANZA: *Los líderes perdonadores acuden a quienes han ofendido, se disculpan y piden perdón.*

¿Te has perdonado realmente?

«Ninguna condenación hay para los que están en Cristo Jesús» (Romanos 8:1).

¿Te has perdonado? ¿Te has perdonado realmente? Sabemos que nos hemos perdonado si estamos libres de culpa y condenación. De lo contrario, nos hallamos atrapados en un ciclo enloquecedor de revivir malas decisiones que están en el pasado y que no podemos cambiar. Vivir en culpa constante nunca aclarará nuestras consciencias sobre equivocaciones pasadas. Solo cuando nos perdonamos somos libres de culpa y vergüenza.

Cuando no nos liberamos de la culpa de equivocaciones pasadas, intentamos resarcirla con una compensación excesiva en el presente. Quizá descuidaste a tus hijos en sus primeros años, así que ahora que son grandes tratas de compensar eso dejándoles hacer lo que quieran, permitiéndoles así que tomen malas decisiones. En su lugar, ellos deben experimentar las consecuencias del mal comportamiento para que puedan aprender y se vuelvan adultos y ciudadanos responsables.

Jesús narró la historia de un padre amoroso que permitió que su hijo tocara fondo. En consecuencia, el muchacho llegó a entender y responsabilizarse de su realidad: «Volviendo en sí, dijo: ¡Cuántos jornaleros en casa de mi padre tienen abundancia de pan, y yo aquí perezco de hambre! Me levantaré e iré a mi padre, y le diré: Padre, he pecado contra el cielo y contra ti» (Lucas 15:17-18).

Reflexión: *Perdónate de la misma manera que tu Maestro Jesús te ha perdonado.*

Perdonarte empieza al aceptar la verdad de que tu Padre celestial te ha perdonado. La gracia de Dios es abundante; nadie está fuera de su alcance. El Señor te ama incondicionalmente, y perdona a los objetos de su amor. ¿Se ha filtrado profundamente la gracia de Dios en tu alma, de modo que sabes que eres libre de la culpa y la vergüenza del pecado? Si no, acepta su perdón y luego perdónate y confía en el Señor para compensar lo que se ha perdido.

«En [Jesucristo] tenemos redención por su sangre, el perdón de pecados según las riquezas de su gracia» (Efesios 1:7).

Cuando te perdonas, puedes perdonar a los demás. Perdonarse es una llave para desbloquear relaciones reales. La auténtica comunión con Cristo y los cristianos viene del perdón de tu Padre celestial, perdón de los demás y de ti mismo. ¿De qué no te has liberado? Ponlo en el altar de la gracia de Dios, y Él lo eliminará con su fuego eterno de perdón y amor.

«Este es el primero y grande mandamiento. Y el segundo es semejante: Amarás a tu prójimo como a ti mismo» (Mateo 22:38-39). Cuando te amas, ¡te perdonas!

¿Cómo puedo crecer en mi amor y perdón de mí mismo? ¿Cómo me perdona Dios?

ENSEÑANZA: *Los líderes perdonadores se perdonan para poder liberarse de culpa y vergüenza.*

El perdón es algo grande. Es algo grande para Dios y debería ser algo grande para quienes seguimos a Cristo. En oración, el Señor usará nuestro perdón para llevar a otros hacia su perdón.

Resumen de enseñanzas del capítulo nueve

1. Los líderes perdonadores participan en el proceso de confesión, arrepentimiento y perdón.
2. Los líderes perdonadores adoptan la humildad como precondición para el perdón.
3. Los líderes perdonadores tienen abundante perdón incluso para quienes más los han perjudicado.
4. Los líderes perdonadores están crónicamente agradecidos por el perdón continuo de Dios.
5. Los líderes perdonadores perdonan a los demás en la medida que han sido perdonados por Cristo.
6. Los líderes perdonadores perdonan libremente a los demás, y disfrutan el perdón de su Señor Jesús.
7. Los líderes perdonadores se encuentran amorosamente con sus ofensores y perdonan pecados específicos.
8. Los líderes perdonadores acuden a quienes han ofendido, se disculpan y piden perdón.
9. Los líderes perdonadores se perdonan para poder liberarse de culpa y vergüenza.

Capítulo diez

Motivación

Animaos unos a otros, y edificaos unos a otros, así como lo hacéis.

1 Tesalonicenses 5:11

Nos necesitamos mutuamente para los momentos en que debemos tomar prestada la fortaleza de las palabras de los demás, pedir prestada la fe de un amigo que nos levanta o pedir prestado un poco de ánimo para que simplemente nos ayude a afrontar el día.

Ann Voskamp

Jesús fue alentador

«Vino una mujer de Samaria a sacar agua; y Jesús le dijo: Dame de beber. Pues sus discípulos habían ido a la ciudad a comprar de comer. La mujer samaritana le dijo: ¿Cómo tú, siendo judío, me pides a mí de beber, que soy mujer samaritana? Porque judíos y samaritanos no se tratan entre sí. Respondió Jesús y le dijo: Si conocieras el don de Dios, y quién es el que te dice: Dame de beber; tú le pedirías, y él te daría agua viva» (Juan 4:7-10).

Jesús hizo todo lo posible por ofrecer un estímulo muy necesario a una mujer (la cultura daba a las mujeres una posición de segunda clase) que era samaritana (raza despreciada por los judíos). Él la honró al pedirle agua. Ella se sorprendió de que Jesús rompiera el tabú y le hablara, pero la atención de la mujer quedó cautivada cuando Él le ofreció agua viva. Cristo siempre estuvo atento para alentar a otros, especialmente a quienes sufrían bajo la carga del prejuicio y la injusticia. El aliento hace todo lo posible por ayudar a otros a encontrar el camino correcto.

¿Qué es motivación?

Alentar viene de la palabra griega *parakaleo*, que significa implorar, por lo que animar no es un sentimiento o elogio superficial, sino más bien ayudar a otros a mejorar. Se menciona 115 veces en la Biblia. Aunque es un don espiritual, todos podemos ser animadores. Podemos infundir valor en alguien que puede necesitar solo un poco para superar las luchas de la vida.

Animador cotidiano: Truett Cathy

«Animaos unos a otros, y edificaos unos a otros, así como lo hacéis» (1 Tesalonicenses 5:11).

Uno de los mejores animadores que he conocido fue Truett Cathy, fundador de los restaurantes Chick-fil-A. Este hombre fue una figura paternal para centenares de hijos adoptivos, un dador generoso, un esposo fiel, un padre alentador, un amigo leal y un líder amoroso. Truett dijo en muchas ocasiones la famosa frase: «¿Cómo sé si alguien necesita ánimo? Si está respirando». ¡Toda persona viva es candidata para una infusión de ánimo!

Fui honrado y bendecido en ser uno de varios cientos que asistimos al funeral de Truett en el 2014. Llegué dos horas antes y me senté a menos de quince metros del ataúd. Estuve allí por profundo respeto y apoyo a mi amigo Woody Faulk, quien fue uno de los oradores. Cientos más observaron vía video en la sala de conferencias y en las oficinas del personal de Chick-fil-A. Reporteros de noticias se reunieron afuera, pero lo que ocurrió adentro fue un pedazo de historia que solo un seguidor de Jesús podría apreciar plenamente. Truett representaba la bondad, el sentido común y la decencia. No era una celebridad sino un siervo. Aunque solo nos reunimos dos veces, lloré porque sentí que había perdido un amigo a quien amaba profundamente.

Después de la conmemoración de dos horas del funeral de Truett, susurré esta oración de todo corazón: «Padre celestial, al igual que tu humilde siervo, quiero terminar bien para tu gloria. Úsame cada día para consolar a alguien, *que yo tenga el don de animar* para enfrentar cualquier reto que esa persona enfrente. En el nombre de Jesús, ¡amén!».

ENSEÑANZA: *Los líderes animadores buscan a diario maneras de animar a quienes conocen.*

Nadie se ha quejado alguna vez de recibir demasiado ánimo

¿Te has sentido menospreciado alguna vez? ¿Subvalorado o subestimado? Los buscapleitos y escandalosos que viven buscando notoriedad parecen captar toda la atención, y podrías pasar desapercibido porque no ofreces dramatismo. Pero cuando nos ponemos a reflexionar en nuestras relaciones comprendemos que todos queremos saber si satisfacemos las expectativas de los demás. El matrimonio, el trabajo, la familia y las amistades requieren una comunicación bidireccional para garantizar que todos se entienden, se aprecian y se ayudan mutuamente a tener éxito. Hasta los más fieles necesitan saber que son conocidos y amados por quienes los dirigen. Recibir aliento es contagioso.

Todos sufrimos de deficiencia de ánimo; la vida cotidiana nos lo absorbe, por lo que una dosis diaria de vitamina E (entusiasmo) es el suplemento más saludable. Es difícil contar la cantidad de formas en que nos asalta el desaliento. Nos azotan terribles titulares mundiales de terrorismo, enfermedad y sequía. Algunos enfrentan retos personales relacionados con problemas de salud, hijos rebeldes, tensión económica, conflictos relacionales, abuso sexual, dolor emocional, ira o quebranto espiritual. Los seres humanos fuimos creados por Dios con una innata necesidad diaria de ser valorados por otros seres humanos. Una infusión de entusiasmo en un corazón hace que germine esperanza, y ayuda a las personas a perseverar.

Reflexión: Un poco de consuelo hace todo lo posible por brindar esperanza para el viaje de la vida.

¿De qué manera podemos motivar auténticamente a las personas?

El aliento viene en varias formas: palabras amables, una sonrisa cálida, una nota amable escrita a mano, un oportuno mensaje de texto con una oración y un versículo bíblico, un obsequio generoso, una invitación a pasar tiempo juntos, a escuchar… o a disfrutar una comida íntima y tranquila sazonada de conversación cariñosa. No recuerdo que alguien se queje de recibir demasiado ánimo. Por otra parte, ¡he visto renunciar a algunos de los mejores trabajadores por sentirse subestimados y sobrecargados de trabajo! Para aquellos con quienes vivimos, tal vez podamos intentar deliberadamente entender qué les produce alegría, y luego ofrecerles estímulo en esas formas.

Algunos aprecian el elogio en público, entonces elogiémoslos en público. A otros les ayuda la corrección en privado, así que corrijámoslos en privado. Pero otros aprecian más una recompensa económica, así que recompensémoslos económicamente. Alguien podría querer que estemos presentes en lo que le resulta importante, así que hagamos acto de presencia ante eso. Otro podría ser bendecido si leemos un libro que le afectó la vida, así que leamos el libro transformador de vida. ¡Descubramos qué motiva a otra persona y ofrezcámoselo!

La sabiduría en el liderazgo busca maneras de amar a quienes sirven, tomando tiempo para valorarlos, cuidarlos y pasar tiempo con ellos. Eso les permite a ambos ver, escuchar y experimentar ánimo. El aliento se infunde mejor por medio de relaciones sanas. Alguien con un corazón hambriento o pesado puede ganar la confianza para seguir adelante porque su líder es bueno en proporcionarle fortaleza y estímulo. Perseverancia, bondad, gozo, gratitud, esperanza y fe son frutos del ánimo recibido.

ENSEÑANZA: *Los líderes animadores son dadores devotos de valor personalizado.*

Mi necesidad de valor al enfrentar cáncer de próstata

Al enfrentar por primera vez la noticia de mi cáncer de próstata en etapa inicial, ¡quedé muy desanimado! Me encontré enojado, triste y asustado. Me enojé con el Señor porque no creí que tuviera tiempo para una importante distracción de salud. Me hallaba demasiado ocupado haciendo su obra. ¿Cómo podía Él desacelerarme y ponerme al margen? Me entristecí porque quería ver crecer a nuestros nietos y que llegaran a conocer a Jesús. Quería ir a sus partidos de fútbol, llevarlos de viaje, asistir a sus graduaciones del bachillerato y universidad, y sentarme en primera fila en sus bodas.

Tuve miedo de morir: el dolor, el proceso y las personas que quedaban atrás y que me necesitan. Había perdido el entusiasmo. Estaba abrumado por las opciones del tratamiento de cáncer. ¿Robótica? ¿Escalpelo? ¿Radiación? ¿Protónico? ¿UFAI (ultrasonido focalizado de alta intensidad)? Yo era un candidato desesperado para desmoralizarme. Entonces el médico me recordó: «Tiene tres meses para elegir un tratamiento».

¿Noventa días para decidir algo que determinaría el resto de mi vida? Mis temores llenaron los espacios en blanco de los peores escenarios. Me volvería totalmente impotente. ¡No más intimidad física con mi esposa, a los cincuenta y dos años de edad! Incontinencia total. No podría controlar mi micción, ¿de veras? Una bolsa atada a mi pierna peluda y llena de orina caliente, que debía vaciar varias veces al día, tienes que estar bromeando. ¡Uf!

Sí, el temor y el orgullo sacaron lo mejor de mí. Siempre he sido muy, pero muy activo. Aún contaba con la energía de un hombre más joven. Ex jugador de fútbol del colegio, me gustaba el tenis y el senderismo, caminar, correr y todas las formas de ejercicio. Mi cuerpo aún valoraba el esfuerzo y el sudor. Ahora me iban a sedar y me convertiría en una gran carga. ¡No lo permitas, Señor!

Terminé siendo el único que asistió a mi fiesta de autocompasión. Todo llegó a un punto crítico cuando estuve a pocos minutos de ir a mi biopsia para confirmar o descartar mi cáncer. Aunque el procedimiento tomó solo veinte minutos, resultó muy incómodo. Sentí que duró una hora, mientras el médico extraía diez muestras de tejido de ubicaciones estratégicas dentro de mi próstata. Yo estaba nervioso y con miedo, temiendo que un intruso metálico se abriera paso a través de un orificio de mi cuerpo que no estaba diseñado para esta invasión física. Como una taza de agua helada rodeada por hielo seco, el miedo había congelado mi fe.

> ***Reflexión:*** *Nuestro dolor es la oportunidad del Señor para mostrarse y hacerse presente.*

Consuelo del lugar más improbable: «¿Es usted la persona?».

Entonces ocurrió uno de los momentos divinos más surrealistas de mi vida. Diez minutos antes que me llevaran otra vez al infierno de mi biopsia, vino una agradable dama de mediana edad con bata de color azul oscuro y una máscara quirúrgica colgándole alrededor del cuello (más tarde supe que era la jefe de enfermeras). No bromeo, se nos acercó a Rita y a mí.

—¿Es usted la persona que escribe los devocionales diarios de Wisdom Hunters? —preguntó.

—Sí —contesté, tímidamente porque no me sentía muy espiritual o digno de asumir el mérito por alguna clase de confianza en Cristo.

—Yo acababa de pasar los doce peores meses de mi vida, y hace un año una amiga mía de Houston, Texas, me envió por correo electrónico una copia de los devocionales de Wisdom Hunters —explicó ella con tono afectuoso, sincero y agradecido, con amor—. Dios utilizó esos escritos para mantenerme en su Palabra, ¡y ese estímulo diario de parte de Él fue la manera como pude superar el año pasado!

Mi precioso Salvador Jesús me alentó a través de su amable sierva. Al ser escoltado de vuelta a mi biopsia tenía una perspectiva renovada de esperanza, fe y valentía. El Espíritu Santo habló a mi corazón: «Esta enfermedad no tiene que ver contigo, sino conmigo y mi gloria. Tiene que ver con médicos, enfermeras, asistentes de hospital, obreros de mantenimiento, familiares, amigos y todas las personas que conoces, que necesitan ver a Jesús en tu vida. Mi querido hijo Boyd, quiero hacer una obra en ti para poder hacer una obra a través de ti, ¡para poder hacer una obra contigo!».

Reflexión: Cuando nuestra incomodidad se cruza con el consuelo de Dios, podemos consolar a otros.

Aliento en adoración, y ánimo económico de amigos generosos

Avancemos rápido unos meses. Experimenté un exitoso tratamiento de cinco horas, una sola vez, menos invasivo, sin radiación, sin cirugía, sin quimioterapia y sin efectos colaterales importantes. Mi urólogo de Atlanta, el doctor Kassabian, administró UFAI (ultrasonido focalizado de alta intensidad) en Montreal, Canadá. Esta maravillosa opción para tratar cáncer de próstata en etapa inicial ahora está aprobada en los Estados Unidos.

Para ampliar mi historia del capítulo siete, después de mi tratamiento ambulatorio experimenté el ánimo más sublime de parte del Señor y consuelo de parte de mi esposa a través de la alabanza y la adoración. A fin de combatir el dolor intenso y la incomodidad, Rita administró medicamentos para el dolor; ¡la oración y la medicina moderna son una gran combinación! En la calidez del abrazo mutuo adoramos al Dios todopoderoso con el himno «Cuánto nos ama Jesús».

Como dije antes, una frase sobre las aflicciones y la gloria de Dios me impactó en forma nueva como nunca antes. En medio de la adoración sentí un aluvión del amor de nuestro Padre celestial como si saliera de baldes rebosantes de agua. Él susurró su tranquilizador estribillo a mi corazón: «Estoy contigo, hijo mío; te amo, Boyd».

Luego vinieron Kevin y David, dos amigos que probaron ser maravillosos consoladores semejantes a Cristo en momentos cruciales. Descubrí que la opción de mi tratamiento no convencional (UFAI) no la cubría mi seguro médico. Rita y yo pensamos que tendríamos que retirar cincuenta mil dólares de nuestros muy modestos fondos de jubilación, así que después del 10% deducible y el pago de impuestos, recibiríamos treinta mil para cubrir el costo.

Sin pedirle, y sin estar consciente del interés de los demás, nuestro nuevo amigo David dio muy generosamente quince mil dólares de su bolsillo. Luego Kevin pidió a quince amigos que dieran mil dólares cada uno (obsequios no deducibles de impuestos), ¡de modo que el costo total de mi procedimiento médico fue cubierto por extraordinarios, cariñosos y amorosos amigos y hermanos en Cristo! Jesús es Rey, pero en el momento correcto, con la motivación adecuada el dinero puede estimular a alguien.

ENSEÑANZA: *Los líderes animadores brindan con generosidad su tiempo y dinero.*

Bernabé: un líder que estuvo a la altura de su nombre

El nombre Bernabé significa «Hijo de consolación». Su consolación se expresó en generosidad económica, en no darse por vencido, en apoyar el carácter mal visto de un nuevo cristiano, y en un celo feroz para hablar del evangelio con los incrédulos. Era levita, miembro de la tribu hebrea de Leví, de modo que tal vez ayudaba a los sacerdotes en el templo judío y entregaba fielmente sus diezmos para apoyar el ministerio.

1. Bernabé dio ánimo para cuidar de otros por medio de la generosidad financiera.

«José, a quien los apóstoles pusieron por sobrenombre Bernabé (que traducido es, Hijo de consolación), levita, natural de Chipre, como tenía una heredad, la vendió y trajo el precio y lo puso a los pies de los apóstoles» (Hechos 4:36-37).

Cuando Bernabé vio que los pobres y necesitados no tenían nada, tomó su sobrante (su tierra, un activo no monetario) encontró un comprador, y convirtió su tierra en dinero. Sin dudarlo colocó los fondos a los pies de los líderes fieles en quienes confiaba, y que bajo la autoridad de Dios aplicarían el dinero donde fueran mayores las necesidades. Tal vez la propiedad había estado en su familia durante generaciones, o quizá fue una inversión que hizo en su vida. De cualquier modo, Bernabé experimentó el gozo de la generosidad mientras estaba vivo, en lugar de arriesgarse a un mal uso de los bienes después de su muerte. Dio su ofrenda en vida, por lo que sabría a dónde iría el dinero. Bernabé dio estímulo financiero para cuidar de los necesitados. Ofreció su regalo como un acto de adoración y gratitud a Dios.

2. Bernabé proporcionó consuelo y extendió lealtad a un colaborador que luchaba.

«Bernabé quería que llevasen consigo a Juan, el que tenía por sobrenombre Marcos; pero a Pablo no le parecía bien llevar consigo al que se había apartado de ellos desde Panfilia, y no había ido con ellos a la obra. Y hubo tal desacuerdo entre ellos, que se separaron el uno del otro; Bernabé, tomando a Marcos, navegó a Chipre» (Hechos 15:37-39).

Marcos y Bernabé eran primos (Colosenses 4:10, NVI), por lo que tal vez el hijo de consolación se demoró en renunciar a Marcos. Pudo dar otra oportunidad a su pariente y también hermano en Cristo. El historial del primo no era excelente. Tenía la reputación de desertor debido a su experiencia pasada de dejar a Pablo y Bernabé a mitad de viaje y regresar a casa.

Pero Bernabé no veía a Marcos como desertor crónico. Más bien veía a alguien cuya falta pasada de juicio podía corregirse y enmendarse con otra oportunidad de mostrarse como alguien que podía perseverar frente a las dificultades. Bernabé se arriesgó a ofrecerle a Marcos una segunda oportunidad. La gracia no se cansa de dar valor a otros para continuar.

3. Bernabé brindó consuelo y apoyo a un líder con un historial sospechoso.

«Cuando [Saulo] llegó a Jerusalén, trataba de juntarse con los discípulos; pero todos le tenían miedo, no creyendo que fuese discípulo. Entonces Bernabé, tomándole, lo trajo a los apóstoles, y les contó cómo Saulo había visto en el camino al Señor, el cual le había hablado, y cómo en Damasco había hablado valerosamente en el nombre de Jesús» (Hechos 9:26-27).

Bernabé no tuvo miedo de arriesgar su excelente carácter respaldando a un nuevo cristiano con la reputación de perseguir, e incluso matar cristianos. A pesar del alto riesgo en esta relación, llevó a Saulo ante los apóstoles y testificó de la conversión auténtica a Jesús de este hombre. Un líder fiel puede ver la potencialidad positiva en un líder sospechoso que llega con una reputación dañada. Bernabé no descartó la necesidad de discipulado y de madurez en Saulo, pero tampoco lo descalificó debido al comportamiento pecaminoso y asesino antes de que se convirtiera a Cristo.

Un líder fiel puede respaldar en oración a otro líder desolado, confiando en que Dios permitirá su desarrollo en humildad, gracia y santidad. Una inversión de alto riesgo en un líder con defectos de carácter, pero potencialmente fiel, puede resultar en ganancia eterna para el evangelio de Jesús.

4. Bernabé fue animado a no distorsionar el evangelio.

«Los otros creyentes judíos también se portaron como Pedro, fueron hipócritas [sabiendo que los cristianos judíos y gentiles estaban unidos bajo un nuevo pacto, en una fe], y hasta Bernabé se dejó influenciar. Cuando vi que ellos no se comportaban según la verdad de las buenas noticias, le dije a Pedro delante de todos: "Tú eres judío, pero no vives como judío, pues te comportas como los que no son judíos. Entonces, ¿cómo te atreves [ahora prácticamente] a obligar a los que no son judíos a que sigan las costumbres de los judíos [si quieren comer con ustedes]?"» (Gálatas 2:13-14, PDT).

Un animador podría sentirse tentado a permitir que la necesidad de aceptación (armonía relacional) erosione la necesidad de declarar abiertamente la verdad. Intentando apaciguar a sus amigos judíos que eran cristianos, Pedro y Bernabé distorsionaron el evangelio al exigir a los creyentes no judíos (gentiles) que adoptaran costumbres judías como parte de su fe. Pablo, con su valor característico, los acusó de añadir obras a la gracia al sugerir la necesidad de requisitos adicionales para convertirse en seguidores de Jesús. El apóstol misionero pudo mantener una perspectiva objetiva sobre el evangelio puro, y hacerla clara en esos primeros años de la Iglesia.

Emocionalmente cargado y relacionalmente arriesgado: Este fue un caso de estudio sobre cómo la verdad del evangelio puede resistir distorsiones culturales. Pedro y Bernabé (auténticos líderes fieles) aprendieron una valiosa lección: no agregar o quitar nada a la creencia en la muerte, sepultura y resurrección de Jesús (1 Corintios 15:1-8) como la única calificación para ser cristiano.

El mejor estímulo dispensa valor sin distorsionar la verdad de la Palabra de Dios. Quizá el aliento audaz que debes dar es hacer clara la verdad a un alma bienintencionada pero confundida.

«Mucha franqueza tengo con vosotros; mucho me glorío con respecto de vosotros; lleno estoy de consolación; sobreabundo de gozo en todas nuestras tribulaciones» (2 Corintios 7:4).

ENSEÑANZA: *Los líderes animadores se arriesgan con líderes imperfectos, pero potencialmente fieles.*

5. Bernabé dio a otros el valor para mantenerse fieles al Señor.

«Cuando [Bernabé] llegó, y vio la gracia de Dios, se regocijó, y exhortó a todos a que con propósito de corazón permaneciesen fieles al Señor» (Hechos 11:23).

Permanece fiel al Señor, porque Él ha permanecido fiel a ti. Permanece fiel mientras otros te animan. Permanece fiel porque la gracia de Dios te obliga a hacerlo. Permanece fiel porque Él sabe qué es lo mejor para ti. Permanece fiel porque sabes que esto es lo correcto. Permanece fiel porque tu obediencia estimula a otros. Permanece fiel, con todo tu corazón, para que el reino de Dios avance agresivamente para su gloria.

Es fácil inscribirse como seguidor de Jesús, pero obedecerle requiere fidelidad, así que permanece fiel a tu compromiso con Cristo. Importa que le obedezcas. Le importa a Él, a ti, a tu familia y a tu credibilidad. Importa a quienes has animado, a los que estás animando y a aquellos que animarás. Importa que permanezcas fiel.

Satanás intentará sofocar tu compromiso con su poder limitado de enfermedad, desánimo y descontento. Quiere que olvides la fidelidad de Dios y caigas en su trampa de tentación. Quiere que te alejes de tu familia y sigas tus propios deseos egoístas. Quiere que creas que eres la excepción al estado de derecho y rendición de cuentas. Él alimentará tu orgullo hasta que hagas trizas la humildad.

Jesús declaró: «Yo conozco tus obras, y dónde moras, donde está el trono de Satanás; pero retienes mi nombre, y no has negado mi fe» (Apocalipsis 2:13).

La mano del Señor está sobre quienes permanecen fieles de todo corazón. Sin embargo, pasa de aquellos que participan en conductas hipócritas, fingiendo una cosa y haciendo otra. Empieza desenmascarando cualquier práctica no auténtica y trata de reconectarte con Cristo y con los demás.

> **Reflexión:** *Permanece fiel a Dios y a los demás, especialmente cuando no sabes qué hacer.*

Motivación en la gracia de Dios mediante la oración

La gracia de Dios crea un entorno de ánimo. Puedes estimular a otros a mantenerse fieles porque la gracia de Dios se te ha extendido. La gracia incita fidelidad; comprende que hay margen para cometer equivocaciones, pero sigue ofreciendo oportunidades de permanecer fieles. El fracaso y la fe pueden coexistir. Los motivadores alientan a otros en un nivel sincero. Tú tienes la oportunidad de acercarte a esposos y esposas, amigos y parientes, cristianos nuevos y maduros.

Puedes estimularlos a permanecer fieles al Señor y unos a otros. El ánimo extiende esperanza, arraigada en una relación con Jesucristo. Tu ánimo basado en lo eterno no es sentimental ni superficial. Es una esperanza celestial evidenciada por oración respondida. Animas a otros exponencialmente cuando pides que Cristo obre a favor de ellos.

Clama a tu Padre celestial y pídele que mantenga a tus adolescentes fieles a Él. Ora que el cuerpo de tu amigo sea curado por la mano de Dios. Ora que las parejas casadas aprendan a amarse y respetarse bajo la influencia del Espíritu Santo. Ora que los solteros adultos permanezcan fieles al corazón de Dios. Ora que tu pastor permanezca fiel a su llamado de seguir de cerca al Señor.

Pide a Dios oportunidades de orar con aquellos a quienes animas. El poder de orar porque otros reciban ánimo no puede agotarse. Sobre todo, recibe aliento del Señor y de otros para permanecer fiel. Entonces, de forma simultánea y espontánea estimula a los demás a también permanecer fieles de todo corazón. Permanece fiel porque no hay límite a lo que el Señor puede hacer. No pienses en renunciar.

Padre celestial, por tu gracia permanezco fiel a ti debido a que eres la verdad.

¿Quién necesita que yo le ayude a permanecer fiel a su fe en Jesús?

ENSEÑANZA: *Los líderes animadores permanecen fieles al Señor y animan a otros a hacer lo mismo.*

Las cosas pequeñas pueden ofrecer gran estímulo, así que no desestimes pequeños actos de bondad. Una oración, un oído atento, un café, un almuerzo, un obsequio financiero, una recomendación, o tiempo juntos son maneras en que la mayoría de nosotros podemos ofrecer ánimo. Ora hoy por cómo puedes convertirte en un Bernabé para un amigo olvidado.

Resumen de enseñanzas del capítulo diez

1. Los líderes animadores buscan a diario maneras de animar a quienes conocen.
2. Los líderes animadores son dadores devotos de valor personalizado.
3. Los líderes animadores brindan con generosidad su tiempo y dinero.
4. Los líderes animadores se arriesgan con líderes imperfectos, pero potencialmente fieles.
5. Los líderes animadores permanecen fieles al Señor y animan a otros a hacer lo mismo.

Capítulo once

Fidelidad

No así a mi siervo Moisés, que es fiel en toda mi casa.

Números 12:7

Los siervos fieles no se retiran. Puedes jubilarte de tu profesión, pero nunca te retirarás de servir a Dios.

Rick Warren

Jesús fue fiel

«Corramos con paciencia la carrera que tenemos por delante, puestos los ojos en Jesús, el autor y consumador de la fe, el cual por el gozo puesto delante de él sufrió la cruz, menospreciando el oprobio, y se sentó a la diestra del trono de Dios. Considerad a aquel que sufrió tal contradicción de pecadores contra sí mismo, para que vuestro ánimo no se canse hasta desmayar» (Hebreos 12:1-3).

Jesús corrió bien su carrera de vida, y terminó bien: fue fiel. Cuando recibió las mismas tentaciones que todos recibimos, soportó: fue fiel. Enfrentó con gozo la oposición de pecadores: fue fiel. Cuando afrontó la muerte en la cruz, la aceptó: fue fiel hasta el final. Jesús permaneció fiel y ahora está sentado a la diestra de Dios. Debido a Él somos inspirados y estamos preparados para soportar hasta el final, y no perder el ánimo ni desmayar. Jesús ha marcado la carrera para nosotros, que debemos perseverar fijando la mirada en Él, el Fiel.

Permanecer fieles en las buenas y las malas

Mi esposa Rita me contó esta fábula esclarecedora:

Un corcel blanco entró a los corrales de un anciano, y todos los aldeanos lo felicitaron por tan buena suerte.

El viejo solo respondió: «¿Es esto una maldición o una bendición? Solo podemos ver una parte. ¿Quién puede saber lo que vendrá después?».

Cuando el caballo blanco se fue, la gente del pueblo estaba convencida de que había sido una maldición. El viejo, que vivía rendido a la voluntad de Dios y satisfecho únicamente en ella, declaró: «No puedo ver las cosas como Él las ve».

Cuando el caballo regresó con una docena más de caballos, los vecinos lo declararon una bendición; pero el viejo solo manifestó: «Es como Dios quiere y le agradezco por su voluntad».

Entonces el único hijo del viejo se fracturó una pierna al ser lanzado del corcel blanco. Todos los habitantes del pueblo lamentaron la mala suerte que trajo ese caballo blanco. Y el viejo solo contestó: «Veremos. Es como Dios quiere y le agradezco por su voluntad».

Cuando un destacamento de guerra se llevó a todos los jóvenes a la batalla, menos al hijo con la pierna quebrada, todos los aldeanos proclamaron la buena suerte de ese caballo blanco. Y el viejo únicamente dijo: «Solo vemos un poco del panorama total. No podemos ver cómo lo malo podría ser bueno. Dios es soberano y bueno, y ve y hace que todo obre para bien».[14]

En realidad, Dios es soberano.

La fidelidad fluye de la fe

La fidelidad fluye de un corazón de fe. Cuanto más quito la mirada de mis limitaciones y la pongo en el Señor y sus capacidades ilimitadas, más se forja mi fidelidad. Cuando miro al Señor, mi fidelidad crece a partir de la fe, no del terrible deber. Sí, hay días en que me siento poco espiritual, e incluso derrotado, pero por fe aun intento hacer lo correcto y espero que mis emociones igualen mi obediencia. Estoy muy agradecido de que Jesús sea fiel cuando yo soy infiel; Él es leal cuando yo soy desleal; y es amoroso cuando yo no lo soy.

---

14. Ver http://annvoskamp.com/2012/05/for-the-days-that-seem-to-be-going-bad. Observa que esta historia también fue citada por Max Lucado, y pudo tener sus orígenes en América del Sur.

Por la gracia de Dios oramos no por una fidelidad estéril y obediente, sino por una que esté alimentada por fe ansiosa y dependiente del Señor.

Un líder fiel ya tiene éxito. Dios llama a los líderes a ser siervos humildes y fieles, en contraste con los líderes orgullosos a quienes solamente los motivan sus deseos. La fidelidad es muy contraria a las características que nuestra cultura reclama en los líderes: altura, apariencia, presencia, esbeltez, figura, inteligencia. Pero fidelidad… ¿qué significa eso?

Ser fiel significa presentarme en el trabajo cuando prefiero quedarme en casa; presentarme en el evento escolar de una hija cuando preferiría estar trabajando; presentarme y cuidar de mi suegra, quien es víctima de un derrame cerebral, aunque es algo molesto; o presentarme como voluntario cuando no tengo ganas. Ser fiel significa mantenerme comprometido a una relación cuando me han lastimado o malentendido. La fidelidad es hacer lo correcto día tras día, con una actitud correcta y motivada por razones correctas.

Reflexión: *La fidelidad puede celebrar el logro de ya haber obtenido éxito.*

Moisés mostró fidelidad como líder ante el hecho de no sentirse seguro de su capacidad de hablar o influir en el pueblo. No obstante, el Señor lo calificó como el hombre más humilde en la tierra (Números 12:3), y fue por su posición de total dependencia en Dios que el Señor le inculcó valor en el corazón para que se mantuviera fiel.

Moisés reconoció sus limitaciones muy reales como comunicador, así que el Señor le envió un portavoz dotado, su hermano Aarón. ¡Dios probé los recursos! No se espera que un líder esté preparado con todos los dones, sino que reconozca sus propias limitaciones y se rodee de otros líderes talentosos. La sabiduría en el liderazgo es fiel a su vocación, talento y habilidades.

«Toda casa es hecha por alguno; pero el que hizo todas las cosas es Dios. Y Moisés a la verdad fue fiel en toda la casa de Dios, como siervo, para testimonio de lo que se iba a decir; pero Cristo como hijo sobre su casa, la cual casa somos nosotros, si retenemos firme hasta el fin la confianza y el gloriarnos en la esperanza» (Hebreos 3:4-6).

ENSEÑANZA: *Los líderes fieles andan por fe y confían en el Señor en medio de la incertidumbre.*

Fidelidad para enfocarse en la profundidad de carácter

El carácter importa. Importa en grandes corporaciones, pequeños negocios, Wall Street, Main Street, hogares, iglesias y gobierno. El carácter crea autoridad moral que califica a un líder para dispensar sus responsabilidades con eficacia. Junto con la sabiduría, el carácter es una brújula de vida que proporciona dirección y visión en decisiones sabias. La sabiduría en el liderazgo ve las experiencias de vida como oportunidades para que nuestro carácter se vuelva más como el de Cristo.

En el pasado, Lake Tahoe era uno de los lugares favoritos de mi esposa y yo en todo el mundo para descansar, reflexionar y rejuvenecer. Medio lago está localizado en Nevada y la otra mitad en California. A lo largo de los años disfrutamos estratégicamente cenas con costilla de seis dólares en el lado de Nevada, mientras nos hospedábamos en una pintoresca y serena cabaña en el lado californiano.

Durante una de nuestras primeras visitas a Tahoe descubrí algunos hechos asombrosos sobre esta masa de agua extraordinariamente hermosa. Está ubicada a 1600 metros de altura, con 115 kilómetros de hermosas costas y 39 billones de galones de agua helada, a una profundidad promedio de 300 metros. El escurrimiento glacial contribuye al 99,9% de pureza del agua. Si pudieras verter el agua de Lake Tahoe sobre el estado de California, toda la tierra se cubriría con 37centímetros de agua.

De repente y sin previo aviso el Espíritu Santo dio un jalón a mi corazón con este pensamiento: *La profundidad de nuestro carácter determina la amplitud de nuestra influencia.* El desarrollo de carácter y madurez sucede con el tiempo. Nuestro carácter crece cuando entendemos y aplicamos sabiduría a las experiencias de la vida diaria. No hay atajos para obtener sabiduría y discernimiento; vienen en porciones pequeñas. Cuando somos fieles en cumplir con lo que parece trivial y aprendemos de nuestras equivocaciones, somos candidatos para la sabiduría. Esta no se fabrica; más bien, se sazona en la mente y el corazón hasta que se filtra en nuestras actitudes y acciones.

¿Estás enfocado en la profundidad de tu carácter? ¿O solo en la superficie: decir lo que es correcto para obtener los mejores resultados? ¿Estás comprometido con disciplina de largo plazo de superar la adversidad en el trabajo, la casa y las relaciones, de modo que puedas dejar realmente en el pasado los pensamientos inmaduros y desarrollar una mente madura?

Un amigo me dijo en cierta ocasión: «Boyd, puedes mudarte cada dos años durante veinte años y así obtener diez veces una experiencia de dos años, o puedes invertir tu vida en un lugar y tener allí una experiencia de veinte años».

La sabiduría en el liderazgo se enfoca en la profundidad y confía en Dios para ampliarse.

Quizá podrías hacer una auditoría de tu carácter:

¿Está creciendo, o se encuentra estancado en el nivel emocional de un adolescente?

¿Es madura tu norma de conducta, o todavía anda sin rumbo como un estudiante universitario en fiesta?

¿Has aceptado tus responsabilidades como esposo, esposa, padre, madre, hijo, hija, amigo, empleado o empleador?

Tu arduo trabajo, honestidad, integridad, paciencia, generosidad y servicio son evidencia total de un carácter que no está contento con la situación, pero que avanza en madurez.

La influencia es una característica que algunos no valoran, pero que los sabios consideran importante. Es desde una posición de influencia que los mejores líderes dirigen, los estadistas más eficaces gobiernan, los padres productivos crían, los entrenadores ganadores entrenan y los profesores comprometidos enseñan.

Y ahora una auditoría de tu influencia:

¿Quiénes conforman tu círculo de influencia?

¿Cómo estás siendo intencional para influir en esas personas de modo que avancen hacia una vida sabia?

¿Tienes la autoridad moral para cuestionar amorosamente sus decisiones poco sensatas?

¿Les muestras por ti mismo cómo desarrollar carácter?

Padre celestial, por tu gracia me centraré en la profundidad de nuestra relación y confiaré en ti en cuanto a la amplitud de mi influencia.

ENSEÑANZA: *Los líderes fieles se enfocan en profundizar el carácter y confiar a Dios la amplitud de su influencia.*

Fidelidad para permanecer comprometidos en la obra del Señor después de jubilarse

En el capítulo 9 analicé mi relación destrozada pero curada con mi padre, George Bailey. En este último capítulo me veo obligado a describir mi amistad con George Morgan, mi sabio mentor. Conocí a esta alma bondadosa cuando yo tenía como treinta años. George trabajaba para nuestra iglesia por un enorme salario de un dólar al año. Naturalmente, esto me intrigó, y puesto que estaba empezando mi carrera, era difícil relacionarme con este enfoque radical de trabajar sin remuneración. Como administrador de la iglesia, George era el primero en llegar a trabajar en la mañana (después del equipo de mantenimiento), y el último en salir en la noche. Su ética laboral era excelente, y su agradable actitud y enfoque en la excelencia eran motivadores, pero lo que más me atrajo fue su sabiduría.

Qué bendecidos éramos como organización al tener a George en el equipo, aportando sus años de experiencia en negocios, ya que planificábamos la reubicación de una iglesia de ciento cincuenta años en el centro de la ciudad. No hace falta decir que hubo discusiones acaloradas y opiniones contradictorias. Cuando quitas la dinámica espiritual, te queda una receta para el desastre relacional y la desunión de la iglesia.

Sin embargo, con sabiduría y gracia George guiaba continuamente las discusiones hacia lo que era mejor en general, y mejor para servir a la siguiente generación. Debido a su mano firme como administrador y líder confiable, en los años posteriores pudimos hacer la transición a nuevas instalaciones, con relativamente pocas bajas relacionales.

ENSEÑANZA: *Los líderes fieles permanecen sirviendo al Señor después de jubilarse.*

Los líderes sabios son económicamente fieles

Un día me encontré sintiéndome ignorante y confundido respecto a nuestras opciones financieras familiares de ahorro. Diez por ciento de mi salario se deducía cada período de pago y se invertía trimestralmente en una empresa financiera. Me emocionaba lo que parecía gran cantidad de opciones: acciones, bonos, fondos de inversión, pensión vitalicia, etc. Por tanto, pedí una cita para reunirme con George y recibir su asesoramiento. Quería escuchar la sabiduría de la planificación financiera de alguien que podía trabajar a tiempo completo por un dólar al año. ¡Él debió haber tomado algunas decisiones prudentes que yo podría aplicar a mis propias finanzas familiares!

Nos reunimos pronto y, en forma sabia, George preguntó primero por nuestro patrimonio neto, ¡el cual calculamos en minutos en la parte posterior de una servilleta! Luego preguntó por nuestras metas económicas. Basado en estos factores, junto con nuestra edad y una evaluación informal de nuestra tolerancia a riesgo financiero, George sugirió diversificación en fondos de inversión y bonos. Sus sugerencias no fueron dramáticas y sus estrategias no fueron atractivas, pero su consejo fue acertado. Tengo que decirte que con el paso de los años hemos prosperado cuando nos hemos mantenido firmes a su consejo financiero. Cada vez que nos hemos desviado, hemos perdido dinero. Basta decir que Rita y yo seguimos ahora el consejo financiero de George, junto con la sabiduría y responsabilidad de amigos confiables y sabios asesores financieros: Carol, David, Jess y Kevin.

ENSEÑANZA: *Los líderes fieles tienen planes para manejar bien el dinero, a fin de que este no los maneje.*

Los líderes fieles adquieren sabiduría en un largo período de tiempo

¿Te has preguntado alguna vez cuál es la fórmula secreta para el éxito de alguien? Esta vino de:

¿A qué colegio asistió?
¿Quiénes lo guiaron?
¿Qué ha leído?
¿A dónde ha viajado?
¿Cuál es su plan de vida?

Mientras observaba a George exhibir humildad con valentía, liderazgo con amor, servicio con sensibilidad y comunicación con atención, quise preguntarle el secreto de su increíble éxito como líder sabio. Amablemente me permitió volver a reunirme con él durante horas laborales. Apenas logré dormir la noche anterior, ¡anticipando que algún día cercano iba a aprender los consejos y las técnicas que también me permitirían trabajar por un dólar al año!

Al día siguiente me dirigí a la gran oficina de George. Mi camisa blanca almidonada y abotonada; el traje recién lavado; y los zapatos lustrados y pulidos intentaban comunicar mi enfoque y disciplina, mientras intentaba aprender de alguien digno de mi respeto y admiración. Una vez que intercambiamos pormenores, George me preguntó qué tenía en mente.

Revelé mi admiración por su éxito financiero y profesional. Expliqué mi deseo de aprender y aplicar sabiduría como la que veía personificada en él. Armándome de valor, le pregunté directamente de dónde obtuvo sabiduría para el trabajo, la familia y para relacionarse con las personas a lo largo de los años. Con papel y lápiz en mano esperé sabias perlas que comenzaría a aplicar en mi propia vida y carrera.

Para mi sorpresa, George simplemente dijo: «Boyd, lo único que puedo decir es que durante diez años he leído un capítulo de Proverbios cada día, basándome en el día del mes. Funciona bien, ya que hay treinta y un capítulos que combinan muy bien con los treinta o treinta y un días de la mayoría de meses. Las perspectivas que aprendí de mis meditaciones diarias me dieron conocimiento, entendimiento y sabiduría para enfrentar los problemas y las dificultades de la vida».

Me sorprendió la simplicidad de su estrategia, y francamente esto es lo único que recuerdo de nuestra conversación hace unos veintisiete años. El genio detrás del reto de George es la necesidad de que el conocimiento se cruce con la experiencia, antes de convertirse en sabiduría auténtica y perdurable. Aprendemos mejor cuando sentimos la necesidad de aprender; nuestra educación viene en las situaciones de la vida real. Cuanto más saturadas de verdad estén nuestras mentes, mayor será la probabilidad de que podamos recurrir a la verdad cuando enfrentemos problemas, cuando luchemos con tomar una decisión, o cuando tengamos retos relacionales.

Seguí el ejemplo de George de buscar sabiduría diariamente durante diez años como un reto personal. Por tanto, de los treinta a los cuarenta años de edad, cada día, con pocas excepciones, leí un capítulo de Proverbios. No puedo comenzar a explicarte lo necesarias que esas lecturas se volvieron en mi vida diaria. La sabiduría eterna de Salomón habló a aspectos de vida como amor, perdón, pecado, sabiduría, insensatez, bebida, sexo, matrimonio, crianza, trabajo, planificación, adulterio, relaciones, ahorros, deudas, gastos, prosperidad, pobreza, diligencia, temor de Dios, orgullo y humildad, para nombrar unos pocos.

En una frase, he aquí lo que aprendí de George y de mi propia búsqueda de sabiduría:

> El fruto de la sabiduría sigue a la búsqueda de sabiduría.

Esto va contra una cultura que quiere gratificación instantánea. La sabiduría se construye con el tiempo, no se crea en un microondas mental. Independientemente de tu etapa de vida, decide crear un proceso, un ritmo de vida, que genere conocimiento, entendimiento y sabiduría. Existe una historia famosa que tal vez has oído, en que Jesús describió a dos opuestos constructores de casas: uno que edificó sobre arena y otro sobre roca sólida. Y cuando vinieron las tormentas, solo sobrevivió aquella que tenía cimiento sólido (ver Mateo 7:24-27).

Sabiduría es la base sólida de vida que toma tiempo y esfuerzo establecer, pero su capacidad a largo plazo de capear las tormentas de la vida la convierten en una inversión muy valiosa.

ENSEÑANZA: *Los líderes fieles buscan a Dios y reciben su sabiduría sobre cómo vivir.*

Los líderes fieles ponen en práctica lo que aprenden

«Cualquiera, pues, que me oye estas palabras, y las hace, le compararé a un hombre prudente, que edificó su casa sobre la roca» (Mateo 7:24).

Aprendemos verdad para aplicarla a la vida. La verdad no utilizada caduca y se estanca. Cuando escuchas verdad y la pones en práctica, eres sabio. Cuando escuchas verdad y no la aplicas, eres insensato. Este es el individuo que reconoce la verdad por fuera pero no la aplica por dentro. Su base para la fidelidad es frágil, así que cuando los vientos de la adversidad se arremolinan y soplan, el carácter de esta persona se derrumba bajo poder aplastante.

Podemos asistir a un estudio bíblico o a un retiro conmovedor y escuchar verdad, y sin embargo no cambiar para mejorar. ¿Cómo puede ocurrir esto? Sucede cuando no seguimos lo que aprendemos como correcto y cierto. Hay una desconexión entre nuestra cabeza y nuestro corazón. La idea de dejar malos hábitos y empezar nuevos se racionaliza con escusas convincentes. Nos engañamos diciéndonos: «No tengo tiempo suficiente», «No soy suficientemente espiritual», «Algún día me ocuparé de esto» o «Dios entenderá si espero».

Juan describió el efecto del autoengaño: «Nos engañamos a nosotros mismos, y la verdad no está en nosotros» (1 Juan 1:8).

La verdad y el engaño no pueden coexistir. Por tanto, decide ahora eliminar el engaño y poner en práctica la verdad. Si esperas, te desviarás de la aplicación de la verdad. Ahora mismo es el momento más sabio para recibir el regalo divino de la gracia e injertarlo en tu vida. Eres responsable por la verdad que has recibido. Por tanto, adminístrala sabiamente. Úsala antes que la pierdas. Conviértete en practicante de la verdad.

Reflexión: Una vida fiel vive lo que se aplica al corazón y se renueva en la mente.

La sabiduría en liderazgo aplica verdad en dosis que pueden integrarse a tu carácter. No te dejes abrumar por los varios aspectos en tu vida que debes cambiar. Elige un aspecto, como amar a tu esposa con renuncia y sensibilidad. Pablo escribió en Efesios 5:25 que el esposo debe entregarse a su esposa. Sin decir una palabra, sirve en secreto para que tu esposa pueda experimentar tu preocupación y cuidado desinteresados. Entra en su mundo amándola en su punto de interés. Eso puede relacionarse con entretenerla, cocinar o trabajar en el jardín. Sea lo que sea, sírvele en maneras que le hagan saber que te importa.

En el trabajo tienes la oportunidad de poner en práctica la enseñanza radical de Jesús tratando a los demás como quieres que te traten (Mateo 7:12). Piensa en un colega que haya decepcionado al equipo y esté en necesidad de perdón. Si estuvieras en su lugar, apreciarías un don de misericordia. Puedes poner en práctica la regla de oro porque también eres de oro, ahora que Dios ha honrado tu vida.

Dios te ha colmado con su gracia para que puedas llevar una vida de gracia. Enfócate en desarrollar los cimientos de tu vida y carácter, un bloque de verdad a la vez. Esta arquitectura diseñada por el Todopoderoso perdurará. Deja un legado perdurable a tus hijos poniendo en práctica lo que sabes que es verdadero. Las enseñanzas de Jesús son verdad. Cree y aplica. Pon sus principios en práctica y persevera.

ENSEÑANZA: *Los líderes fieles ponen en práctica lo que aprenden.*

Los líderes fieles tienen corazones resguardados por la paz de Dios

«Sobre toda cosa guardada, guarda tu corazón; porque de él mana la vida» (Proverbios 4:23).

«¿Cómo está tu corazón?». Esta es la pregunta que él me hacía casi cada vez que hablábamos, lo cual era a menudo. Pero ya no escucharé estas palabras de Scott en esta vida. Hace poco, después de una batalla de dos años y medio con el cáncer, mi amigo y compañero de la junta de Wisdom Hunters, fue a estar con Jesús. Lo extraño. Egoístamente, ansío escuchar su amorosa pregunta: «Boyd, ¿cómo está tu corazón?».

Para mí, Scott fue un médico espiritual que se preocupaba por la condición de mi corazón. Él sabía que la calidad de mi vida dependía de la salud de mi corazón. Me recordaba mi necesidad del Gran Médico.

Las Escrituras dicen que todo fluye de tu corazón: tus esperanzas, tus sueños, tus miedos, tus ansiedades, tu ira, tu perdón, tu humildad, tu paz, tu codicia, tu generosidad y tu amor. Sí, todo lo que hace de ti quién eres proviene de tu corazón. Entonces, sobre todo, tu corazón necesita un guardián, y el mejor es la paz de Dios.

Cuando el Espíritu Santo llena tu corazón mediante la fe, limpia el pecado y deja suficiente espacio para el fruto del Espíritu. Solo un corazón guardado por la paz de Dios puede resistir la influencia de la impiedad. Un corazón sometido en oración a Cristo está protegido con paz por Cristo.

«La paz de Dios, que sobrepasa todo entendimiento, guardará vuestros corazones y vuestros pensamientos en Cristo Jesús» (Filipenses 4:7).

> ***Reflexión:*** *Un corazón guardado por Dios tiene garantizada la paz divina.*

Las condiciones malsanas del corazón incluyen:

- Desaliento
- Derrota
- Aflicción
- Insensatez
- Dureza

El remedio para estas afecciones espirituales es un corazón íntegro para Jesús. Hoy día puedes sentir desaliento… cansancio en tu fe y tu trabajo. Si es así, toma tiempo para reducir el ritmo, descansar y permitir que el Espíritu Santo traiga plenitud a tu corazón. El desaliento es un reflejo de esperanza relegada, que crea una condición de alma indispuesta. Pero la esperanza en Cristo ofrece paz y tranquilidad a tu corazón.

Quizá tu corazón esté afligido por heridas pasadas o rechazo actual. Busca a tu Padre celestial para ser perdonado y para perdonar. ¡Ten cuidado! La insensatez se olvida de Dios o incluso deja de creer en Dios. La preocupación excesiva puede actuar como una forma de ateísmo. Cuando nos paraliza el miedo o la ansiedad, nos comportamos como si Dios no existiera. Por tanto, debemos protegernos contra la insensatez obteniendo sabiduría.

Lo más perturbador es la dureza de corazón: alguien hastiado por injusticia o falta de integridad en otros. Afortunadamente, por fe en Jesús un corazón duro puede ser reemplazado por un corazón nacido de arriba. Un corazón nacido del Señor nos da un corazón para Él.

Entonces, en honor a mi compañero Scott, te pregunto, amigo: «Cómo está tu corazón?».

«El hombre bueno, del buen tesoro de su corazón saca lo bueno; y el hombre malo, del mal tesoro de su corazón saca lo malo; porque de la abundancia del corazón habla la boca» (Lucas 6:45).

Padre celestial, te pido que me des tu corazón de amor, gracia y perdón.

¿Qué afecciones espirituales tienes en tu corazón que necesitan remedio divino?

ENSEÑANZA: *Los líderes fieles son sensibles y entregan sus corazones.*

Los líderes fieles hacen espacio para la próxima generación de líderes

«Jehová dijo a Moisés: Toma a Josué hijo de Nun, varón en el cual hay espíritu, y pondrás tu mano sobre él; y lo pondrás delante del sacerdote Eleazar, y delante de toda la congregación; y le darás el cargo en presencia de ellos» (Números 27:18-19).

Después de dieciséis años de dirigir Ministry Ventures, el Señor me llamó a servir en el equipo de National Christian Foundation. La voluntad de Dios siempre es lo mejor para todas las partes, y sin duda experimenté esto en la transición de mi carrera. Durante un período de cuatro años vi más y más que para mí sería mejor irme y dejar espacio para el éxito de otros líderes en Ministry Venture. Si yo seguía en el cargo, la organización no podría llegar a convertirse muy pronto en un ministerio sustentable y basado en honorarios. Yo era nuestra mayor restricción al crecimiento. Por la gracia de Dios tomé la decisión de salir y hacer más espacio para el éxito.

Moisés condujo a Israel hasta donde le fue posible. Dios declaró manifiestamente que este no era el hombre que llevaría al pueblo hasta la tierra prometida. En cambio, el Señor llamó a Josué, el aprendiz de Moisés, a ser su sucesor para la siguiente temporada de éxitos de Israel. Josué era un líder dotado que experimentó lo bueno, lo malo y lo feo bajo la mentoría de Moisés. Sobre todo, el joven líder observó el favor de Dios obrando a través de Moisés. La transición de liderazgo fue respetuosa para todos y honró al Señor. Moisés puso en oración las manos sobre Josué, encargándolo públicamente.

«Por lo cual te aconsejo que avives el fuego del don de Dios que está en ti por la imposición de mis manos» (2 Timoteo 1:6).

> ***Reflexión:*** *Cuando seguimos la voluntad divina, hacemos lo mejor para todos los involucrados.*

¿Debes hacer espacio para el éxito yéndote? ¿Qué te frena? A la carne le gusta sentirse querida, y en el proceso de ensimismamiento aleja a personas valiosas. A nuestro ego le gusta disfrutar la prominencia de una posición que otros admiran, pero cuando nuestra ambición se convierte en un ídolo, perdemos la bendición del favor divino. Es mejor hacer la transición bajo términos en los que podamos influir en oración y facilitar las cosas, antes que ser obligados a salir porque hemos dilatado demasiado nuestra bienvenida. La humildad y la fe hacen espacio para el éxito de otros por sobre nuestros propios planes.

¿Debes pasar a un rol de liderazgo más responsable para que la organización pueda desarrollarse al siguiente nivel? ¿Qué está frenándote? El miedo al fracaso es como el resfriado común: No existe cura. Si tienes una sensación saludable de vacilación, tómala como una oportunidad de aumentar tu fe en tu equipo y en tu intimidad con tu Padre celestial. Los líderes que no sienten temor quizá no serán realistas respecto a lo que enfrentan. A quienes el Señor llama les confiere habilidades, los fortalece con sabiduría y los alienta con resultados. Fracasar es una opción para los aprendices. Por tanto, ¡da un paso adelante y deja espacio para el éxito!

«David... halló gracia delante de Dios, y pidió proveer tabernáculo para el Dios de Jacob. Mas Salomón le edificó casa» (Hechos 7:45-47).

Padre celestial, estoy dispuesto a irme y hacer espacio para el éxito de los demás.

¿A dónde está llamándome el Señor a apoyar con más responsabilidad el éxito de la misión de la organización?

ENSEÑANZA: *Los líderes fieles desarrollan sucesores que dirijan con éxito hacia el siguiente nivel.*

Los líderes fieles terminan bien

«Así colgaron a Amán en la horca que él había hecho preparar para Mardoqueo» (Ester 7:10).

Algunas personas no terminan bien y otras sí. ¿Por qué? Todo se reduce a nuestras decisiones. Las decisiones que tomas hoy determinan cómo acabarás mañana. Puede que vivas circunstancias muy difíciles y, sin embargo, tomar decisiones muy prudentes. De ser así, hay grandes posibilidades de que termines bien. Puede que vivas las mejores condiciones, pero que tomes decisiones poco sabias. En ese caso, hay muchas posibilidades de que no termines bien.

Por tanto, ¿significa que no nos arrepentiremos cuando acabamos bien? No. Dios no busca perfección, pero desea pasión por Él mismo y obediencia a su Palabra. Las personas que no terminan bien han decidido tomar el control de la situación. Actúan como si tuvieran un plan mejor que el de Dios. A los ojos del Señor este tipo de toma de decisiones tendrá un éxito limitado, si lo tiene.

¿Cómo entonces describe la Biblia el hecho de acabar bien? Es como una carrera de toda la vida, una maratón. Jesús está en la meta, y mientras corres te rodea un séquito eterno de personas que han sido fieles antes que tú. Tu Salvador y sus santos oran por ti y te animan para que termines bien. Esta es la voluntad de Dios. No te desanimes ni te vuelvas orgulloso de corazón. Mantén tu enfoque en el destino final: el premio del elogio de Cristo que te espera.

«Por tanto, nosotros también, teniendo en derredor nuestro tan grande nube de testigos, despojémonos de todo peso y del pecado que nos asedia, y corramos con paciencia la carrera que tenemos por delante, puestos los ojos en Jesús, el autor y consumador de la fe, el cual por el gozo puesto delante de él sufrió la cruz, menospreciando el oprobio, y se sentó a la diestra del trono de Dios. Considerad a aquel que sufrió tal contradicción de pecadores contra sí mismo, para que vuestro ánimo no se canse hasta desmayar» (Hebreos 12:1-3).

> ***Reflexión:*** *Acabamos bien cuando los que más nos conocen, más nos aman.*

A lo largo de la carrera de la vida encontrarás dificultades. Te cansarás y necesitarás descanso. Habrá tramos del camino en que correrás solo y tendrás deseos de abandonar. En otras ocasiones la carrera parecerá una batalla cuesta arriba, con cada músculo de tu cuerpo pidiendo atención a gritos. Pero gracias a Dios hay momentos de refrigerio y rejuvenecimiento. Después que hayas trepado una colina de esperanza, hay una oportunidad de disfrutar el descenso del otro lado. En realidad, algunos caminos no tienen salida; quizá debas detenerte y analizar el mapa de la voluntad de Dios (Escrituras).

Terminar bien es consecuencia de vivir en la presencia de Dios. La intimidad con Él te prepara para escuchar su voz y obedecerle. Quieres agradar a quien amas. ¿Y qué hay de los que te aman? Sí, cuidar de los que más te aman facilita terminar bien. Escucha atentamente a quienes tienen tus mejores intereses en mente, y que están terminando bien. Necesitamos mentores que nos ayuden a centrarnos en las prioridades correctas.

Terminar bien significa vivir como si estuvieras agonizando, porque en realidad todos somos casos terminales. Debemos tener una sensación de urgencia por vivir para Cristo hoy, ya que el mañana quizá no llegue. Vivimos mejor cuando vivimos como si hoy fuera nuestro último día. Por tanto, termina bien hoy para tu Padre celestial, familia, amigos y futuros santos.

Una vida bien llevada hace sonreír a tu Salvador, quien dirá: «Bien, buen siervo y fiel» (Mateo 25:21).

¿Qué significa para mí acabar bien? ¿Estoy terminando bien hoy?

ENSEÑANZA: *Los líderes fieles terminan bien.*

¿Estás enfocado en terminar bien, o coqueteas secretamente con una serie de decisiones insensatas? Acaba bien hoy y tendrás mayor probabilidad de terminar bien mañana. Invita a otros a conocerte de veras y a que los conozcas.

Resumen de enseñanzas del capítulo once

1. Los líderes fieles andan por fe y confían en el Señor en medio de la incertidumbre.
2. Los líderes fieles se enfocan en profundizar el carácter y confiar a Dios la amplitud de su influencia.
3. Los líderes fieles permanecen sirviendo al Señor después de jubilarse.
4. Los líderes fieles tienen planes para manejar bien el dinero, a fin de que este no los maneje.
5. Los líderes fieles buscan a Dios y reciben su sabiduría sobre cómo vivir.
6. Los líderes fieles ponen en práctica lo que aprenden.
7. Los líderes fieles son sensibles y entregan sus corazones.

8. Los líderes fieles desarrollan sucesores que dirijan con éxito hacia el siguiente nivel.
9. Los líderes fieles terminan bien.

Conclusión: Reflexión, oración y aplicación

Buenas preguntas pueden ayudarte a evaluar cómo estás aprendiendo a liderar como Jesús, y a revelar por qué necesitas sabiduría, en qué áreas necesitas sabiduría, y cómo crecer en sabiduría. He aquí entonces un ejercicio simple pero serio para ayudarte a entender mejor tus deficiencias de sabiduría. Pasa treinta minutos reflexionando y orando en las series de preguntas que siguen, y resalta dos o tres a las que debes prestar atención ahora mismo. Pregúntale al Señor y Él te guiará a través de esta revisión de sabiduría. Enumeré las once cualidades manifestadas en la vida de Jesús, con tres series de preguntas debajo de cada una. Toma tiempo y analiza esto con algunos amigos para que también puedas aprender de sus perspectivas. Pide al Espíritu Santo que guíe tu corazón y pide sabiduría a Dios. ¡Imita la vida de Cristo y disfruta el viaje de ser un compañero cazador de sabiduría! (www.wisdomhunters.com)

Humildad

1. ¿Piensas más en ti que en otras personas cuando estás en presencia de ellas, o te enfocas en sus necesidades? ¿Cuáles son algunas maneras en que puedes mostrar a alguien que le cedes el paso y prefieres sus deseos por sobre los tuyos? ¿Cómo van juntas la humildad y la sabiduría?
2. ¿Esperas ser servido o servir? ¿Intentas hacer avanzar tu reino o el reino de Dios? ¿Cómo vivió Jesús la humildad de una manera atractiva y alentadora? ¿Qué significa buscar primero el reino de Dios? ¿Por qué es sabio buscar primero el reino de Dios?
3. ¿Qué evidencia de humildad hay en tu vida? ¿Qué aspectos de

tu vida diría un amigo sincero que muestran orgullo? ¿Cómo puedes impedir que el orgullo espiritual te haga menospreciar a otros? ¿Cómo afecta el orgullo tu habilidad de obtener sabiduría?

Amor

1. ¿Estás consciente de cómo te ama tu Padre celestial, de modo que eso infunda paz, consuelo y seguridad a tu corazón? ¿Cómo te ve el Señor como su hijo? ¿Se basa tu identidad en el amor de Dios por ti, o en otros amores inferiores, distorsionados y poco fiables? ¿Cómo te ayuda el amor de Cristo a que aumente la sabiduría en tu corazón?
2. ¿Amas a los demás de modo condicional o incondicional? ¿Hay alguien que con urgencia necesita tu amor, que esté pasando por una temporada triste? ¿De quién necesitas más amor que nadie? ¿Cómo necesitas que te amen los demás? ¿Cómo puede ayudarte la sabiduría a amar de mejor manera?
3. ¿Te es difícil amar a quienes son diferentes a ti? ¿Cómo se relacionó Jesús con quienes eran diferentes a Él? ¿Cómo quiere el Señor que ames a alguien que no te entiende y tal vez no lo entiendes? ¿Por qué es sabio amar a tus enemigos?

Rendición de cuentas

1. ¿Qué significa ser verdaderamente responsable? Con base en esa definición, ¿eres responsable? ¿Quién te conoce de veras, y a quién conoces de veras? ¿Por qué eres mucho más sabio al ser responsable?
2. ¿Qué riesgos asumes al no ser auténticamente responsable? ¿Qué aspecto de tu vida necesita responsabilidad hoy? ¿Qué es lo que debes hacer al respecto? ¿Cuáles son las tres o cuatro personas a las que puedes invitar para que amorosamente te hagan rendir cuentas en aspectos específicos de tu vida?
3. ¿Qué significa rendir cuentas al Señor? ¿Es suficiente rendirle cuentas a Él y a nadie más? ¿Por qué van juntos el hecho de temer al Señor y de obtener sabiduría? ¿Cómo será rendir cuentas a Dios en el juicio final?

Relaciones

1. ¿Cuál es tu plan para invertir relacionalmente en otros? ¿Por qué es sabio esto? ¿Qué retos enfrentas? ¿Cómo superas estos obstáculos? ¿Cuál ha sido tu mayor recompensa relacional?
2. ¿A quién guías, y quién te guía? ¿Quién es la persona más sabia que conoces en tu trabajo, con la cual te gustaría pasar más tiempo? ¿Fuera de tu trabajo? ¿En tu familia?
3. ¿De qué maneras puedes desarrollar tus habilidades relacionales? ¿Quién es relacionalmente talentoso del cual puedas aprender? ¿Cómo se relacionó Jesús con sus discípulos? ¿Cómo Cristo modeló sabiduría en sus relaciones? ¿Por qué es sabio desarrollar habilidades relacionales?

Disposición de aprender

1. ¿Qué estilo de aprendizaje te motiva y es eficaz para tu crecimiento y educación? Podría tratarse de una clase en línea, asistir a conferencias, prácticas con un experto, leer o escuchar un libro, o atender una transmisión por la Internet. ¿Qué tipos de sabiduría te gustaría estudiar: Salmos, Proverbios, literatura clásica o algo más?
2. ¿A quién puedes pedir que se te una a un club de libro a fin de analizar grandes ideas y pensamientos retadores? ¿Por qué es sabio escuchar otras perspectivas de parte de una comunidad de estudiantes? ¿Cómo se entrecruzan con tu vida los problemas y las soluciones que te ofrecen? ¿Qué persona anciana conoces de quien puedas aprender?
3. Jesús dependió de su Padre celestial para que le dijera qué hacer. ¿Por qué fue sabio esto? ¿Qué proceso puedes emplear para aprender del Señor? ¿Para qué necesitas sabiduría? ¿Para dirección en tu carrera? ¿Para desarrollar una relación? ¿Para administrar el dinero? ¿Para criar hijos?

Disciplina

1. ¿Reflejan tus rutinas una vida necesitada de sabiduría divina? ¿Sacas tiempo en la mañana para reflexionar en la verdad y

renovar tu mente? ¿Utilizas tu tiempo de conducir o viajar para escuchar enseñanzas, una historia inspiradora de vida, o adoración edificante? ¿Tienes un calendario semanal y una planificación presupuestaria para manejar sabiamente tu vida? ¿Por qué Jesús habló más de dinero que de cualquier otro tema?

2. Tu cuerpo es un reflejo de tu cuidado sabio o de maltrato insensato. ¿Reflejan tus patrones de comida y bebida un estilo de vida sano y moderado? ¿Descansas adecuadamente o trabajas demasiado? ¿Programas al menos treinta minutos diarios para caminar, correr, montar bicicleta, usar una máquina elíptica, o hacer alguna otra forma sostenible de ejercicio?
3. Para cada cheque de pago considera este patrón como un objetivo financiero: dar 10%, ahorrar 10%, guardar 30% para impuestos, y vivir con 50%. Evita las deudas si es posible. ¿Cómo el hecho de reconocer que Dios es el propietario de todo te hace un administrador más sabio de lo que posees?

Gratitud

1. La gratitud es una actitud que da y extiende vida. ¿Cómo se expresa el agradecimiento en tu vida? ¿Agradeces verbalmente? ¿Lo haces mediante una nota de agradecimiento, un correo electrónico, un mensaje de texto o correo de voz? ¿Por qué es sabio reconocer auténticamente también la gratitud de otra persona hacia ti?
2. La gratitud por tu salvación en Cristo es esencial para una vida atractiva de gozo y paz. ¿Dirían tus amigos que muestras esa clase de gratitud? ¿Va en aumento su gratitud después de estar contigo? ¿Por qué es sabio ser agradecidos con Dios?
3. ¿Cómo expresó gratitud Jesús? ¿Cómo sustentó su humildad una actitud de agradecimiento? ¿Son también agradecidas las personas que consideras sabias? ¿Por qué? Pregunta a los ancianos por qué la gratitud es clave. ¿Cómo el agradecimiento contribuye a la calidad de vida y a vivir más?

Generosidad

1. Todos pueden ser generosos; un billete de un dólar o de cien dólares son candidatos para la generosidad. ¿Cómo eres generoso con poco o mucho? ¿Cómo te sientes cuando das a otros? ¿Qué es para ti la administración sabia del dinero? ¿Tienes un plan para dar?
2. ¿Cómo ha sido Dios generoso contigo? Puesto que el Señor te ha dado todo lo que tienes, ¿estás dispuesto a dar todo lo que tienes? ¿Por qué las personas se sienten atraídas al Señor cuando experimentan tu generosidad? ¿Qué piensa Dios de ti cuando eres generoso? Jesús fue un dador singular; ¿qué había detrás de su generosidad? ¿Cómo dio Él generosamente?
3. Dar dinero es la manera más simple y fácil de generosidad. ¿Por qué a veces es más difícil ser generoso con tu tiempo y tus relaciones? ¿Qué quiso decir Jesús cuando habló de varias formas de codicia? ¿Por qué la generosidad es el mejor remedio para la codicia?

Perdón

1. Dar y recibir perdón conduce a la libertad. ¿Estás libre ahora mismo? ¿De quién necesitas recibir perdón, y a quién debes perdonar? ¿Por qué es más difícil perdonar a unos que a otros? ¿A quién debes dar una disculpa específica?
2. ¿Cómo te ha perdonado Dios, total o parcialmente? De parte de Dios, el perdón de tus pecados para salvación es total, gratis e irrevocable. ¿Por qué Dios no perdona tus pecados si no perdonas a otros sus pecados contra ti? ¿Qué sucede a tu corazón cuando está lleno de pecados no perdonados? ¿No preferirías más bien tener un corazón limpio y una conciencia transparente?
3. ¿Te has perdonado de vergüenza y pecados pasados? Pregunta al Señor si te estás aferrando a algo malsano. Si es así, abandónalo. Inhala el perdón de Cristo y exhala su amor, gozo y su paz. Cuando experimentas el gran perdón de Dios, perdonas mucho y amas mucho.

Motivación

1. ¿Eres un dador o un quitador de ánimo? ¿Se alegran las personas de verte, esperando que las motives y retes a ser mejores? ¿Guías por influencia o por intimidación? ¿Cómo animó Jesús a los discípulos cuando les lavó los pies?
2. ¿Cómo te gusta ser consolado? ¿Tienes un Bernabé (un consolador) en tu vida? ¿Qué quiso decir Truett Cathy cuando dijo: «Puedes darte cuenta si alguien necesita consuelo… si esa persona está respirando»? ¿Es posible consolar demasiado a alguien? ¿Cómo?
3. ¿De qué maneras te consuela el Señor? ¿A qué estás enfrentándote para lo cual necesitas valentía y confianza en Cristo? ¿Cómo pueden las oraciones de otra persona ser el mayor consuelo? ¿Cuál es tu proceso de entusiasmar a las personas con tus oraciones?

Fidelidad

1. ¿Qué significa para ti acabar bien? ¿Cómo deseas que quienes te conocen mejor te recuerden? ¿Qué quieres como tu epitafio? ¿Por qué es sabio ser fieles? ¿A quién admiras que haya vivido con fidelidad? ¿Qué lo motivó? ¿Cómo puedes aprender de su ejemplo?
2. ¿Cuál es el propósito de tu vida? El propósito de mi vida es «amar a Dios siendo esposo fiel, padre comprometido, amigo leal y líder amoroso». Escribe en una frase o dos tu propósito de vida. ¿Por qué algunos líderes, incluso líderes sabios como Salomón, no acaban bien? ¿Qué sucede?
3. ¿Cómo fue Jesús fiel hasta el final? ¿Qué lo motivó a terminar bien? ¿Qué quiso decir Cristo cuando en agonía oró: «No se haga mi voluntad, sino la tuya»? ¿Qué temas en la vida de Jesús facilitaron su fidelidad? Considera cómo la humildad, el amor, la rendición de cuentas, las relaciones, la disposición de aprender, la disciplina, la gratitud, la generosidad, el perdón y el consuelo facilitaron la fidelidad de Cristo. ¿En qué cualidad de la vida de Jesús está llamándote Él a enfocarte en tu vida?

Cómo llegar a ser discípulo de Jesucristo

«Jesús se acercó y les habló diciendo: Toda potestad me es dada en el cielo y en la tierra. Por tanto, id, y haced discípulos a todas las naciones, bautizándolos en el nombre del Padre, y del Hijo, y del Espíritu Santo; enseñándoles que guarden todas las cosas que os he mandado; y he aquí yo estoy con vosotros todos los días, hasta el fin del mundo» (Mateo 28:18-20).

Las Santas Escrituras nos enseñan cómo convertirnos en discípulos y cómo hacer discípulos.

Creer

Creer en Jesucristo como nuestro Salvador y Señor nos concede vida eterna en el cielo.

> «Si confesares con tu boca que Jesús es el Señor, y creyeres en tu corazón que Dios le levantó de los muertos, serás salvo» (Romanos 10:9).

Obedecer

La obediencia es un indicador de nuestro amor por el Señor Jesús y de su presencia en nuestra vida.

> «Respondió Jesús y le dijo: El que me ama, mi palabra guardará; y mi Padre le amará, y vendremos a él, y haremos morada con él» (Juan 14:23).

Arrepentirse y bautizarse

Arrepentirnos es volvernos de nuestro pecado y luego confesar públicamente a Cristo en el bautismo.

> «Arrepiéntanse, y bautícense todos ustedes en el nombre de Jesucristo, para que sus pecados les sean perdonados. Entonces recibirán el don del Espíritu Santo» (Hechos 2:38, RVC).

Adorar, orar, tener comunión, evangelizar y estudiar

La adoración y la oración expresan nuestra gratitud y honra a Dios, y nuestra dependencia en su gracia. La comunión y evangelización muestran nuestra responsabilidad ante los cristianos y compasión por los no cristianos. Estudiamos para aplicar el conocimiento, el entendimiento y la sabiduría de Dios.

> «Perseverando unánimes cada día en el templo, y partiendo el pan en las casas, comían juntos con alegría y sencillez de corazón, alabando a Dios, y teniendo favor con todo el pueblo. Y el Señor añadía cada día a la iglesia los que habían de ser salvos» (Hechos 2:46-47).

Amar a Dios

La intimidad con el Dios todopoderoso es una relación creciente y amorosa. Somos amados por Él a fin de poder amar a los demás y ser fortalecidos por el Espíritu Santo para obedecer sus mandamientos.

> «Jesús le dijo: Amarás al Señor tu Dios con todo tu corazón, y con toda tu alma, y con toda tu mente. Este es el primero y grande mandamiento» (Mateo 22:37-38).

Amar a las personas

Nuestro amor por los demás fluye de nuestro amor por nuestro Padre celestial. Podemos amar porque Él nos amó primero.

> «El segundo es semejante: Amarás a tu prójimo como a ti mismo» (Mateo 22:39).

Hacer discípulos

Discipulamos a otros porque estamos agradecidos con Dios y con quienes nos discipularon, y queremos obedecer las últimas instrucciones de Cristo antes de ir al cielo.

> «Lo que has oído de mí ante muchos testigos, esto encarga a hombres fieles que sean idóneos para enseñar también a otros» (2 Timoteo 2:2).

Apéndice A: Conviértete en un líder despojado de ti mismo

R. Scott Rodin

[*Breve nota de Boyd Bailey:* Tengo un último regalo parta ti, que viene de mi amigo Scott Rodin, su ensayo «Conviértete en un líder despojado de ti mismo» es mi artículo favorito sobre liderazgo. En los últimos quince años he participado su sincero escrito con cientos de líderes, y con regularidad lo he vuelto a leer para mi propia renovación, a fin de recordarme lo que significa liderar al estilo de Jesús. Este artículo se publicó originalmente en *Journal of Religious Leadership*, vol. 1, No. 2 (otoño 2002), pp. 105-119.

Si solo lees este ensayo, valdrá la pena tener el libro para futuras referencias. ¡Disfrútalo! Gracias una vez más, Scott, por tu permiso para incluir tus palabras de transformación en *Aprende a ser un líder como Jesús*].

Se me ha pedido que reflexione en mis cinco años en la presidencia de Eastern Baptist Theological Seminary, y para hacerlo con sinceridad debo comenzar con una confesión. Me equivoqué. Esa es la declaración más precisa en que podría resumir mi experiencia en esta posición. Eso sí, no me equivoqué en todo. Es más, creo que tuvimos bastante razón y acertamos en muchas cosas que intentamos y logramos durante mi mandato. Podría hacer la lista acostumbrada de «legados» que hacen los ex presidentes al justificar nuestro mandato en el cargo. Hay mucho por qué agradecer, muchos momentos para atesorar y sin duda un legado que confío en que influirá en generaciones de estudiantes y profesores en nuestro seminario.

Pero en el mismo centro de mi reflexión sobre mi servicio yace esta importante conclusión: Me equivoqué. Me equivoqué en mi comprensión y en las nociones preconcebidas de liderazgo en el ministerio cristiano. Me equivoqué en mis expectativas de otros y de mí mismo.

Y me equivoqué en mis motivaciones, que podría ser lo más difícil de admitir.

Miro hacia atrás y me pregunto por qué me equivoqué. Mi trayectoria profesional ciertamente me había preparado para liderar en un entorno educativo: doce años de experiencia en recaudación de fondos, un doctorado en una institución líder en Gran Bretaña, un trabajo en administración educativa y un don en planificación estratégica y lanzamiento de visión. Tuve buena experiencia en manejar equipos eficaces y en trabajar con juntas sin fines de lucro. Y mis cuatro años en el seminario como vicepresidente para el desarrollo me introdujeron en las idiosincrasias de la educación teológica superior, la cual sentí que había gestionado bastante bien. No hubo falta de preparación para la tarea.

Tampoco hubo falta de motivación. Durante mucho tiempo creí que Dios me había dotado para el liderazgo. Dondequiera que fui, surgí en forma natural y rápida en posiciones clave de liderazgo. Se sentía bien y parecía natural, y generalmente fue algo satisfactorio y retador. Así que era un movimiento lógico asumir un lugar destacado en educación teológica.

Mi problema no era la preparación, motivación o incluso una sensación de verdadero llamado y un deseo sincero de servir a Dios con lo mejor de mis habilidades y destrezas. El problema radica únicamente en mi comprensión predeterminada de lo que realmente trata el liderazgo cristiano.

Si hace cinco años me hubieran pedido un pasaje bíblico que personificara el liderazgo ideal, probablemente habría señalado la instrucción de Natán al rey David: «Anda, y haz todo lo que está en tu corazón, porque Jehová está contigo» (2 Samuel 7:3). Podría identificarme con David como «el hombre de Dios en el tiempo de Dios» y creía que el Señor derramaría su sabiduría y favor si yo pudiera ser tal hombre. Después de todo, había reinos que conquistar y personas que dirigir. Había grandes cosas que hacer para el Señor y ninguna visión era demasiado limitada y ningún objetivo demasiado pequeño.

Ahora, cinco años más tarde, señalaría un versículo diferente. Al hablar de la encarnación de Jesús, Pablo nos dice que «se despojó a sí mismo, tomando forma de siervo» (Filipenses 2:7). El versículo no dice que Jesús se convirtió en un hombre de reputación mala o cuestionable, sino simplemente que «se despojó a sí mismo». Es decir, no solamente se devaluaron la reputación, la imagen, el prestigio, la prominencia, el poder y otros símbolos del liderazgo, sino que Él los desechó a propósito. Jesús se convirtió en tal hombre. No por defecto ni accidente, sino por intención y diseño. Y fue solo de esta manera que pudo servir, amar, dar, enseñar y, sí, liderar.

Al reflexionar en estos cinco años pasados, he llegado a creer que el verdadero liderazgo cristiano es una práctica continua y disciplinada de convertirse en alguien despojado por sí mismo y, por tanto, volverse más como Cristo en esta cualidad única. En su reflexión sobre liderazgo cristiano, Henri Nouwen se refiere a esto como resistir la tentación de ser relevante. Él afirma: «Estoy profundamente convencido de que el líder cristiano del futuro está llamado a ser totalmente irrelevante y a permanecer en este mundo sin nada que ofrecer sino su propio yo vulnerable».[15] Hace cinco años rechacé esta idea por completo. Al hacerlo, me equivoqué. Hoy día veo y afirmo esta noción importante que yace en el corazón del liderazgo piadoso.

Hablaré aquí de cinco aspectos en que he comenzado a aprender lo que significa ser esta clase de líder cristiano. En cada aspecto descubrí que empecé con un malentendido de cómo es el verdadero liderazgo cristiano, y que he estado en un viaje de transformación que me presenta una nueva forma de servir del modo que Cristo nos enseñó a hacerlo.

Ungido frente a nombrado

Sé de pocos líderes cristianos hoy día que fueron ungidos antes de ser nombrados. Hemos empleado el modelo comercial de buscar cuidadosamente líderes cristianos a quienes podamos nombrar para un cargo. Verificamos sus credenciales, los sometemos a entrevistas rigurosas, e incluso les hacemos pruebas psicológicas antes de hacer el nombramiento crítico. Una vez en su lugar, los ungimos y le pedimos a Dios que bendiga el trabajo que van a realizar.

La evidencia bíblica parece indicar que Dios selecciona líderes en el orden opuesto. Samuel ungió a David antes de nombrarlo rey. El

15. Henri Nouwen, *In the Name of Jesus* (Nueva York: Crossroads, 1996), p. 17. Publicado en español por PPC con el título *En el nombre de Jesús.*

criterio de selección para el liderazgo no se basó en quién obtendría probablemente el nombramiento, sino en quién había ungido Dios para esta tarea. Y nombramiento sin unción siempre condujo a desastre.

En 1997 quedé satisfecho por haber reunido los criterios para el trabajo y me complació ser nombrado para la posición de presidente. Y mientras nuestra junta directiva pronunciaba una hermosa oración y me imponía manos, en retrospectiva creo que el proceso fue a la inversa. Nadie me preguntó si sentía la unción de Dios para esta posición. No sé qué habría contestado, pero los problemas y criterios que deben tenerse en cuenta para conformar una respuesta a esta pregunta fueron unos que nunca consideré al aceptar mi nombramiento.

La razón de que la unción sea tan importante para la tarea del liderazgo cristiano está en su naturaleza como la manera más singular de liderazgo en la tierra. El liderazgo cristiano requiere nada menos que claudicación completa y total de la vida al servicio de Dios y solo de Dios. Es «perder la vida» en la obra que Dios hará en nosotros para beneficiar nuestra institución, escuela, iglesia u organización. Y hay mucho en juego. En ningún otro lugar de la vida cristiana será tan costoso el precio por lealtades divididas para tantos y por tanto tiempo. Los líderes incompetentes y caídos comprometen la obra del reino, y los efectos son eternos. Por tanto, es un campo al que debe ingresarse con la mayor seriedad y solo cuando se ha sido claramente ungido para la tarea.

Con la unción de Dios vienen su poder y presencia. Hay una bendición especial otorgada a los ungidos de Dios. Es la bendición del poder divino manifestado en formas que solo se ven a través de la obra de los elegidos del Señor. Los ungidos de Dios gritan, y muros caen. Levantan su débil vara y el mar se abre. Pronuncian con valentía la Palabra de Dios y empiezan movimientos que liberan las almas de seres humanos. Los ungidos hacen los milagros porque son los siervos del Todopoderoso. Hay una presencia única de Dios en las vidas de quienes Él unge y llama al liderazgo por medio de esa unción. Sin ella, continuamente dependemos de nosotros mismos para hacer que las cosas funcionen. Con ella, tenemos los recursos del cielo a nuestra disposición si somos siervos fieles.

Por esto, los ungidos de Dios son personas increíblemente únicas. El ungido de Dios hará cualquier cosa que Dios le pida… lo que sea. Buscará con pasión la voluntad de Dios. No se moverá sin ella y no se moverá de su curso una vez que la tiene. El ungido de Dios amará lo que Dios ama y odiará lo que Dios odia. Eso significa amar al pueblo de Dios, la iglesia de Dios, el entorno de Dios, los recursos de Dios y el plan de Dios. También significa odiar el pecado en toda forma y oponerse a cualquier cosa que se interponga entre el amoroso plan de Dios y su cumplimiento. Los ungidos de Dios son personas de profundo discernimiento, son las ramas que están sólidamente injertadas en la Vid verdadera. Son siervos en todo momento. Y solo tienen una pasión: conocer y hacer la voluntad de Dios para que Él se lleve la gloria. De este modo, los ungidos de Dios son personas que se despojan de sí mismas.

No llegué a mi posición de liderazgo con una sensación clara de unción, pero en estos últimos cinco años he llegado a entender y valorar mejor la diferencia entre nombramiento y unción.

Lucha contra la necesidad de crecer

Cuando Juan el Bautista vio que Jesús se acercaba, hizo la declaración: «Es necesario que él crezca, pero que yo mengüe». La mayoría de líderes cristianos dirían que el deseo de sus corazones es que Jesús crezca y ellos mengüen. Pero es difícil menguar en una posición de liderazgo. Hay elementos naturales que distinguen a aquellos en liderazgo, como salario, título, prestigio, prioridad, poder, influencia, honor y progreso. Y en cada área hay oportunidades tentadoras para crecer. También hay presiones para crecer y motivaciones para levantar un reino en que alojamos nuestra colección creciente de símbolos de liderazgo. Este deseo de liderar por fama y fortuna debe enfrentarse no solo con resistencia sino, según John Adams, debemos tener «un desprecio habitual por ellos».[16] Nouwen es aún más directo:

> El camino del líder cristiano no es el camino de ascenso social en que nuestro mundo ha invertido tanto, sino el camino de descenso social que termina en la cruz... Aquí tocamos la calidad más importante del liderazgo cristiano en el futuro. No es

16. John Adams en David McCullough, *John Adams* (Nueva York: Simon & Schuster, 2001), p. 19.

> un liderazgo de poder y control, sino de impotencia y humildad en el cual se manifiesta el siervo sufriente de Dios, Jesucristo.[17]

Quizá el lugar más difícil para menguar es en la influencia y el poder que tenemos sobre personas y decisiones. Por esto encontramos líderes cristianos que son excesivamente dirigentes y, en el peor de los casos, autocráticos. Como resultado producimos iglesias y ministerios plagados con «impotencia aprendida». Al sobreestimar nuestro valor, ayudamos a nuestra gente a depender de nosotros en todo. Y esa dependencia alimenta nuestra necesidad de ser necesarios, de ser «los de la idea», los visionarios y estar en control. Nos decimos que mientras más lideremos de este modo, más se valora nuestro liderazgo y se desea nuestra presencia.

Por supuesto, esto no es verdadero liderazgo, sino una falsificación que nos da ese agrandamiento y expande nuestro reino. Sin embargo, también hace un terrible mal servicio a nuestra gente, impidiéndole participar y desarrollarse. Desperdicia recursos y limita nuestro ministerio, todo bajo el disfraz de liderazgo fuerte y del uso de nuestros talentos dados por Dios para que «las cosas se hagan». Robert Greenleaf nos recuerda que la diferencia entre un verdadero siervo-líder que primero es siervo, y el líder-siervo que primero busca el liderazgo, es el crecimiento de las personas que sirven debajo de él. Lo importante es: «¿Crecen como personas aquellos a quienes se sirve? ¿Se vuelven más prósperos, más sabios, más libres, más autónomos mientras se les sirve, y es más probable que se conviertan en siervos?».[18]

Por esto, al liderazgo empeñado en engrandecer al líder le falta integridad. Integridad es el atributo de sinceridad, conducta moral y una vida centrada en valores. La integridad atestigua externamente todo lo que somos internamente. Y es por eso que la integridad piadosa empieza con nuestra vida interior en Dios. Stephen Covey ve la integridad como «el valor que nos damos a nosotros mismos».[19] Con esto

---

17. Nouwen, *In the Name of Jesus*, pp. 62-63.

18. Robert K. Greenleaf, *The Servant as Leader* (Newton Center: Greenleaf Center, 1970), p. 7.

19. Stephen R. Covey, *Principle-Centered Leadership* (Nueva York: Fireside, 1990), p. 61.

quiere decir que primero debemos mantener la fe en nosotros mismos si vamos a ser confiables para quienes nos rodean. Debemos cumplir las promesas que hacemos a nuestro sistema de valores. Para el líder cristiano esto significa que nuestra confianza en nosotros mismos debe basarse en nuestra fe en Cristo y en nuestro deseo de ser como Él en todo. Debemos buscar ser como Cristo en nuestro ser interior y confiar en «que el que comenzó en [nosotros] la buena obra, la perfeccionará» (Filipenses 1:6). Si Cristo está viviendo realmente en nosotros, según nos recuerda Pablo, entonces podemos vivir para otros en nuestro trabajo. No tendremos necesidad de buscar grandeza en nuestras posiciones de poder. No tendremos deseos de edificar nuestros reinos y fomentar nuestras propias reputaciones. Nuestras vidas están ocultas con Cristo en Dios (Colosenses 3:3) y por tanto ya no vivimos nosotros, sino que es Cristo quien vive en nosotros (Gálatas 2:20). Es solo con esta clase de integridad piadosa que podemos intentar menguar mientras Cristo crece en, y a través de, nuestro trabajo como líderes.

Los líderes realmente piadosos fortalecen a su gente, delegan autoridad, valoran a otros y los involucran, buscan lo mejor en su gente y de su gente, y constantemente tratan de levantar a otros, empujar a otros al centro de atención y recompensar a quienes ellos lideran. Todo para que la voluntad de Dios se haga en una manera más poderosa. No buscan gloria para sí mismos, pero encuentran gran gozo en ver prosperar a otros. No tienen en cuenta su reputación, pero buscan que se vea el rostro de Jesús en todo lo que hacen. Vale la pena repetir la famosa definición de Max De Pree: «La primera responsabilidad del líder es definir la realidad. La última es agradecer. En medio de esto, el líder es un siervo».[20]

He llegado a entender que el liderazgo piadoso es un llamado a un estilo de vida con una sed cada vez menor de autoridad, poder e influencia, donde la búsqueda de reputación es reemplazada por el poder de la unción de Dios.

Ser y hacer

Soy un hacedor. Tengo la reputación de ir a más de cien kilómetros por hora, enfocado siempre en lograr objetivos, cumplir plazos y tachar

20. James O'Toole, *Leading Change* (Nueva York: Ballantine Books, 1995), p. 44.

objetivos en mis infames listas de «tareas pendientes». Me gustan los resultados por sobre el proceso, la acción por sobre la deliberación, lo tangible por sobre lo teórico. Y me gusta llevar a las personas a cumplir metas y hacer realidad una visión. Lo que se interpone en mi camino son los procesos y las personas con «problemas», que utilizan el tiempo de forma ineficaz y realizan actividades que parecen irrelevantes. Estoy comprometido con la transformación, siempre que se pueda lograr a tiempo y muestre algunos resultados reales.

El problema con este estilo de liderazgo es que niega la verdad del evangelio y nuestra creación a imagen de Dios. Si realmente estamos hechos a imagen de Dios, entonces nuestra percepción de Él influirá de modo significativo en nuestra propia comprensión. Si vemos a Dios como una mónada solitaria, un ser individual conocido por su poder y transcendencia, entonces seremos líderes que reflejan esas características. Seremos llaneros solitarios que buscan poder y se enfocan en hacer. Veremos a las personas como medios para un fin y valoraremos el producto por sobre el proceso. Veremos las relaciones como herramientas para nuestra productividad y la comunidad como un activo solo cuando contribuye al resultado final. Este modelo de liderazgo de productividad es resultado de una concepción de Dios como el monarca soberano y desapegado. En esa imagen dirigimos como monarcas.

No obstante, si somos fieles a nuestros compromisos históricos trinitarios, vemos en cambio a un Dios que en su misma naturaleza se define por relación. Vemos al Padre, al Hijo y al Espíritu Santo como personas distintas, pero también interdependientes en su relación de perfecta unión. La morada mutua de las tres personas de la Divinidad nos da una comprensión diferente de lo que Dios valora en nosotros y desea de nosotros. Aquí aprendemos que la relación es lo que nos define. Aprendemos que para ser el pueblo de Dios debemos enfocarnos en quiénes somos como personas en relación. Aprendemos que el liderazgo debe preocuparse por el individuo total, y que la intención de Dios es que hagamos la obra del reino dentro de la comunidad de creyentes y a través de ella.

De todo esto nos enteramos en un solo lugar, concretamente, en la persona de Jesucristo. Si nuestro punto epistemológico de partida está solo en la encarnación, vida, muerte y resurrección de Jesucristo, entonces nuestro enfoque como líderes debe cambiar drásticamente. A Jesús le preocupaban las personas por sobre el producto, la relación por sobre la producción y la transformación por sobre la transacción. Y de principio a fin, Jesús fue un siervo.

De una comprensión adecuada de nuestra creación a imagen de Dios aprendemos que lo más importante para Él no es lo que hacemos sino lo que somos. Los expertos en liderazgo secular están empezando a darse cuenta de que la clave del liderazgo eficaz es la conciencia de sí mismo.[21] ¡En términos cristianos esto significa que el líder se transforma primero!

Greenleaf recuerda la historia de un rey que le preguntó a Confucio qué hacer con la gran cantidad de ladrones. Confucio contestó: «Señor, si usted no fuera codicioso, aunque debería premiarlos por hacerlo, no robarían». Greenleaf sigue diciendo: «Este consejo impone una enorme carga en los que son favorecidos por las reglas, y establece qué tan antigua es la noción de que el siervo ve cualquier problema en el mundo como aquí, dentro de sí mismo, y no allá afuera. Y si hay que remediar un defecto en el mundo, para el siervo el proceso de cambio empieza aquí, en el siervo, y no afuera».[22]

Antes que Dios pueda hacer una gran obra en una organización, esa obra debe hacerse primero en el corazón del líder. Y una vez más, esto es especialmente cierto en el liderazgo cristiano. A menos que Dios haya cautivado nuestros corazones, todo nuestro buen «hacer» carecerá de integridad y autoridad espiritual. Nuestro trabajo mostrará ausencia de la unción divina. Y es en el momento preciso en que creemos «tenerlo todo bajo control», que dejamos de ser utilizables en la obra del reino.

Si yo pudiera poner un versículo bíblico en el escritorio de todo pastor y todo líder cristiano en el mundo, sería este: «Si decimos que no tenemos pecado, nos engañamos a nosotros mismos, y la verdad no está en nosotros» (1 Juan 1:8). Como líderes cristianos debemos estar comprometidos en un proceso constante de autoevaluación y arre-

---

21. Entre los muchos escritores que defienden la causa de una cuidadosa conciencia de uno mismo están James O'Toole, Stephen Covey, Noel Tichy, John Kotter, Peter Block, Warren Bennis, Max DePree y Peter Drucker.

22. Greenleaf, *The Servant as Leader*, p. 34.

pentimiento. Es muy fácil para nosotros ser tentados en una variedad de direcciones, y cuando nos descarriamos, afectamos todo nuestro ministerio. Los líderes piadosos emprenden su trabajo con profunda humildad y aguda conciencia de sus propias debilidades y fallas. Se conocen muy bien, intentan rendir cuentas, oran con fervor y vigilan cuidadosamente las señales de alerta y advertencia. Nouwen nos reta a buscar esta característica central y definitoria del liderazgo cristiano: «La pregunta fundamental [del corazón del liderazgo cristiano] es: ¿Son los líderes del futuro hombres y mujeres realmente de Dios, personas con un deseo ardiente de habitar en la presencia divina, de escuchar la voz del Señor, de mirar la belleza del Creador, de tocar la Palabra encarnada de Dios y de probar por completo la bondad infinita del Señor?».[23] Por eso, la mayor herramienta para el liderazgo cristiano eficaz puede ser un espejo y un grupo de amigos para asegurarte de que estás mirando ese liderazgo con claridad y atención.

Convertirte en un líder despojado de sí mismo significa no tener miedo de mirar tus debilidades y revelar los aspectos desordenados en tu mundo privado. Significa dejar que Dios te transforme. Y más importante, significa saber cuánto necesitas esa transformación, mucho más que nadie en tu organización. He llegado a entender el desarrollo de la autoconciencia y la transformación personal como un aspecto crítico del liderazgo cristiano. Cuando esta transformación continua se agrega al deseo de menguar mientras Cristo crece, todo bajo la unción del poder del Espíritu, el líder cristiano comienza a emerger.

El liderazgo es un milagro

Uno de los mejores regalos que recibí durante mi gestión como presidente vino de mi colega Ron Sider en la forma de un libro titulado: «Leadership Prayers» [Oraciones para líderes] de Richard Kriegbaum. La sinceridad y humildad en estas oraciones dan testimonio del corazón de un líder piadoso. En su oración por confianza, Kriegbaum brinda estas palabras:

> Te amo, Dios. Sabes que te amo. Qué natural es amarte. Eres perfecto. Eres hermoso, puro, poderoso, absolutamente con-

23. Nouwen, *In the Name of Jesus*, pp. 29-30.

> fiable y bondadoso. Has sido tan generoso conmigo que solo decir gracias a veces parece irrisorio. Pero mucho más poderoso en mi vida es saber y sentir que me amas. Sabes exacta y completamente quién soy (todos mis horribles pensamientos, mis desviadas motivaciones, mi fingimiento, mis miedos irracionales, mi orgullo e infidelidad) y todavía me amas. *Sé que me amas. Me conoces y, sin embargo, porque me amas, me dejas guiar a otros. No lo entiendo, pero estoy agradecido.*[24]

Al volver a leer estas palabras a través de los lentes de mi experiencia he llegado a la conclusión de que cuando Dios usa a cualquiera de nosotros para liderar con eficacia, no es nada más que un milagro. Cuando ponemos el complejo y exigente papel de líder piadoso junto a una sincera conciencia de uno mismo respecto a nuestra pecaminosidad e incompetencia, somos lanzados por completo sobre la gracia de Dios y su fidelidad, si es que alguna vez guiaremos a alguien hacia algún lugar.

Hay un corolario aquí al milagro que ocurre tanto en la eficacia de las Escrituras como de nuestra predicación. En ambos aspectos las palabras humanas son tomadas por el poder del Espíritu Santo para convertirlas en mensaje de parte de Dios. Tanto en su inspiración como en su interpretación, las palabras de las Escrituras dependen totalmente de la actividad del Espíritu de Dios. Cuando el Espíritu ilumina la palabra humana, los corazones cambian, las personas se transforman y la obra de Dios se hace. Lo mismo se aplica en nuestra predicación. Estudiamos y nos preparamos como nos lo han enseñado, pero al final, nuestra predicación solo se vuelve eficaz cuando el Espíritu de Dios toma nuestras débiles palabras humanas y las utiliza para tocar corazones y cambiar vidas. ¡Cuando esto sucede, resulta ser un milagro!

Por el contrario, cuando buscamos que las palabras escritas de las Escrituras o las habladas por el predicador se mantengan separadas de la obra del Espíritu, nuestro ministerio pierde poder. Este se convierte en nuestras palabras, nuestra interpretación, nuestra exégesis y nuestra proclamación. Y lenta y naturalmente en estas palabras

---

24. Richard Kriegbaum, *Leadership Prayers* (Wheaton, IL: Tyndale House, 1998), p. 22 (cursivas añadidas).

nuestras se filtran los feos pensamientos, las motivaciones desviadas, el fingimiento, los miedos irracionales, la infidelidad y el orgullo que muestra la oración de Kriegbaum.

He llegado a aprender que debemos enfocar el liderazgo con humildad dependiente. A lo largo de la historia, Dios miró a los más pequeños, los más débiles, los marginados, los poco talentosos, los pecadores y los rechazados para darles gran liderazgo en momentos históricos. Y Él no ha cambiado ese enfoque hoy día. Si somos sinceros como líderes, sabemos que no somos capaces de liderar según exige el tamaño y la complejidad de nuestro llamado. Sabemos que hay otros más talentosos, más preparados, más espirituales y más valientes que nosotros. Pero los grandes líderes piadosos siempre han actuado en esa intercesión milagrosa en que la humildad y la fe encuentran la asombrosa presencia y el poder del Espíritu de Dios. Y sucede el milagro del liderazgo. Esto no significa que no nos preparemos, que no perfeccionemos nuestras habilidades ni que no intentemos ser lo mejor que podamos llegar a ser para el reino. Lo que sí significa es que al final, todo lo que producimos quedará muy por debajo de lo que se requiere y volveremos a ser arrojados en la gracia y fidelidad de Dios para obrar el milagro de liderar en y a través de nuestro pequeño montón de habilidades y talentos, e incluso a pesar de eso.

Cuando Dios nos usa para dirigir, y para hacerlo con eficacia, debemos arrodillarnos con asombro y agradecimiento por haber visto otra vez este milagro en medio de nosotros. Sin embargo, nos es mucho más fácil apropiarnos de este milagro y creer que estos resultados se deben a nuestras maravillosas habilidades y cualidades de liderazgo. Si hacemos este cambio sutil pero devastador, y cuando lo hacemos, la eficacia de nuestro liderazgo por el reino termina. Estamos por nuestra cuenta, separados del poder y la preservación del Espíritu. Cada líder se encuentra allí en algún momento en su trabajo, ¡y ese es un lugar aterrador en el cual estar!

El liderazgo piadoso es el milagro mediante el cual Dios usa nuestros vasos terrenales para la obra gloriosa de su reino. Perder este aspecto milagroso del liderazgo amenazará todo lo que hacemos como líderes, y nuestra oficina o estudio será el lugar más solitario en la tierra. He comprendido el milagro del liderazgo piadoso y su conexión con la autoconciencia, la necesidad de menguar y el poder de la unción divina.

En busca del aplauso correcto

Tengo un separador de libros que contiene un pensamiento que me acompañó a lo largo de mi gestión como presidente de Eastern Seminary, y dice: «Sin que importe lo que el mundo sepa, vea o entienda, el único aplauso que debemos buscar es el de las manos del crucificado». Los líderes están expuestos a oportunidades de generar aplausos. Estos pueden venir en forma de elogio de la junta directiva, aprobación de nuestras decisiones por parte de empleados, reconocimiento del trabajo en nuestra institución por parte de electores, admiración de nuestras habilidades de liderazgo por parte de compañeros de trabajo y palabras de aprecio de nuestros estudiantes.

Como figuras públicas recibimos tanto la crítica indebida por las fallas de nuestras instituciones, como el elogio inmerecido por sus éxitos. El verdadero llamado del liderazgo requiere que aceptemos lo primero y redireccionemos lo segundo. Es decir, nuestra labor es asumir la culpa por las equivocaciones que cometan aquellos bajo nuestro liderazgo, y evitar los elogios y redirigirlos hacia los responsables por nuestro éxito. De este modo nos mantenemos en equilibrio: no tomamos las críticas demasiado personalmente y no aceptamos los elogios demasiado fácilmente. Pero a menudo este equilibrio es difícil de mantener.

Un axioma de liderazgo que he llegado a valorar declara: «Los líderes no infligen dolor, lo soportan». Del mismo modo, los líderes no absorben elogios, los redireccionan. El éxito de cualquier líder cristiano radica significativamente en su capacidad de mantener en equilibrio este movimiento de liderazgo. Los líderes que infligen dolor pierden confianza y desaniman a su gente. Los líderes que absorben elogios producen resentimiento y sacrifican la motivación.

Volviendo a donde comenzamos, por esto es que la unción de Dios es tan importante para el líder cristiano. Solo con la unción de Dios el líder puede escuchar atentamente esa única fuente de aplausos que realmente importa. Solo verdaderos líderes ungidos «buscan primero el reino de Dios y su justicia». Si buscamos nuestra afirmación en otra parte, los ruidos de distracción que compiten por nuestra atención y luchan por la lealtad de nuestros corazones ahogarán todo lo demás. Y si buscamos este otro aplauso, no escucharemos el de las manos del Maestro.

Dos tentaciones significativas entran aquí en juego. La primera es el miedo al rechazo que nos hace huir de la confrontación. La segunda es el deseo de contentar a todos y de medir en tal escala nuestro desempeño, nuestra eficacia y nuestro «liderazgo». Ambas tentaciones se relacionan muy íntimamente. La primera está motivada por la idea de que los líderes buenos no generarán conflicto, y que el rechazo a nuestro desempeño en nuestro papel de líder es un rechazo a nuestra personalidad y carácter. Estos son escollos importantes para un líder. Se generan a partir de ese deseo arraigado de escuchar los aplausos de todos aquellos con quienes trabajamos.

La segunda tentación es liderar por reacción. Vemos en qué dirección sopla el viento y la seguimos, sin importar la situación. No queremos que nuestra gente esté ansiosa, que cuestione nuestras decisiones o que discrepe con nuestro razonamiento. Queremos armonía y unidad, lo cual es elogiable. Pero si no se controla, este deseo nos hará sacrificar el valor, la visión y la toma de riesgos. Nos producirá aplauso momentáneo, pero al final nos arruinará. Para usar una variación de una cita de Ralph Waldo Emerson: «algunos líderes se preocupan por tener tumbas sin nombre, mientras aquí y allá algunos se olvidan de la inmortalidad».

Por tanto, debemos preguntarnos: ¿Qué clase de aplauso estamos buscando? Si es el aplauso humano el que nos valida, afirma y estimula, también descubriremos que ese mismo aplauso nos ata, encasilla y finalmente estrangula nuestra vida. Cuando nuestra autoestima diaria y la medida de nuestra eficacia vienen principalmente de la reacción de aquellos con quienes trabajamos, entonces estamos acabados como líderes cristianos.

Siempre me sorprendió la cantidad de decisiones que se me pedía que tomara en un día determinado; algunas en privado, otras en reuniones y otras más en el ámbito público. Todos los días se presentaban múltiples oportunidades de tomar decisiones «generadoras de aplausos». Y a veces las tentaciones de tomarlas eran enormes, especialmente al considerar el precio que debía pagarse si se escogían otras alternativas. Sin embargo, también me sorprendió la frecuencia con la que buscar la voluntad de Dios y cumplir su Palabra me llevaron por un camino diferente. Es en esa intersección entre hacer lo que Dios nos dice que hagamos y hacer lo conveniente y popular que el verdadero liderazgo se lleva a cabo. Es allí que sabemos de quién estamos buscando nuestra afirmación.

La meta del líder cristiano debe ser acostarse cada noche con una conciencia clara y un corazón recto delante de Dios. Él únicamente pide una cosa de los líderes: que busquemos de todo corazón conocer y hacer su voluntad.

Antes de asumir mi posición de liderazgo pasé dos horas con un hombre a quien respeto por su sabiduría y sus capacidades de liderazgo. Me dio ánimo y buen consejo, y antes que yo saliera me dijo algo que me inspira y obsesiona hasta el día de hoy, pues manifestó: «Scott, hagas lo que hagas, lucha siempre por ser un hombre en el cual Dios pueda confiar». Ahora creo que un hombre o una mujer en quien Dios pueda confiar es alguien que solo busca el aplauso de las manos del resucitado. También es aquel para quien el cultivo de una reputación no tiene valor.

Yo no tenía una comprensión clara de esta necesidad de equilibrio en la vida de un líder cristiano, y he llegado a verla como un componente esencial de liderazgo en el reino de Dios.

Liderazgo en transformación

Mis cinco años en la presidencia es un estudio en transformación. Entré con una serie errónea de expectativas, valores e ideas sobre liderazgo cristiano. No tenía sed de poder ni obsesión por los símbolos del liderazgo, pero tampoco buscaba ser un líder despojado de mí mismo, ni estaba respondiendo al llamado porque fuera primero siervo. Y fue aquí donde me equivoqué.

Solía rechazar la idea de que los buenos líderes cristianos eran solo los que fueron llevados a patadas y gritos a la posición. O que quien «quería» ser presidente debería ser descalificado automáticamente. Aún creo que Dios prepara a las personas para su obra, y algunos aspectos de este enfoque no están de acuerdo con nuestros dones. No obstante, la verdad en este punto de vista es que los siervos líderes primero son siervos, y solo como verdaderos siervos están llamados a liderar. Las tentaciones de desviarse en el liderazgo son enormes para los que se ven primero como líderes. «El largo y doloroso pasado de la Iglesia es la historia de personas tentadas vez tras vez a elegir el poder por sobre el amor, el control por sobre la cruz, ser líder por sobre ser liderado. Los que resisten esta tentación hasta el final y por tanto nos dan esperanza son los verdaderos santos».[25]

He dejado mis años en la presidencia con una comprensión dramáticamente transformada del liderazgo piadoso, la cual sigue transformándose hoy día. Al final, nuestro trabajo como líderes tiene que ver con dominio. Antes que fomentar una visión, tomar riesgos, motivar a otros, levantar equipos, comunicarse, hacer planificación estratégica o hablar en público, se trata de dominio. Donde Jesús es singular y absolutamente Señor de nuestra vida, buscaremos ser como Él y solo como Él. Ese será nuestro único llamado. Seremos llamados a nuestro trabajo y ese trabajo llevará unción divina. Seremos llamados a menguar para que Cristo pueda crecer. Seremos llamados a ser personas de Dios antes y mientras hacemos la obra de Dios. Seremos llamados a orar y buscar el milagro del liderazgo para que Dios pueda obrar en medio de nosotros. Y seremos llamados a afinar nuestros oídos para que el tierno sonido de las dos manos del resucitado afirme lo que hacemos en su nombre.

De esta manera, al responder fielmente a este llamado y luchar por estos ideales a costa de todo lo demás que pueda tentarnos, nos convertimos en líderes. Y mientras lo hacemos, somos transformados a semejanza de Cristo, convirtiéndonos en líderes despojados de nosotros mismos.

R. Scott Rodin fue presidente de Eastern Baptist Theological Seminary, Filadelfia, Pennsylvania. Ahora sirve como presidente de Rodin Consulting de Spokane, Washington, y como parte de John R. Frank Consulting Group de Seattle, Washington.

25. Nouwen, p. 60.

Apéndice B

Libros clásicos recomendados por Ken Boa, presidente de Reflections Ministries, una organización que enseña y capacita a las personas a conocer y seguir a Cristo (lista usada con permiso):

1. *El gran divorcio* por C. S. Lewis
2. *Pensamientos* por Blaise Pascal
3. *El conocimiento del Dios santo* por A. W. Tozer
4. *Confesiones* por San Agustín
5. *Cristianismo… ¡y nada más!* por C. S. Lewis
6. *El sacramento del momento presente* por Jean-Pierre De Caussade
7. *Los hermanos Karamazov* por Fiódor Dostoyevski
8. *Frankenstein* por Mary Shelley
9. *La búsqueda de Dios* por A. W. Tozer
10. *Grandes esperanzas* por Charles Dickens
11. *Orgullo y prejuicio* por Jane Austen
12. *El regreso del hijo pródigo* por Henri Nouwen
13. *Perelandra* por C. S. Lewis
14. *Crimen y castigo* por Fiódor Dostoyevski
15. *De la imitación de Cristo* por Thomas à Kempis
16. *Drácula* por Bram Stoker
17. *Robinson Crusoe* por Daniel Defoe
18. *Hamlet* por Shakespeare
19. *Otelo* por Shakespeare
20. *El rey Lear* por Shakespeare
21. *Cartas del diablo a su sobrino* por C. S. Lewis
22. *El progreso del peregrino* por Juan Bunyan
23. *El paraíso perdido* por John Milton
24. *Los miserables* por Víctor Hugo

25. *Noche oscura del alma* por San Juan de la Cruz
26. *Anna Karenina* por León Tolstoi
27. *El costo del discipulado* por Dietrich Bonhoeffer
28. *Al este del Edén* por John Steinbeck
29. *Fausto* por Johann Wolfgang von Goethe
30. *Institución de la religión cristiana* por Juan Calvino
31. *La ciudad de Dios* por Agustín
32. *Middlemarch: Un estudio de la vida en provincias* por George Eliot
33. *Moby Dick* por Herman Melville
34. *En pos de lo supremo* por Oswald Chambers
35. *Ortodoxia* por G. K. Chesterton
36. *El problema del dolor* por C. S. Lewis
37. *Los afectos religiosos* por Jonathan Edwards
38. *Un urgente llamado a la vida santa y consagrada* por William Law
39. *La perfección cristiana* por François Fénelon
40. *La divina comedia* por Dante Alighieri
41. *El amor a Dios* por Bernardo de Claraval
42. *Temor y temblor* por Søren Kierkegaard
43. *Esa horrible fortaleza* por C. S. Lewis
44. *La Odisea* por Homero
45. *La Ilíada* por Homero

Acerca del autor

Boyd Bailey es presidente de la National Christian Foundation en Georgia. Su pasión es amar a los líderes y ayudarles a crecer en su camino de generosidad con Jesús.

Desde el 2004 también se ha desempeñado como presidente y fundador de Wisdom Hunters, un ministerio que conecta a las personas con Cristo por medio de escritos devocionales, con más de ciento cincuenta mil seguidores diarios por correo electrónico, redes sociales, transmisiones por la Internet y la aplicación de Wisdom Hunters.

En 1999, Boyd cofundó Ministry Ventures, que ha preparado líderes en aproximadamente mil organizaciones sin fines de lucro basadas en la fe, y ha entrenado para certificación a más de doscientos ministerios en las mejores prácticas de oración, desarrollo de juntas directivas, modelo de ministerio, administración y recaudación de fondos. Por la gracia de Dios, estos ministerios han recaudado más de cien millones de dólares, y miles de personas han sido llevadas a relaciones crecientes con Jesucristo.

Antes de Ministry Ventures, Boyd fue director nacional de Crown Financial Ministries. Jugó un papel decisivo en la expansión de Crown en treinta mercados importantes en los Estados Unidos. Fue facilitador clave en la fusión de veinticinco millones de dólares entre Christian Financial Concepts y Crown Financial Ministries.

Antes de trabajar con Crown, Boyd inició con Andy Stanley el campus norte de First Baptist de Atlanta. Como anciano, Boyd también ayudó a Andy a iniciar la iglesia North Point Community.

Boyd recibió una licenciatura en artes de Jacksonville State University y una maestría en divinidad de Southwestern Seminary en Fort Worth, Texas. Boyd y su esposa Rita viven en Roswell, Georgia. Han estado casados durante treinta y ocho años y son bendecidos con cuatro hijas, cuatro yernos y siete nietos.

WISDOM HUNTERS

«El que anda con sabios, sabio será; mas el que se junta con necios será quebrantado» (Proverbios 13:20).

En el 2003 Boyd Bailey comenzó informalmente a enviar por correo electrónico reflexiones personales de su tiempo devocional matutino a un grupo selecto de compañeros de Wisdom Hunters. Con el tiempo, estos correos electrónicos informales se convirtieron en el devocional diario de Wisdom Hunters. Hoy día, gracias al favor de Dios y de seguidores fieles, estos correos electrónicos y publicaciones en las redes sociales alcanzan a más de ciento cincuenta mil lectores cada día.

Boyd persiste implacablemente en la búsqueda de sabiduría y sigue escribiendo a diario reflexiones puras, originales y en tiempo real de sus encuentros personales con el Señor.

Visita www.WisdomHunters.com donde puedes tener acceso a los siguientes recursos en inglés:

- Subscribirte a los devocionales diarios gratis por correo electrónico.
- Averiguar cómo acceder a nuestro blog, Facebook, Twitter, Instagram y a la nueva transmisión de Wisdom Hunters por la Internet.
- Elegir entre una amplia selección de libros devocionales sobre matrimonio, sabiduría, vida sabia y dinero; también con obras para graduados, padres, madres y más (disponibles en libros electrónicos y versiones impresas).
- Descargar la aplicación gratuita de Wisdom Hunters para Apple y Android.

Los comentarios serios y la sabiduría que nuestros seguidores escriben cada día pueden ayudarnos en nuestro viaje con Dios.

National Christian
FOUNDATION®

Fundada en 1982 y con sede en Atlanta, Georgia, la National Christian Foundation (NCF) es un ministerio de beneficencia que brinda sabias soluciones a donaciones, moviliza recursos e inspira generosidad bíblica para familias cristianas, consejeros y organizaciones benéficas. NCF es actualmente la novena organización sin fines de lucro más grande de los Estados Unidos, y ha aceptado más de nueve mil millones de dólares en contribuciones. Ha otorgado más de siete mil millones a más de cuarenta mil organizaciones benéficas. El fondo de ayuda de NCF, o fondo asesorado por donantes, permite a estos hacer contribuciones de caridad y luego recomendar donaciones a las organizaciones benéficas por las que se preocupan, a lo largo del tiempo. NCF también es líder en la industria de aceptar regalos de propiedades como acciones, bienes raíces e intereses comerciales, lo cual permite a los donantes ahorrar en impuestos y poner de acuerdo sus metas de caridad con sus planes familiares, empresariales, patrimoniales y de herencias. Puedes encontrar mayor sobre NCF en www.NCFgiving.com.

EDITORIAL
PORTAVOZ

NUESTRA VISIÓN

Maximizar el efecto de recursos cristianos de calidad que transforman vidas.

NUESTRA MISIÓN

Desarrollar y distribuir productos de calidad —con integridad y excelencia—, desde una perspectiva bíblica y confiable, que animen a las personas a conocer y servir a Jesucristo.

NUESTROS VALORES

Nuestros valores se encuentran fundamentados en la Biblia, fuente de toda verdad para hoy y para siempre. Nosotros ponemos en práctica estas verdades bíblicas como fundamento para las decisiones, normas y productos de nuestra compañía.

Valoramos la excelencia y la calidad.
Valoramos la integridad y la confianza.
Valoramos el mérito y la dignidad de los individuos y las relaciones.
Valoramos el servicio.
Valoramos la administración de los recursos.

Para más información acerca de nuestra editorial y los productos que publicamos visite nuestra página en la red: www.portavoz.com.